ANHALT

MARKGRAF
ALBRECHT
DER BÄR
DER WEGBEREITER INS
DEUTSCHE OSTLAND
+ 1170
UND SEINE GEMAHLIN
SOPHIE
ALBRECHT
DER BÄR
*1100 +1170
SOPHIE

KULTURREISEN IN SACHSEN-ANHALT

LUDWIG SCHUMANN

ANHALT

STIPPVISITEN IN EINEM ACHTHUNDERTJÄHRIGEN FÜRSTENTUM

HERAUSGEGEBEN
VON CHRISTIAN ANTZ

FOTOGRAFIEN
JANOS STEKOVICS

VERLAG JANOS STEKOVICS

Inhalt

Vorwort

Wenn sich im Jahr 1212 zum ersten Mal der Askanier Heinrich I. Fürst von Anhalt nennt und deswegen heute auf eine 800-jährige Geschichte dieser Landschaft zurückgeblickt werden darf, so ist dies nur ein kleiner Teil der Wahrheit. Einerseits weisen die Spuren der Grafschaft Anhalt und ihrer Herrschaft bis ins 11. Jahrhundert zurück. Ihre Burgen Ballenstedt, Anhalt und Aschersleben (Ascaria) sind bedeutende Herrschersitze, die dem Geschlecht die Namen Askanier und Anhaltiner gegeben haben. Mit Albrecht dem Bären tritt im 12. Jahrhundert gar eine Herrscherpersönlichkeit nationaler Geltung hervor, die bis heute den Bären in den Wappen von Anhalt, Brandenburg, Berlin und Sachsen-Anhalt verewigte.

Andererseits hat sich in der mitteldeutschen Region Anhalt, die sich von der Burg Anhalt im Harz bis zur Bauhausstadt Dessau an Mulde und Elbe von Ost nach West quer durch das heutige Bundesland Sachsen-Anhalt zieht, gerade in der Neuzeit eine eigene Landeskultur entwickelt. Wie die südlichen thüringisch-sächsischen Herzogtümer um das berühmte Weimar wurden auch die anhaltinischen Gebiete durch Erbteilung immer wieder aufgespalten. Wie diese haben sie sich nicht so sehr politisch, wirtschaftlich oder militärisch hervorgetan, sondern konnten in einer Art Kompensation auf kulturellem Gebiet stärker punkten.

In den Bereichen Philosophie oder Sprache, Musik oder Literatur, Kunst oder Design, Architektur oder Gartenbau haben die Länder Anhalt-Bernburg, Anhalt-Köthen, Anhalt-Zerbst und Anhalt-Dessau international bekannte Leistungen hervorgebracht, die heute unberechtigterweise im Schatten der Wirkungsorte Goethes und Schillers stehen. Doch Moses Mendelssohn oder Ludwig von Köthens Fruchtbringende Gesellschaft, Johann Sebastian Bach oder Wilhelm Müller, Wilhelm von Kügelgen oder Hugo Junkers, Walter Gropius oder Leopold Friedrich Franz von Dessaus Gartenreich sind Marksteine, die sich in die Landschaft Anhalts und die Welterinnerung eingegraben haben.

Das von 1863 bis 1945 wieder vereinigte Herzogtum und Land Anhalt ist im Land Sachsen-Anhalt aufgegangen. Einzig die Evangelische Landeskirche Anhalts hält die alten Ideen und Territorien bis heute aufrecht. Vor allem sind es die Stätten der Kultur, die auch nach über 800 Jahren den Weg nach Anhalt lohnen. Die Vielfalt der Residenzen und Zeitzeugnisse, der Erinnerungsorte und Kunststätten macht Anhalt zu einem lohnenden Reiseziel zwischen UNESCO Welterbe Gartenreich Dessau-Wörlitz und Biosphärenreservat Mittelelbe. Das Musterland der Aufklärung erwartet Sie: Wir

Gondelfahrt im Wörlitzer Park

möchten Sie einladen, in die Geschichte Anhalts einzutauchen und Sachsen-Anhalts Kulturschätze aufzusuchen.

Aber nicht nur beim Land Anhalt trifft der alte touristische Slogan Sachsen-Anhalts zu: „Ein Land macht Geschichte". Durch das Land schlängelt sich die „Straße der Romanik", die erste Kulturstraße in den neuen deutschen Bundesländern. Wie ein steinerner Kalender deutscher Geschichte muten die ausgewählten 80 Objekte der Route an, die in Form einer „8" mit dem Zentrum Magdeburg flächendeckend alle Regionen des Landes umfasst.

Sachsen-Anhalt ist Teil des „Jakobusweges", auf dem sich die Pilger von Brandenburg kommend durch die Kultur- und Naturlandschaften Sachsen-Anhalts bewegen. Hier hatten die berühmtesten Komponisten des Barock von Georg Philipp Telemann in Magdeburg bis Georg Friedrich Händel in Halle ihre Heimat. Oder Sie können mit Hans Christian Andersen eine romantische Reise von Braunschweig durch Sachsen-Anhalt bis nach Leipzig unternehmen. Diese vier Beispiele sollen genügen, um neugierig zu machen, wohin Sie die Reihe „Kulturreisen in Sachsen-Anhalt" noch führen kann.

Eduard von Anhalt
S. H. Prinz von Anhalt

Joachim Liebig
Kirchenpräsident der Evangelischen Landeskirche Anhalts

Peter Kuras
Präsident des Anhaltischen Heimatbundes

Prof. Dr. Christian Antz
Herausgeber

Einleitung

O Deus, Ascaniam stirpem servesque regasque
Nulla venit nobis te nisi dante salus.
O Gott, den askanischen Stamm mögest du bewahren und regieren.
Denn keine Wohlfahrt wird uns zuteil, es sei denn, du gäbest sie.

(Aus dem Trauergedicht für Fürst Georg III. von Anhalt-Dessau
von Philipp Melanchthon)

Eine Reise von West nach Ost soll unternommen werden, eine Reise vom Harz hin zu Saale, Mulde und Elbe, von Harzgerode über Ballenstedt, Aschersleben, Bernburg, Köthen, Dessau nach Coswig und dann bis in den Fläming. Kundige werden einwenden, Aschersleben habe in dieser Reihe nichts zu suchen. Die Stadt gehörte bereits 1315 nicht mehr zu den anhaltischen Gebieten und wurde später preußisch. Doch kann man eine Stadt außer Acht lassen, in der die Wurzeln Anhalts liegen? Von der Aschersleber Burg hat das Geschlecht derer von Anhalt den Namen Askanien geerbt.

Die Reise führt uns aus dem Gebirge ins flache Land. Von dieser Landschaft sagte einmal einer, sie täte, was sie soll: Sie erstreckt sich. Gemeint ist die Landschaft nach Dessau und zum Fläming hin. Auf jeden Fall befindet sich der Anhalt-Reisende auf historischem Boden, wo auch immer er sich aufhalten sollte.

Von West nach Ost: Das ist die Richtung, in der ab dem 10. Jahrhundert gegen alle sächsischen und später slawischen Widerstände die Christianisierung des Landes vonstatten ging. Reisenden im Auto sei die B 185 empfohlen, die mit Ausnahme von Coswig durch alle anhaltischen Residenzen führt.

Anhalt müsste wieder Fürstentum werden, um wahrgenommen zu werden in Deutschland, hieß es kürzlich in einem Gespräch im anhaltischen Zerbst. Doch da würde die Regierung des Landes Sachsen-Anhalt ihr Veto einlegen. Es war freilich auch mehr ein Stoßseufzer als der Beginn einer Bewegung. Anhalt ist ein weithin unbekannter Landstrich im Osten Deutschlands. Der Ruhm seiner großen Namen ist längst verblasst.

Eike von Repgows „Sachsenspiegel“ soll hier entstanden sein und bestimmte bald das Recht bis nach Weißrussland und in die Ukraine. Katharina die Große kennt man als die mächtige russische Zarin, die dort noch heute als Symbol für ein goldenes Zeitalter gilt. Ihr Leben begann sie 1729 in Stettin als Prinzessin Sophie Auguste Friederike von Anhalt-

Selketal.
Anhalt – der Name gehört zu einer achthundertjährigen Kulturlandschaft, die durch die Familie der Askanier über Jahrhunderte geprägt wurde. Das Geschlecht der Askanier hat seine Wurzeln im Ostharz. Einst waren die Grafen von Ballenstedt auf Augenhöhe mit den deutschen Kaisern.

Zerbst-Dornburg, bevor sie Jugendjahre in Dornburg und Zerbst verbrachte. Der alte Dessauer, Fürst Leopold I. (1676–1747), führte Krieg für den preußischen Soldatenkönig Wilhelm I. und für dessen Sohn Friedrich II. Magdeburg verdankt ihm den beherzten Wiederaufbau nach der verheerenden Zerstörung von 1632. Bald galt es als modernste preußische Festung. Der Enkel des Feldmarschalls zog die für das Land langfristig dienlichere friedliche Karriere vor. Er gab der Aufklärung in seinen damals schon der Öffentlichkeit zugänglichen Parks von Wörlitz und im Dessauer Raum ein Gesicht: Fürst und später von Napoleons Gnaden Herzog Leopold III. Friedrich Franz.

Dann wären da noch die Herren Bach, der in Köthen die Brandenburger Konzerte schrieb, und Fasch, Vater und Sohn waren Hofmusiker in Zerbst und Komponisten, Letzterer gründete die Berliner „Singe-Academie". Die Bauhausmeister wirkten in Dessau, Hugo Junkers auch. Von Eulenspiegel wird erzählt, er habe in Bernburg seinen Dienstherrn zum Narren gehalten.

Es ist viel passiert im Anhalt früherer Zeiten, doch kaum einer bringt es mit den anhaltischen Fürstentümern Anhalt-Bernburg, Anhalt-Köthen, Anhalt-Zerbst, Anhalt-Dessau oder Anhalt-Coswig oder den Harzresidenzen Ballenstedt und Harzgerode in Verbindung. In der Geschichte begegnen uns Namen, deren Klang eher an ferne Märchenwelten erinnert, denn an eine Verortung im mitteldeutschen Raum denken lässt. Von Serimunt ist da die Rede, vom Suebengau und von Askanien. Die Gaugrafschaft Serimunt erstreckte sich zwischen Saale, Mulde, Fuhne und Elbe. Westlich Serimunts, von Quedlinburg bis an die Saale, lag der Suebengau.

Die Bezeichnung führt auf die römische Namensgebung der Ostsee als Mare Suebicum zurück. Sie machte alle ost- und elbgermanischen Stämme, also alle südlich der Ostsee Wohnenden, zu Sueben. Das ostfälische oder ostsächsische Fürstengeschlecht der Askanier führte im 11. und 12. Jahrhundert die beiden benachbarten Gaue zum Land Anhalt zusammen. Den Namen Askanier wiederum leiteten die Grafen von Ballenstedt aus der latinisierten Form ihres Stammsitzes Aschersleben, Ascharia, ab.

Eike von Repgow zählte im 13. Jahrhundert unter den Schwaben am Harz auch die zu Anhalt auf, deren Linie nach Eduard von Anhalt bis ins 6. Jahrhundert zurückzuverfolgen ist. Doch auch hier steht man erst am Anfang der Forschung. Einer aber ragt wie ein Titan aus den Anfängen des askanischen Geschlechts hervor: Albrecht I., Markgraf von Brandenburg, genannt Albrecht der Bär oder Graf von Ballenstedt (um 1100–1170). Er trieb nicht nur die Osterweiterung voran und damit die gewaltsame Christianisierung der slawischen Stämme, sondern gilt mit Fug und Recht auch als der Fürst, der entscheidend dafür sorgte, dass mit Konrad III. ein Staufer Kaiser wurde. Einst waren die Grafen von Ballenstedt auf Augenhöhe mit deutschen Kaisern.

Die Größe wurde verspielt, weil man im Hause Anhalt die Primogenitur nicht kannte, das Erbfolgeprinzip, nach dem nur der Erstgeborene die Herrschaft antritt. Erst im Laufe des 17. und 18. Jahrhunderts einigte man sich darauf. Bis dahin hatte man das Erbe bis zur Unkenntlichkeit geteilt und vererbte sich bis beinahe in die politische Bedeutungslosigkeit. Freilich wäre zu fragen, ob es andernfalls im mitteldeutschen Raum heute diese Fülle an Kulturgütern und kulturellen Erlebnismöglichkeiten gäbe, die wir in den ehemaligen Residenzstädten erleben können. Politisch mag man ja über die Kleinstaaterei klagen. Kulturell war sie ohne Zweifel ein Segen, wenigstens für die Nachgeborenen.

Im 11. und 12. Jahrhundert also war es, als die Grafschaft Anhalt unter der Führung der Grafen von Ballenstedt aus den beiden Gaugrafschaften Serimunt und Suebengau entstand. Seinen Namen hat das Land von der Burg Anhalt auf dem großen Hausberg zwischen Meisdorf und Mägdesprung, die heute eine Ruine ist.

In der Zeit nach Albrecht dem Bären wurde das Land nach germanischem Erbrecht wiederholt aufgeteilt. Anhalt-

Aschersleben, Anhalt-Bernburg, Anhalt-Köthen, Anhalt-Dessau, Anhalt-Zerbst, Anhalt-Coswig sind die bekannter gebliebenen Herzogtümer, wobei Anhalt-Aschersleben nur eine Lebenszeit von 63 Jahren beschieden war: von 1252 bis 1315. Danach fiel das Gebiet an das Bistum Halberstadt. 1648 wurde es schließlich der Markgrafschaft Brandenburg zugeschlagen.

Die Zersplitterung des Erbes ging freilich noch viel weiter. Erst 1570 entstand vorübergehend wieder ein vereinigtes Fürstentum Anhalt. Das aber wurde zur nächsten Erbteilung 1603 in die Kleinstaaten Anhalt-Bernburg, Anhalt-Dessau, Anhalt-Köthen, Anhalt-Zerbst und durch Teilung des Fürstentums Anhalt-Bernburg 1611 noch in ein Fürstentum Anhalt-Plötzkau aufgeteilt. Als 1665 die Anhalt-Köthener Fürstenlinie ausstarb, übernahm die Anhalt-Plötzkauer Linie das Fürstentum, ihr bisheriges ging dafür wieder an Bernburg zurück.

Als 1793 der Anhalt-Zerbster Fürst Friedrich August starb, ohne einen männlichen Erben hinterlassen zu haben, geriet die Zerbster Besitzung Jever an die russische Zarin Katharina die Große, die Tochter Friedrich Augusts. Die Stammlande Zerbst aber wurden aufgeteilt unter die drei existierenden Linien derer von Anhalt-Bernburg, Anhalt-Köthen und Anhalt-Dessau. Die Stadt Zerbst fiel durch Los an den Fürsten Leopold III. Friedrich Franz von Anhalt-Dessau.

Kurz vor Toresschluss erhielt 1806 der Fürst von Anhalt-Bernburg vom letzten Kaiser des Heiligen Römischen Reiches Deutscher Nation, dem Habsburger Franz II., das Recht verliehen, sich fortan Herzog nennen zu dürfen. 1807 dann wurden die beiden anderen anhaltischen Fürstentümer seitens des Siegers Napoleon, des Kaisers der Franzosen, zu Herzogtümern erhoben. Dafür mussten sie im selben Jahr noch Napoleons Rheinbund beitreten.

Nachdem die anhaltischen Linien in Köthen und Bernburg 1847 bzw. 1863 erloschen waren, vereinigten sich die drei Herzogtümer zum Herzogtum Anhalt mit Dessau als Hauptstadt. In schneller Folge trat Anhalt nun 1866 dem unter preußischer Führung gebildeten Norddeutschen Bund und 1871 dem Deutschen Reich bei. Am 12. November 1918 dankte Prinzregent Aribert im Zuge der Novemberrevolution ab und beendete damit die seit dem 11. Jahrhundert andauernde Herrschaft der Askanier in Mitteldeutschland. Aribert hatte die Regentschaft für seinen noch unmündigen Neffen Herzog Joachim Ernst übernommen.

Anhalt wurde Freistaat in der Weimarer Republik. Joachim Ernst, der als Hitlergegner im Januar 1944 verhaftet und ins KZ Dachau verbracht worden war, starb 1947 im

Alter von 46 Jahren an Entkräftung im NKWD-Internierungsslager Buchenwald, dem von den Sowjets genutzten ehemaligen KZ Buchenwald, nachdem er nach dem Krieg von den sowjetischen Besatzungstruppen wiederum verhaftet worden war.

Nach 1945 wurde Anhalt gemeinsam mit der ehemaligen preußischen Provinz Sachsen zum Land Sachsen-Anhalt, das jedoch anlässlich der Verwaltungsreform schon 1952 den Bezirken Halle und Magdeburg zugeteilt wurde. Erst seit der Wiedervereinigung ist 1990 das Land Sachsen-Anhalt wieder errichtet worden. Eine Institution freilich lebt und handelt noch in den einstigen Grenzen Anhalts von 1918: die Evangelische Landeskirche Anhalt.

Eine Besonderheit muss noch erwähnt werden, um das Bild von Anhalt zu vervollständigen: Askania Nova, das „Paradies in der Steppe“. Heute ein UNESCO-Naturschutzgebiet in der Südukraine, gehörte der Kern dieses Gebiets zu einem Gut von 550 Quadratkilometern, das 1828 durch Herzog Ferdinand von Anhalt-Köthen als Kolonie des Herzogtums gegründet wurde. Es sollte der Schafzucht dienen, für deren Ausweitung im Köthener Herzogtum nicht genügend Platz zur Verfügung gestanden hatte.

Am 11. August 1828 verließen 25 Untertanen des Herzogs mit 2286 Schafen, zwei Stieren, acht Kühen und acht Pferden

Blick über die Mulde auf den Johann-Bau, den „Rest“ des Dessauer Stadtschlosses. Anhalts ehemalige Hauptstadt Dessau, die Stadt an Mulde und Elbe, ist gleichermaßen Ort der deutschen Kultur- und Geistesgeschichte, für die Personen wie Moses Mendelssohn, Fürst Franz, Wilhelm Müller oder Kurt Weill stehen, Ort moderner Industrie- und Architekturgeschichte, verbunden mit Hugo Junkers oder dem Bauhaus Dessau, sowie der deutschen Geschichte, für die beispielsweise der Alte Dessauer steht.

das anhaltische Herzogtum in Richtung jener Steppe 71, die am Schwarzen Meer liegt. Die Schafställe in Askania Nova errichtete man nach dem Vorbild der Nienburger, die von Köthens großem klassizistischen Architekten Christian Gottfried Heinrich Bandhauer (1790–1837) entworfen worden waren. Nach dem Tod des letzten Köthener Herzogs Heinrich ging das Gut in den Besitz des Herzogs von Anhalt-Dessau über. Der verkaufte das unrentable Gut 1856 an den deutsch-russischen Baron und Gutsbesitzer Friedrich Fein.

1921 wurde Askania Nova zum ersten Naturschutzgebiet der Ukraine erklärt. Das in der Steppenzone gelegene Areal, das durch eine in Europa selten anzutreffende natürliche Vegetation gekennzeichnet ist, umfasst heute eine Fläche von 33 000 Hektar. Seit 1984 gehört es zum Internationalen System der Naturschutzgebiete der UNESCO. Die Siedlung Askania Nova mit dem auf die Familie von Falz-Fein zurückgehenden Zoo und dem Botanischen Garten zieht heute etwa 200 000 Besucher pro Jahr an. Zu den seltenen hier gezeigten Tieren gehören die aus der Mongolei stammenden Przewalski-Pferde, die über Askania Nova auch den Weg in den Hamburger Tierpark Hagenbeck fanden. Eine Villa „Askania Nova“ übrigens befindet sich im Fürstentum Liechtenstein und ist der Mittelpunkt der Familie von Falz-Fein, die 1917 aus der Ukraine emigirieren musste. Mit mehreren wertvollen Exponaten hat Baron Eduard Alexandrowitsch von Falz-Fein die Sammlung Katharina im heutigen Zerbst mitbegründet. So schließt sich ein Kreis.

Reisen bedeutet entdecken und schenkt Glücksgefühle: „Auch ist es eine sehr angenehme Torheit: wenn ich so, nachdem der Koffer gepackt ist, die Landkarte vor mir ausbreite und mein Blick über die bunten Linien schweift, dann ergreift mich ein Gefühl, das ich nicht in Worte fassen kann, das mir um keine Weisheit der Welt feil wäre: da liegt die schöne Erde selbst vor mir ausgebreitet; die Flüsse rauschen, die Wälder flüstern, die Seen blinken zu mir empor, und die Wahrzeichen der Städte heben grüßend ihr Haupt – und dies alles ist meins; ich werde davon sehen und genießen dürfen, was mir beliebt ...“ So räsonierte Karl Emil Franzos in seinem Reisebuch „Aus Anhalt und Thüringen“.

Der schnauzbärtige Schriftsteller, der in Berlin lebte, wollte 1903 eigentlich nach Westen reisen, nach Frankfurt am Main. Seinen Blick hatte er auf Goethes Briefe an Frau von Stein gerichtet, um Reiseliteratur für Frankfurt zu finden, da las er dort über Wörlitz: „Hier ist's jetzt unendlich schön ...“ An dieser Stelle warf er seine Urlaubspläne über den Haufen und fuhr ins von Berlin aus gesehen provinzielle Dessau. Er wollte sehen, wovon Goethe so schwärmte.

ANHALTS URSPRÜNGE. VON ASCHERSLEBEN BIS BALLENSTEDT

Die Geschichte Anhalts beginnt mit dem Grafen Esico IV. von Ballenstedt (ca. 990–1059) und dessen Gemahlin Mathilde (um 988–1031). Esico wird als der Stammvater der Askanier gesehen, mit enger Verbindung zum salischen Kaiserhaus. Er gilt auch als der Bruder der Uta von Ballenstedt, der berühmten Skulptur des Naumburger Meisters.

In der ersten Hälfte des 11. Jahrhunderts ließ er auf dem Großen Hausberg zwischen Meisberg und Mägdesprung eine erste Burg aus Bruchsteinen erbauen, von der aus er das Flusstal kontrollieren konnte. Doch erst seinem Nachfolger Otto von Ballenstedt (um 1070–1123), genannt „der Reiche", ist die Wiege Anhalts, die Burg Anhalt etwa 150 Meter über dem Selketal im Harz, zu verdanken.

Im ersten Drittel des 12. Jahrhunderts errichtet, wurde sie jedoch bereits um 1140 in einer Fehde zwischen Erzbischof Conrad von Magdeburg und Markgraf Konrad von Meißen zerstört. Der Askanier Albrecht der Bär ließ sie unter Verwendung des in diesen Breiten gänzlich neuen Baumaterials Backstein wieder aufführen. Was für einen gewaltigen Ein-

Burg Anhalt
Von Albrecht dem Bären aus Ziegelstein neu erbaut: Die Burg, die dem Geschlecht der Anhaltiner ihren Namen gab, ist heute nur noch eine Ruine.

Selketalbahn

Die Selketalbahn ist die älteste der Harzer Schmalspurbahnen (HSB). Die Strecke mit einer Spurweite von 1000 mm führt von Quedlinburg über Gernrode, Alexisbad nach Harzgerode oder von Alexisbad über Stiege nach Hasselfelde. Außerdem gibt es eine Verbindungsstrecke von Stiege zur Eisfelder Talmühle. Zwischen Mägdesprung und Albrechtshaus führt sie entlang des Flusses, ganz und gar den Reiz der Landschaft des Selketals auskostend. Die Strecke von Gernrode nach Mägdesprung wurde 1887 nach einer Bauzeit von 316 Tagen eröffnet. 1946 nahezu vollständig demontiert und als Teil der Reparationsleistungen im Gefolge des Zweiten Weltkrieges in die Sowjetunion verbracht, wurde bereits 1946 begonnen, die Bahn wiederherzustellen. Der Bau zog sich bis 1950 hin. 1993 schließlich übernahm die Harzer Schmalspurbahnen GmbH (HSB) neben der Harzquerbahn und der Brockenbahn auch die Selketalbahn. Doch erst im April 2006 konnte der reguläre Reisezugverkehr wieder aufgenommen werden. Zu den Besonderheiten der Selketalbahn gehört es, dass hier mit einem Neigungsverhältnis von 1:25, also 40 Prozent, die steilsten Streckenabschnitte der Harzer Schmalspurbahnen zu finden sind. Im Bahnhof Stiege existiert die kleinste Wendeschleife einer öffentlichen Eisenbahn in Deutschland.
www.hsb-wr.de

druck muss die rot schimmernde Burg damals gemacht haben und was sagte sie über die Macht und den Ehrgeiz ihres Erbauers aus! Sein Sohn Bernhard (1140–1212) benannte sich als Erster nach seinen Burgen „Graf von Anhalt und Aschersleben".

Von hier aus also bekamen das Adelshaus der Askanier und der Landstrich ihren bis heute gültigen Namen Anhalt. Besuchen kann man freilich nur noch die Ruine der Burg, die, seit Anfang des 14. Jahrhunderts unbewohnt, allmählich dem Zahn der Zeit zum Opfer fiel. Immerhin sind noch etliche Mauern, darunter die der Burgkapelle und der drei Meter hohe Stumpf des Bergfrieds, zu besichtigen. Die Burgruine ist von Harzgerode, Mägdesprung oder der nicht mehr zum Anhaltischen gehörenden Burg Falkenstein her zu erwandern. Mit dem Auto erreicht man sie von Mägdesprung aus in Richtung Selkemühle. Vom Parkplatz an der Mühle sind es dann noch zwei Kilometer zu Fuß.

Natürlich gibt die Ruine Stoff für Sagen. Eine ist die vom Schatz im Brunnen der Burg Anhalt. Dort habe, heißt es da, einer der Fürsten auf der Flucht vor dem Feind den kostbaren Schatz versenkt. Ein ganzer Kessel voll mit Gold und Silber soll darin liegen, allerhand kostbares Gerät und wertvolle Geschmeide. In einer Nacht nun machten sich mehrere mutige Bergknappen auf, den Schatz zu heben. Auf keinen Fall, so heißt es, dürfe geredet werden, sonst würde der Schatz entschwinden. Der Kühnste unter ihnen wird in den Brunnen hinabgelassen, sieht den Schatz, bricht aber bei diesem Anblick in einen lauten Jubelruf aus. Das Schweigen ist gebrochen, der Schatz entschwindet. Die Kameraden ziehen den Unglücksraben empor und der berichtet. Sie lassen all ihr Gerät am Brunnen liegen und verschwinden, froh darüber, mit heiler Haut davongekommen zu sein.

Am 7. August 1887 wurde als erster Streckenabschnitt der von Gernrode nach Mägdesprung eröffnet. Mit einer Spurbreite von 1000 mm war die später im Volksmund „Selketalbahn" genannte Schmalspurbahn die erste im Harz.

Burg Falkenstein

Einmal im Selketal, darf man den Besuch der Burg Falkenstein nicht versäumen. Auch wenn sie territorial nicht zum historischen Anhalt gehört, hat sie doch mit Anhalt zu tun, mindestens wegen Eike von Repgow, dem Verfasser des „Sachsenspiegels“. Die Burg Falkenstein ist eine der wenigen stets unzerstört gebliebenen Burgen. Somit gehört sie nicht nur im Harz zu den besterhaltenen.

Auf einem Bergsporn 135 Meter über der Selke ließen die Herren von Konradsburg die Burg um 1120 als ihren künftigen Stammsitz ausbauen. Burchard von Konradsburg wird als Erster Herr zu Falkenstein genannt. Um 1155 tauchen in Urkunden die Grafen von Falkenstein auf. Einer von ihnen, Graf Hoyer II. von Falkenstein, gilt als Freund und Förderer Eike von Repgows, der aus Reppichau im Anhaltischen stammt und hier auf dem Falkenstein das erste Rechtsbuch in deutscher Sprache verfasst haben soll. Um 1437 übernahm die Familie von der Asseburg die Burg und behielt sie bis zum Ende des Zweiten Weltkrieges.

Burg Falkenstein
Museum: www.burg-falkenstein.de
Restaurant: www.gartenhaus-falkenstein.de
Falknerei: (01 62) 7 98 25 33

Burg Falkenstein

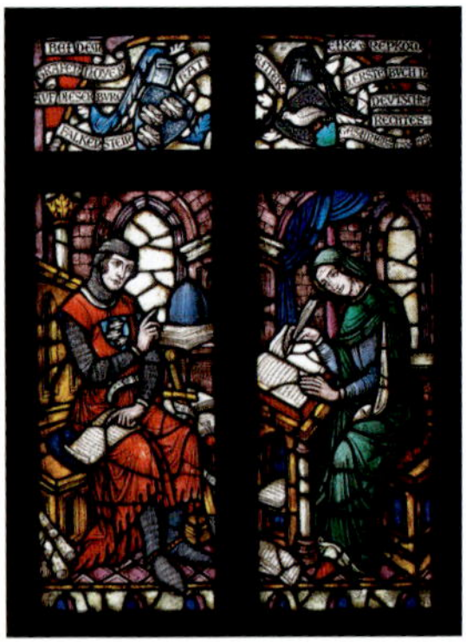

Seit 1946 gibt es auf der Burg Falkenstein ein Museum, unter anderem mit der funktionsfähigen spätgotischen Küche. In den sogenannten Königszimmern findet der standesamtliche Teil der Trauung statt. Eine kirchliche Trauung kann sich in der Burgkapelle anschließen. Im Schiefen Saal befindet sich die Dauerausstellung zur Burg an der Straße der Romanik, im Fräuleinzimmer des Westflügels wird die Ausstellung zum „Sachsenspiegel“ präsentiert. Mittelaltermarkt, Minneturnier und das jährlich am ersten Oktoberwochenende stattfindende mittelalterliche Burgfest bilden Höhepunkte im Veranstaltungskalender. Für Kinder gibt es museumspädagogische Projekte. Im Rahmen der Sommerferienangebote bieten die Greifen-Ritter eine Woche lang ein Spektakel für Kinder. Die Falknerei auf der Burg zeigt von März bis Oktober ihre unterschiedlichen Greifvögel. Und selbstverständlich ist auf so einer Burg auch für das leibliche Wohl gesorgt. Ritteressen gehören ebenso zum Angebot der Museumsgaststätte wie ein Imbiss vom Marketenderwagen für den kleinen Hunger oder Gerichte aus der regionalen Küche im Restaurant.

Harzgerode

Ein Fürstentümchen war es, in dem seit 1636 Fürst Friedrich von Anhalt, Graf zu Askanien, Herr zu Bernburg und Zerbst (1613–1670) sein Zepter schwang. Er war das 13. von 16 Kindern des Fürsten Christian I. von Anhalt-Bernburg (1568–1630) und seiner Gemahlin Anna Gräfin von Bentheim (1568–1624). Für die drei am Leben gebliebenen Brüder musste das Bernburger Fürstentum aufgeteilt werden. Friedrich kämpfte auf holländischer Seite im Befreiungskrieg der Oranier gegen die Spanier, trat 1633 in schwedische Dienste und nahm als schwedischer Obrist bis 1635 am Dreißigjährigen Krieg teil.

Eigentlich hatte Christian I., obwohl das Recht der Primogenitur für die Askanier noch nicht galt, testamentarisch verfügt, dass seine drei Söhne unter der Oberdirektion des ältesten Bruders Christian das ungeteilte Fürstentum regieren sollten. Friedrich widersprach dem Willen des Vaters und er-

Das Harzgeroder Rathaus findet bereits 1491 Erwähnung. Nach dem Brand von 1635 wurde es 1639 wieder aufgebaut.

Schloss zu Harzgerode

Heute ist das Schloss ein kultureller Mittelpunkt der Stadt: Konzerte und Kleinkunst im Festsaal, „Historisches Kabinett“ mit Originalstücken aus der zweihundertjährigen Geschichte des Alexisbades, Turmzimmer mit Ausstellung der Skulpturen und Bronzeplastiken des Bildhauers Prof. Wilhelm Otto, Dauerausstellung der Eisenhütte Mägdesprung aus der Sammlung „Carl Horn Mägdesprung“ im Wehrgang, Bibliothek, Heimatstube mit Schwerpunkt Bergbau und Metallurgie.

Schlossberg 3
06493 Harzgerode
Tel.: (03 94 84) 4 21 06
Öffnungszeiten:
Schlossführungen
Di–Do 11.00, 13.00, 15.00 Uhr
Fr 13.00–16.00 Uhr
Sa, So 11.00–16.00 Uhr
An Feiertagen gesonderte Öffnungszeiten
www.harzgerode.de

hielt schließlich die beiden Harzämter Harzgerode und Güntersberge als eigenes Fürstentum. Als Residenz baute er das zwischen 1549 und 1552 auf den Fundamenten der alten Burg errichtete Schloss zu Harzgerode aus. Neben den beiden Harzämtern gehörten zur Zeit der maximalen Ausdehnung des Fürstentums die Dörfer Breitenstein, Neudorf, Schielo, Dankerode zur Hälfte, das zugekaufte Stift Gernrode und Frose, Teile des Ballenstedter Forstes und die Herrschaft Plötzkau dazu.

Friedrich war am Beginn seiner Herrschaft total überfordert. Immerhin übernahm er sein Fürstentum mitten im Dreißigjährigen Krieg, was ständige Plünderungen und Einquartierungen bedeutete. Bayrische, schwedische, also kaiserliche wie protestantische Truppen gaben sich in Harzgerode die Klinke in die Hand. Er flüchtete bald ins „Ausland“, wurde Generalmajor im Dienst des Landgrafen von Hessen-Kassel und stritt sich mit seinem Bernburger Bruder um Entscheidungskompetenzen. All das führte dazu, dass schließlich Anhalt-Bernburg-Harzgerode einvernehmlich eigenständig regiert werden sollte. Der Fürst galt in seinen fortgeschrittenen Jahren als umsichtiger, unternehmerisch nicht ungeschickter Mann, der sich für das Wohl des Landes einsetzte und wegen seiner umfangreichen theologischen Kenntnisse geschätzt wurde. Er führte als erster anhaltischer Fürst die Primogenitur ein, um die anhaltischen Besitztümer vor weiterer Zerstückelung zu bewahren.

Seine Residenzstadt Harzgerode brannte 1637 vollständig nieder. Im Zuge des Aufbaus entstanden neben der Residenz die Siedlungen Mägdesprung, Lindenberg, Tilkerode und Siptenfelde. In Mägdesprung gründete Friedrich gemeinsam mit dem Quedlinburger Tuchhändler Johann Heidfeld die Eisenhütte unter dem Mägdesprung, die spätere Mägdesprunger Eisenhüttenwerke AG. Im Jahr 1709, nach dem Tod des Sohnes Wilhelm, der Friedrichs Nachfolge angetreten hatte und kinderlos geblieben war, fiel das kleine Ländchen wieder an Anhalt-Bernburg zurück.

Seit 993 weiß man mit Sicherheit von Harzgerode. Aus diesem Jahr stammt die Verleihung des Markt-, Münz- und Zollrechtes durch König Otto III., allerdings an Hagenrode (heute Alexisbad). Ausgeübt wurde es jedoch in Harzgerode. 994 wurde Harzgerode erstmals selbst erwähnt, und zwar als Hasacanroth. 1335 erhielt es Stadtrecht.

Im Deutschen Bauernkrieg spielte Harzgerode 1525 als Sammelplatz für aufständische Bauern aus Thüringen und dem Unterharz eine Rolle. Von hier aus zogen die Haufen los, besetzten die Propstei sowie den Ort Hagenrode/Alexisbad und zerstörten das Benediktinerkloster in Ballenstedt, das im selben Jahr durch den Fürsten Wolfgang von Anhalt säkularisiert und als Residenz ausgebaut wurde. Nach dem Ende des Harzer Silberbergbaus im 19. Jahrhundert erstarkte die Industrialisierung. Bereits 1790 wurde die Pulverhütte in Silberhütte eingerichtet, die heute wieder sehr erfolgreich Pyrotechnik und auch innovative weltmarktfähige Produkte herstellt, zum Beispiel Zündsätze für Airbags.

Das Schloss Harzgerode wurde 1384 erstmals erwähnt. Es hat wie die Stadt eine wechselhafte Geschichte. Hier waren bis zum 16. Jahrhundert die Grafen von Stolberg Lehnsherren. Danach verwalteten die Anhalter Landesherren von hier aus ihre Harzbesitzungen. Von 1635 bis 1709 war der Renaissancebau Sitz der Fürsten von Anhalt-Bernburg-Harzgerode. Treppenturm, überdachter Wehrgang und Rundturm sind bis heute die architektonischen Kleinode des Schlosses.

Im Festsaal geht der Besucher über einen Parkettfußboden aus insgesamt 18 Holzarten, die man alle im Harz vorfindet. Die außerordentlich gute Akustik des Saals wird von Musikern und Konzertbesuchern sehr geschätzt. Das Kaminzimmer, das sogenannte Alexisbadzimmer, ziert der mit vier Wappen versehene Sandsteinkamin aus dem Jahr 1566. Im benachbarten Turmzimmer wird der künstlerische Nachlass des Bildhauers Prof. Wilhelm Otto präsentiert. Im Wehrgang im Westflügel ist eine Dauerausstellung der Eisenhütte Mägdesprung zu sehen. Rund 50 Kunstgussobjekte stehen hier als Zeugnisse der herausragenden künstlerischen und gusstechnischen Qualität der Mägdesprunger Erzeugnisse. Die größte

St. Marien – Grabeskirche der Fürsten von Anhalt-Harzgerode

Blick auf Harzgerode, im Vordergrund das Schloss

diesbezügliche Sammlung aber befindet sich im Schloss Allstedt bei Sangerhausen.

In den Fensternischen der Bibliothek sind restaurierte Ölgemälde aus dem 17. Jahrhundert zu betrachten, während in der Heimatstube Leihgaben Harzgeroder Einwohner von Geschichte und Kultur ihrer Heimatstadt berichten.

Eine Erinnerung an die Zeiten des Harzer Bergbaus stellen zahlreiche Teiche und Gräben in der Umgebung dar. Der Teufelsteich bei Harzgerode, der Fürstenteich bei Silberhütte und eine Reihe anderer Teiche gehören heute zum Naturpark Harz. Auch das Schaubergwerk Grube Glasebach bei Strassberg sowie das Carlswerk in Mägdesprung sind Reminiszenzen an die bergbautechnische und industrielle Vergangenheit des Harzes. Innerhalb des UNESCO-Geoparks Harz, Braunschweiger Land und Ostfalen gelten sie, wie auch der Unterharzer Waldhof Silberhütte, als Geopunkte.

Naturlehrpfad Harzgerode

Länge: 1,3 km
Dauer: ca. eine Stunde
Themen: Heilpflanzen, Tierwelt der Umgebung, Barfußpfad, Klangorgel, Rätselstationen, Bänke zum Verweilen, Ausblicke ins Selketal

Waldhofmännchenweg

Länge: 4 km
Dauer: ca. 2 Stunden
Themen: Das Waldhofmännchen erzählt Wissenswertes über Wald, Tiere, Forstwirtschaft und Pflanzenschutz. Am Ende des Weges erwartet den Wanderer der Waldhof Silberhütte.

Alexisbad

Im Jahr 975 gründete der Abt Hagano das Benediktinerkloster Hagenrode im Selketal in der Nähe des heutigen Alexisbad als Tochterzelle des Klosters Nienburg. Der Abt Adaldag erhielt 993 von König Otto III. das Recht, dort einen Markt und eine Münzstätte zu errichten. Das Kloster war Johannes dem Täufer geweiht. Im Bauernkrieg 1525 wurden Dorf und Kloster zerstört. Nach der Reformation fielen die Ländereien an die anhaltischen Landesherren.

Der heutige Harzgeroder Ortsteil Alexisbad geht auf die Ortsgründung durch Herzog Alexius von Anhalt-Bernburg im Jahr 1810 zurück. Dieser hatte 1809 das Wasser des Hagenroder Stollens untersuchen lassen und wegen dessen Gehalt an Jod, Fluor und Eisen für die Kur empfohlen. Alexisbad entwickelte sich bald zum überregional bekannten Kurbad mit Badeanstalt, Spielbank und Brunnendirektion. Bekanntester Kurgast war 1820 Carl Maria von Weber. In Alexisbad fand 1856 die Gründungsversammlung des Vereins Deutscher Ingenieure statt.

Eine literarische Erwähnung fand der Ort – allerdings als Sophienbad – im Roman „Tadellöser & Wolff“ von Walter Kempowski, in dem Kindheitserlebnisse aus einem Sommerurlaub der Familie im Jahre 1939 beschrieben sind.

Museum Carlswerk

Die ehemalige Neue Maschinenfabrik in Harzgerode-Mägdesprung befindet sich noch im Originalzustand ihres letzten Produktionstages um 1990. Das Museum veranschaulicht authentisch die Arbeitskultur in der ersten Hälfte des 20. Jahrhunderts.
Öffnungszeiten:
täglich 10.00–16.00 Uhr
Führungen über:
Stadtinformation Harzgerode, Marktplatz
Tel.: (03 94 84) 74 76 03

Die Petruskapelle wurde 1812 bis 1815 nach einem Entwurf von Karl Friedrich Schinkel gebaut. Die Kapelle diente dem herzoglichen Paar, Alexius und Marie Friederike, als Teehäuschen.

Die Strecken der Selketalbahn, die eine der Harzer Schmalspurbahnen ist, aus Gernrode, Harzgerode und Hasselfelde treffen seit 1887 hier zusammen. Wanderwege um Alexisbad führen zum Luisentempel oder zur Köthener Hütte. Der Luisentempel ist ein 1823 errichteter und 1992 restaurierter Monopteros auf einem Felsplateau oberhalb des ehemaligen Klosters Hagenrode. Die Kuppel wird von sechs ionischen Säulen getragen, die in der Eisenhütte Mägdesprung gegossen wurden. Im Jahr 2008 gewann die Stadt Harzgerode mit dem restaurierten Luisentempel den Naturparkwettbewerb „Denkmäler als Wanderziele".

Gastronomie

Scheunen-Café am Drahtzug,
im Selketal zwischen Alexisbad und Mägdesprung am Forsthaus Drahtzug
Ab 1. Mai geöffnet
Mi–So 13.00–18.00 Uhr
Tel.: (03 94 84) 74 71 20

Hotel Habichtstein Alexisbad
Saisonale Küche, Restaurant, Jagdzimmer, Habichtsteiner Kaffeetafel, Wellness
Kreisstraße 4
06493 Alexisbad
Tel.: (03 94 84) 7 80
www.habichtstein-harz.de

Selketaler Waldgasthof mit Backstube
Rustikale Räumlichkeiten, vegetarische Küche
4. Friedrichshammer
06493 Mägdesprung
Tel.: (03 94 84) 27 15

Café und Pension Felsterrasse
Kreisstraße 15 a
06493 Alexisbad
Tel.: (03 94 84) 7 22 30

Bahnhof Alexisbad

Der Obelisk von Mägdesprung

Das Wahrzeichen Mägdesprungs, der gusseiserne Obelisk unterhalb des Bahnhofs der Selketalbahn, stammte von 1812. 1976 musste die 12,5 Meter lange, an die Mägdesprunger Eisenhütte erinnernde Nadel zur Restaurierung abgebaut werden.

Zeugen vergangenen Glanzes, Alexisbads Kurhäuser

Güntersberge

Der staatlich anerkannte Erholungsort Güntersberge ist heute ein Ortsteil von Harzgerode. 1437 wurde Güntersberge erstmals als Stadt bezeichnet. 1546 musste der Ort durch die Grafen zu Stolberg an Fürst Georg III. von Anhalt abgetreten werden. Bis 1945 gehörte die Stadt dann zu Anhalt.

Das im oberen Selketal gelegene Güntersberge ist auch mit der Selketalbahn erreichbar. Der aus der Selke gestaute Bergsee am westlichen Ortseingang (8 Hektar Wasserfläche) lädt ein zum Baden, zum Befahren mit dem Ruderboot oder zum Angeln. Die Güntersburg ist nur in Mauerresten erhalten. Im Schulmuseum kann man sich über die Geschichte der Schule seit der Reformation informieren.

Die seltsamsten Mausefallen für die Plagegeister im Hause, aber auch alte und seltene Küchengeräte werden im Mausefallen- und Kuriositätenmuseum ausgestellt und vorgeführt. Die Galerie der stillen Örtchen ist eine deutschlandweit einzigartige Bildersammlung zu diesem Thema mit mehr als 100 Fotos, Ölbildern und Zeichnungen. Passend dazu: eine Sammlung alter deutscher Kackstühle, darunter einer aus dem 15. Jahrhundert, eine Nachttopfsammlung, Keuschheitsgürtel und Flohfallen.

Im Winter sind gespurte Skiwanderwege angelegt, auf denen man die Umgebung erkunden kann. Der drei Kilometer lange Naturlehrpfad durch den Güntersberger Forst ermöglicht Einblicke in Geologie, Flora und Fauna des Harzes. Durch Güntersberge führt der Selketalstieg. Hier zweigt auch der Bode-Selke-Stieg ab.

Mausefallen- und Kuriositätenmuseum Güntersberge

Klausstraße 138
06493 Harzgerode
OT Güntersberge
Tel.: (03 94 88) 4 30
Öffnungszeiten:
Sa, So 14.00–17.00 Uhr
Museumscafé
Gruppenbesuche nach telefonischer Absprache
www.mausefallenmuseum.de

Naturlehrpfad Güntersberge

Länge: 3,5 km durch den Güntersberger Forst, einen naturnahen Wirtschaftswald
Dauer: ca. 2 Stunden
Themen: Forstwirtschaft, Landschaftspflege, Naturschutz, Bodendenkmal Güntersburg, bei der Gründung wohl die größte Burg des Harzes. Zum 1983 angelegten Naturpfad gehören auch Rätsel und Spiele.

Ballenstedt

Ballenstedt liegt am nördlichen Rand des Ostharzes. Bis nach Quedlinburg sind es zehn, bis nach Aschersleben 15 Kilometer. Nachdem bereits 1525 Fürst Wolfgang die Stadt zur Residenz ausgebaut hatte, erklärte sie erst 1765 Fürst Friedrich-Albrecht offiziell zur Residenzstadt. Auf den Resten des ehemaligen Klosters war inzwischen eine repräsentative Schlossanlage entstanden.

Nun begann die kurze politische, wirtschaftliche und kulturelle Blütezeit der Stadt. Dieser ist der Bau des Schlosstheaters von 1788 zu verdanken, in dem später Albert Lortzing oder Franz Liszt für einen überregionalen Ruf sorgten. Nachdem 1863 der Bernburger Herzog Alexander Carl kinderlos gestorben war, fiel die Stadt an Anhalt-Dessau. Das Land wurde wieder vereinigt und Ballenstedt wurde als Kreisstadt ein Domizil für wohlhabende Pensionäre.

Das Ballenstedter Schloss ist eine barocke Dreiflügelanlage aus der ersten Hälfte des 18. Jahrhunderts. Der erhalten gebliebene Turm stammt von der romanischen Stiftskirche aus dem 11. Jahrhundert.

Die Ballenstedter Wasserachse geht auf einen Plan Lennés zurück.

Schloss und Schlosspark Ballenstedt

Schloss
Mai–Oktober:
Di–Fr 10.00–16.00 Uhr
Sa, So 10.00–17.00 Uhr
November–April:
Di–So 10.00–16.00 Uhr
Tel.: (03 94 83) 8 25 56 oder
(03 94 83) 9 67 57
www.ballenstedt.de
Zu besichtigen sind u. a. die ständige Ausstellung im Südflügel des Schlosses „Die frühen Askanier“, Schlossturm, Grablege Albrechts des Bären, Kirche, Römerzimmer, Galerie sowie Ausstellungen mehrerer Künstler. Der Schlosspark ist durchgehend geöffnet. Die Drachenfontäne und andere Wasserspiele sind bis Mitte Oktober in Betrieb, danach mit witterungsbedingten Einschränkungen.
www.gartentraeume-sachsen-anhalt.de

Das Schloss diente noch bis 1918 als Jagdschloss und Nebenresidenz der Herzöge von Anhalt sowie bis 1945 als Privatwohnsitz der Familie von Anhalt. In Ballenstedt hat heute auch Prinz Eduard von Anhalt als letzter männlicher Nachfahre der anhaltinischen Fürsten einen Wohnsitz.

In einer Urkunde König Heinrichs IV. wurde die Stadt 1073 erstmals erwähnt. Da war sie bereits Sitz des Grafen Esico von Ballenstedt. Sein Enkel Otto der Reiche benannte sich als erster Askanier 1106 nach Ballenstedt. 1170 wurde Albrecht der Bär hier beigesetzt. Das im Bauernkrieg zerstörte Benediktinerkloster wurde durch Fürst Wolfgang von Anhalt säkularisiert. 1543 erhielt der heute etwa 7000 Einwohner zählende Ort das Stadtrecht. 1626 wurde Ballenstedt von den Truppen des kaiserlichen Feldherrn Wallenstein erneut erstürmt und geplündert.

In Ballenstedt begegnen sich heute die Straße der Romanik und das touristische Netzwerk „Gartenträume – Historische Parks in Sachsen-Anhalt“. Der dreiflügelige, spätbarocke Bau des Schlosses reicht mit seinen Wurzeln bis in das 11. Jahrhundert zurück, als es als Kloster gegründet wurde. In

Blick in den Schlosshof

Der Lindwurm im Bassin der zweiten von fünf Terrassen der Wasserachse speit einen Strahl von etwa 16 Metern Höhe.

Das älteste noch bespielte Theater Sachsen-Anhalts ist das Schlosstheater von Ballenstedt, ein in den letzten Jahren aufwendig restauriertes Kleinod der Theaterarchitektur des 19. Jahrhunderts an der Schwelle zum 20. Jahrhundert. Hier wirkte der Komponist Carl Christian Agthe (1762–1797), der gerade wiederentdeckt wird. Die klassizistische Fassade gehört zu Ballenstedts Wahrzeichen.

der ehemaligen Kloster- und heutigen Schlosskirche befindet sich die Grablege Albrechts des Bären. Die Schlossanlage wurde in der ersten Hälfte des 18. Jahrhunderts mit dem deutlichen Bemühen ausgebaut, das Schloss zur Bürgerstadt hin zu öffnen. Die 1710 angelegte, einen Kilometer lange und als Verbindungsachse gedachte Kastanienallee zeugt davon. Die Schlosskirche wurde zwischen 1994 und 1996 restauriert. Bemerkenswert sind auch der Weiße Saal und das sich daran anschließende Römische Zimmer.

Der Schlosspark ist ein Juwel der mitteldeutschen Parkkunst. Ältester Teil des 29 Hektar großen Areals ist der 1710 erstmals erwähnte Obst- und Küchengarten. 1765 wurden am Schlossberg Gehölzpflanzungen nebst Wegen und Ruheplätzen im englischen Landschaftsstil angelegt. Die Skulptur des gusseisernen Löwen, ein Werk von Gottfried Schadow, entstand um 1840.

Peter Joseph Lenné wurde schließlich 1858 von der Herzogin Friederike zu Anhalt-Bernburg beauftragt, den 12 Hektar großen Bereich nördlich des Schlosses zu überplanen. Er ließ das Gelände auf der Nordseite terrassieren und schuf die eindrucksvolle Wasserachse mit dem Brunnen, aus dessen Drachen die Wasserfontäne aufsteigt. Der Drache ist ein Magdeburger Zinkguss. Seit 2006 erfreut die Wasserachse nach einer aufwendigen Restaurierung wieder die Besucher.

Die 1785 erbaute Schlossmühle liegt inmitten des von Lenné gestalteten Schlossparks, dient jedoch schon lange nicht mehr ihrem ursprünglichen Zweck. Denkmalgerecht restauriert, beherbergt sie das Bildhauer-Atelier und die Galerie der Künstler Esther Brockhaus und Marcus Hennig. Im Sommer werden dort jeweils um 11.00 Uhr Sonntagsmatineen veranstaltet. (www.bildhauerei-schlossmuehle.de)

Das Ballenstedter Schlosstheater ist das älteste noch bespielte Theater in Sachsen-Anhalt. Es steht am Osthang des Schlossberges. Hier findet der Besucher noch fast die gesamte

Cinema Museum Ballenstedt

Kino- und filmhistorische Sammlung im Nordflügel des Ballenstedter Schlosses
Schlossplatz 3
06493 Ballenstedt
Tel.: (03 94 83) 5 32 20 oder
(03 94 83) 97 95 90

Stadtmuseum
Wilhelm von Kügelgen

Das Museum ist in einem schlichten Barockpalais aus dem 18. Jahrhundert untergebracht. Es stellt Stadtgeschichte mit Blick auf die Residenzzeit der Stadt von 1767 bis 1863 vor. Besuchenswert sind auch die „Kügelgenzimmer“, die der bedeutendsten Bürgerpersönlichkeit Ballenstedts im 19. Jahrhundert gewidmet sind. Die volkskundliche Dauerausstellung „Arbeits- und Lebensweise der Bevölkerung des anhaltischen Vorharzes“ präsentiert u. a. bäuerliche Wohnkultur im 19. Jahrhundert, Handwerksberufe sowie landwirtschaftliche Geräte des 19. und 20. Jahrhunderts.

Öffnungszeiten:
Mai–Oktober:
Di–Fr 10.00–17.00 Uhr
Sa, So 10.00–12.00 Uhr,
14.00–17.00 Uhr
November–April:
Sa, So 10.00–12.00,
14.00–16.00 Uhr
Führungen nach Voranmeldung:
Allee 37
06493 Ballenstedt
Tel.: (03 94 83) 88 66

Originalausstattung vor. Albert Lortzing hat hier einst seine „Undine“ dirigiert. Von Franz Liszt ist bekannt, dass er gern am Theater des musikliebenden Hofes gastierte und nicht nur die Frauenherzen höher schlagen ließ. Nicht zuletzt er war es, der das Ballenstedter Musikfest von 1852 über die Grenzen des Landes hinaus bekannt machte.

Das angrenzende Schlosshotel Großer Gasthof ist ein moderner Bau. Er wurde dem alten, 1733 als Zeughaus erbauten, 1756 zum Gasthof umgebauten, später abgerissenen Bau nachempfunden. Ihm gegenüber befindet sich das Stadtmuseum „Wilhelm von Kügelgen“.

Der 1802 in Sankt Petersburg geborene Wilhelm von Kügelgen ist 1867 in Ballenstedt gestorben. Er betätigte sich als Porträt- und Historienmaler, Schriftsteller und Kammerherr am herzoglichen Hof von Anhalt-Bernburg. Sein posthum veröffentlichtes Werk „Jugenderinnerungen eines alten Mannes“ hat ihn, der mit Ludwig Richter und Caspar David Friedrich befreundet war, bekannt bleiben lassen. Das Buch gibt ein Bild des geistigen und bürgerlichen Lebens im Zeitalter der Frühromantik.

Gemälde und Einrichtungsgegenstände der Zeit sind in den Kügelgenzimmern zu besichtigen. Der Große Gasthof wurde von ihm oft bewohnt. Schließlich erwarb er das Haus in der heutigen Kügelgenstraße 35a. Auf dem Friedhof der

Stadt ist er begraben. Hier befinden sich auch die Gräber seiner Frau und seiner Mutter Helene.

Weitere Sehenswürdigkeiten Ballenstedts sind das Alte Rathaus, ein 1683 errichteter Fachwerkbau, das Neue Rathaus, ein repräsentatives Bauwerk von 1906, die St.-Nikolai-Kirche, ein spätgotischer Sakralbau mit den Errichtungsdaten 1326 und – nach einem Brand – 1501, Teile der Stadtmauer und etliche Wachtürme, darunter der begehbare Marktturm.

Eine Stadtführung auf den Wegen Kügelgens kann man bei der Tourist-Information unter (03 94 83) 263 oder per E-Mail: kontakt@ballenstedt-information.de buchen.

Albrecht der Bär, auch Albrecht von Ballenstedt oder Albrecht I. von Brandenburg genannt, wurde um 1100 als Sohn des Askaniers Otto der Reiche und der Eilika Billung von Sachsen geboren. Er starb 1170. Albrecht eroberte die im Großen Slawenaufstand 983 verloren gegangene Nordmark zurück und gliederte sie als Mark Brandenburg 1157 wieder ins Heilige Römische Reich ein. Er wurde dessen erster Markgraf. Woher der schon für das 12. Jahrhundert belegte Beiname „der Bär“ stammt, ist unklar.

Uta von Ballenstedt ist die Tochter des Grafen Adalbert I. von Ballenstedt und der Hidda von der Ostmark sowie die Schwester des Esico von Ballenstedt. Geboren um 1000, starb die spätere Markgräfin von Meißen vor 1046. Gemeinsam mit ihrem Mann, dem Markgrafen Ekkehard II. von Meißen, ist sie vom Naumburger Meister unter den Stifterfiguren im Westchor des Naumburger Doms dargestellt worden. Außer aus der Naumburger Urkunde von 1249, in der sie genannt ist, weiß man erst aus Überlieferungen des 13. und 14. Jahrhunderts von Uta. Ihre Ehe blieb wohl kinderlos. Da Uta nicht als Erbin Ekkehards auftritt, der seine Güter König Heinrich III. vermachte, ist davon auszugehen, dass sie vor ihm das Zeitliche gesegnet hat.

Gastronomie in Ballenstedt

Schlossrestaurant „Klosterstuben“, historisches Restaurant Schloss Ballenstedt im ehemaligen Speisesaal (Remter) des Schlosses, wo einst die Benediktinermönche aßen. Von der Sonnenterrasse hat man einen schönen Blick in den Schlosspark.
Schlossplatz 3
06493 Ballenstedt
Tel.: (03 94 83) 9 76 60
www.klosterstuben-ballenstedt.de

Cafeteria „Marstall“
Café im historischen Marstall am Fuße des Schlossberges
Schlossplatz 5
06493 Ballenstedt
Tel.: (03 94 83) 1 89 39

Schlosshotel „Großer Gasthof“
Das exklusive Haus wurde dem Vorgängerbau von 1733 angepasst.
Schlossplatz 1
06493 Ballenstedt
Tel.: (03 94 83) 51-0

Die sogenannten Kügelgenzimmer im Stadtmuseum erinnern an die wichtigste Persönlichkeit der Stadt im 19. Jahrhundert, den Hofmaler, Schriftsteller und Kammerherrn Wilhelm von Kügelgen.

Blick auf die alte Residenzstadt

Johann-Arndt-Haus mit der Herzog-Joachim-Ernst-Bibliothek

Die öffentliche Bibliothek verfügt über mehr als 15 000 Bände zu Religions-, Adels- und Musikgeschichte.
Allee 49
06493 Ballenstedt
Tel.: (03 94 83) 97 79 61
oder (01 63) 5 09 83 22
Öffnungszeiten:
Mo, Di 10.00–14.00 Uhr,
Mi 10.00–15.00 Uhr,
Do 10.00–19.00 Uhr

Tourist-Information

Anhaltinerplatz 11
06493 Ballenstedt
Tel.: (03 94 83) 2 63
oder 97 90 98
www.ballenstedt-information.de
Schlossensemble – auf den Spuren der Askanier – Einblicke in das Schloss mit Besichtigung der Schlosskirche, der Krypta, des Turms und der Repräsentationszimmer

Die Roseburg bei Rieder

Zwischen 1905 und 1925 entstand durch den Architekten Ernst Bernhard Sehring (geb. 1855) zwischen Ballenstedt und Rieder auf einem Muschelkalkrücken die Burganlage Roseburg, die heute ebenfalls Bestandteil des touristischen Netzwerks „Gartenträume – Historische Parks in Sachsen-Anhalt“ ist.

Sehring erwarb aus dem Besitz derer von Anhalt-Dessau das Gelände. Bereits 1893 hatte Prinz Friedrich von Anhalt den Architekten auf das Areal um die Bergkuppe aufmerksam gemacht. Hier hatte die 963 erstmals erwähnte Rudolphsburg gestanden, eine Stiftung des Markgrafen Gero an das Frauenstift Gernrode. Im 13. Jahrhundert ging die Burg auf die Askanier über. Bereits im 16. Jahrhundert war sie wüst gefallen.

Der Berliner Sehring hatte sich besonders als Theaterarchitekt einen Namen gemacht. Mit der Roseburg ließ er eine späthistoristische Anlage erstehen, die als Sommersitz der Familie Sehring und zur Unterbringung seiner Kunstsammlung dienen sollte. Als private Schöpfung des Architekten ist sie auch ein künstlerisches Bekenntnis.

Das Anwesen verfügt über ein Torhaus, einen Dojon, also einen Wohn- und Wachturm mit aufsteigendem Wehrgang. Eine 1600 Meter lange Steinmauer fasst die Vorburg ein. Das

Roseburg

Gastronomie und Park sind während der Saison geöffnet.
Roseburg 1
06485 Quedlinburg OT Rieder
Tel.: (030) 6 31 63 60
www.roseburg-harz.de

Blick in den Märchenpark der Roseburg, den ganz privaten Traum des Theaterarchitekten Bernhard Sehring

eigenwillige Ensemble enthält ferner ein Mausoleum mit Aussichtsturm und eine mit Renaissanceelementen durchsetzte Gartenlandschaft. Die optische Mitte des Parks stellt die 100 Meter lange terrassierte Wasserachse dar, die ab 2006 wieder in Gang gesetzt worden ist. Die Herkunft italienischer Gartengestaltungsdetails ist in einem Studienaufenthalt Sehrings in Italien begründet. Für die Figurenwerke der Roseburg verwendete der Architekt übrigens Beton, den modernsten Baustoff seiner Zeit.

Nach 1918 diente die Burg Sehring auch als Rückzugsort vor der politischen Realität in Deutschland. Eigentlich ist die Roseburg eine Bühne, auf der sich der Theaterarchitekt sein Zuhause erschuf. Bernhard Sehring starb 1941, seine Frau 1950.

Die malerische Wasserachse im Park der Roseburg kann wieder Sommer für Sommer in Betrieb genommen werden.

Stift und Heiliges Grab zu Gernrode

Sönke Wortmanns Film „Die Päpstin" entstand u. a. in Querfurt und in einer der ältesten Kirchen Nordeuropas, der über tausendjährigen Kirche St. Cyriakus in Gernrode. Das erstmals 961 erwähnte Gotteshaus des vom Markgrafen der Ostmark, Gero, gegründeten Frauenstifts Gernrode gehört zu den bedeutendsten ottonischen Architekturdenkmalen, weil es sich wieder weitgehend im Zustand des 10. Jahrhunderts befindet. Als die Äbtissin Elisabeth von Weida sich 1521 der Reformation anschloss und das Stift säkularisiert wurde, war die Gernröder Stiftskirche auch eine der ersten protestantischen Kirchen überhaupt.

Mit dem frühen Tod seiner Söhne war absehbar, dass die Familienlinie des Markgrafen Gero aussterben würde. Aus diesem Grunde kam es vermutlich zur Gründung des Frauenstifts. Erste Äbtissin wurde Geros Schwiegertochter Hathui. 961 erhielt das Stift bereits den Status eines Reichsstiftes. Nach dem Erhalt einer Armreliquie des Heiligen Cyriakus bekam die Kirche ihren Namen.

Die Kirche ist auch Grablege des Markgrafen Gero, der 965 starb. St. Cyriakus ist eine Emporenbasilika, wie man sie in Byzanz baute. In Gernrode realisierten die Baumeister erstmals nördlich der Alpen diese Form. Im 12. Jahrhundert wurden erhebliche Umgestaltungen vorgenommen, so wurde der Westchor mit der Westapsis und der darunter liegenden Westkrypta eingebaut. Sie dienten der Verehrung des heiligen Metronus, des zweiten Stiftspatrons.

Als das Stift 1616 aufgehoben wurde, begann der Verfall der Kirche. Sie diente fortan u. a. der Lagerung von Kartoffeln, als Getreidespeicher und, zumindest im Kreuzgang, auch als Viehstall. Es war das Verdienst mehrerer Kunsthistoriker, darunter Franz Theodor Kugler, der Dichter des auf der Rudelsburg entstandenen Liedes „An der Saale hellem Strande", die Bedeutung des Bauwerks zu erkennen und den Herzog von Anhalt-Dessau zur Restaurierung der Kirche zu veranlassen. Damit beauftragt wurde der preußische Denkmalkonservator Ferdinand von Quast. Von Quast, der die Kirche sehr genau in Augenschein genommen und sie nach Teilen des Ursprungsbaus und Spuren des romanischen Umbaus untersucht hatte, kam zu dem Schluss, die originalen Bauformen herzustellen. Er öffnete die Emporen des Langhauses wieder, ebenso die Apsiden zur Kirche hin.

Zu den Resten der in die ottonische Zeit reichenden Ausstattung gehören das Heilige Grab und Geros Grab. Im Jahr 1009 wurde das Heilige Grab in Jerusalem zerstört. Der Fatimidenkalif von Ägypten und Syrien, Mansur al-Hakim

Stiftskirche Gernrode

Öffnungszeiten:
April–Oktober:
täglich 9.00–17.00 Uhr,
sonntags nach dem Gottesdienst,
sonst täglich 15.00 Uhr öffentliche Führung
November–März:
auf Anfrage und nach Anmeldung,
täglich 15.00 Uhr öffentliche Führung (außer am 24. Dezember)
Tel.: (03 94 85) 2 75
Pfarramt Gernrode
Burgstraße 3
06485 Quedlinburg OT Gernrode
www.stiftskirche-gernrode.de

(reg. 995–1021), ließ die Grabeskirche bis auf die Grundmauern schleifen. Diese Tat lieferte den Anlass für die unseligen Kreuzzüge. Heute erinnert an das Jerusalemer Original nur noch das Heilige Grab in Gernrode. Dessen Erbauer hatten entweder die Grabeskirche noch mit eigenen Augen gesehen oder kannten zumindest genaue Erzählungen darüber. Das Monument besteht aus zwei Kammern, dem offenen Vorraum und der eigentlichen Grabkammer. Der Reliefschmuck des Heiligen Grabes erzählt die Geschichten der Grablegung Jesu und seiner Auferstehung. Erstmals hatte man hier in Deutschland nach byzantinischem Vorbild ein monumentales plastisches Werk errichtet. Die Westwand wird aufgrund ihres reichen plastischen Schmucks zu Recht eine „Predigt in Stein“ genannt.

Die Stiftskirche St. Cyriakus Gernrode gehört als die besterhaltene Kirche aus ottonischer Zeit zu den ältesten Kirchen nördlich der Alpen.

Im südlichen Seitenschiff befindet sich das Heilige Grab. Es war beim romanischen Umbau bereits vorhanden.

Im Jahr 1972 wurde in Berlin-Dahlem die Liturgie des mit dem Heiligen Grab verbundenen österlichen Grabritus aus dem Spätmittelalter wieder aufgefunden. Seit 1989 wird diese Osterliturgie in Gernrode alljährlich wieder gefeiert. Am Ostermorgen in aller Frühe ist dann die Kirche bereits bis auf den letzten Platz gefüllt. Die Liturgie entspricht räumlich den Vorstellungen nach dem Umbau im 12. Jahrhundert. Zehn Frauen und zehn Männer stehen die Stufen zur Apsis hinauf, um das Licht dorthin zu bringen.

Das Hochgrab des Stiftsgründers Gero befindet sich in der Vierung der Stiftskirche. Die Sandstein-Tumba wurde 1519 errichtet. Auf den Seitenwänden sind verschiedene Heilige dargestellt. Die Liegefigur auf dem Deckel der Tumba stammt möglicherweise aus dem Umfeld Tilman Riemenschneiders. Sie ist auffällig anspruchsvoller gearbeitet als die Seitenfiguren.

Die Taufe der Kirche, ein Sandstein aus der Zeit um 1150, ist romanischen Ursprungs. Der Stein stammt aus der abgerissenen Alsleber Kirche, wurde aber bereits 1865 im Zuge der Neuausstattung von Quast nach Gernrode geholt. Die St.-Cyriakus-Kirche ist heute eine der eindrucksvollsten Stationen auf der Straße der Romanik.

Der kleine staatlich anerkannte Erholungsort Gernrode am nördlichen Rand des Ostharzes ist heute ein Ortsteil von

Gastronomie

Historische Gaststätte & Pension
Bückemühle bei Quedlinburg
täglich 11.30–22.00 Uhr
Am Bückeberg 3
06485 Quedlinburg OT Gernrode
Tel.: (03 94 85) 4 19
www.bueckemuehle.de

Quedlinburg. Er gliedert sich in den Bereich um die Stiftskirche und den ehemaligen Stiftsbesitz mit der Altstadt sowie um die Marktkirche St. Stephanus und das Rathaus als Bürgerzentrum. Um diesen Kern liegt ein Jugendstilvillengürtel aus dem 19. und frühen 20. Jahrhundert.

Gernrode wurde 961 erstmals erwähnt, 1149 wurde Albrecht der Bär aus dem Haus der Askanier Schutzvogt des Stiftes. 1603, als die Teilung Anhalts in vier Fürstentümer erfolgte, gehörte Gernrode zu den Senioratsgütern. Der jeweilige Senior der anhaltischen Fürsten hatte damit die Verwaltung des Ortes in seinen Händen. 1696 wurden die Senioratsgüter aufgeteilt. Gernrode wurde Anhalt-Harzgerode zugeschlagen. Ab 1709 gehörte der Ort dann zum Fürstentum Anhalt-Bernburg. Mit dem Erlöschen der Anhalt-Bernburger Linie kam er 1863 zum Herzogtum Anhalt. Zu Beginn des 19. Jahrhunderts entwickelte sich Gernrode zum Erholungsort. Prominente Besucher waren Johann Wolfgang von Goethe, Heinrich von Kleist und Wilhelm von Kügelgen.

Das Schul- und Stadtmuseum befindet sich in einer der wahrscheinlich ältesten reformatorischen Elementarschulen Deutschlands, die 1533 gegründet wurde. Es wird getragen vom Kulturverein Andreas Popperodt e. V., der die Schule 1998 erwarb, um sie vor dem Verfall zu retten. Der alte Schulsaal ist noch original erhalten. Die übrigen Sammlungen präsentieren Material zur Stadtgeschichte sowie Mineralien des Harzes.

Das Hotel Stubenberg heißt nach dem Berg, auf dessen Plateau es steht. Einst hier als Jagd- und Lusthaus durch Fürst Victor Friedrich von Anhalt-Bernburg errichtet, wurde das Gebäude zum Gästehaus ausgebaut. 1914/15 entstand es nach dem Abriss des alten Gebäudes neu als dreiflügeliger Bau.

Auch der Vorgängerbau des Gernröder Rathauses aus den Jahren 1664/66 war baufällig geworden, wurde abgerissen und 1914/15 durch das heutige Rathaus ersetzt. Die Ausstattung des Gebäudes entspricht der zur Einrichtungszeit.

Der Wanderweg „Wege deutscher Kaiser und Könige des Mittelalters im Harz“ führt direkt an Gernrode vorbei. Über den Bückeberg nördlich von Gernrode verläuft der Europaradwanderweg. Gernrode ist auch an die Selketalbahn angeschlossen.

Harzer Uhrenfabrik

Die Kuckucksuhrenfabrik unweit der Stiftskirche Gernrode verfügt über die größte Kuckucksuhr außerhalb des Schwarzwaldes. Sie hat eine Höhe von 14,5 Metern. Seit 2007 heißt der Kuckuck aus der Riesenkuckucksuhr „Harzmichel“. Er ruft viertelstündlich. Das Riesenwetterhaus ist sogar im Guinness-Buch der Rekorde eingetragen. Es kommt auf eine Höhe von 9,8 Metern. Die Harzer Uhrenfabrik lädt gern zu Führungen durch das Werk ein. Die Musterräume dienen auch dem Fabrikverkauf.
Lindenstraße 9
06485 Quedlinburg OT Gernrode
Tel.: (03 94 85) 54 30
www.harzer-uhren.de

Meisdorf und Konradsburg

Der kleine Ort am östlichen Vorharz gehört zur Stadt Falkenstein im Harz. Meisdorf wird von der Selke durchflossen. In unmittelbarer Nähe befinden sich die Burg Falkenstein und die Reste der Burg Anhalt.

Der Ort wurde im 13. Jahrhundert erstmals erwähnt. Er verfügte über sieben Ringhöfe – wehrhafte Bauernhöfe. Die 1512 errichtete Wassermühle befindet sich in Privatbesitz und ist noch in Betrieb. Gegen Ende des 18. Jahrhunderts errichtete die Familie von der Asseburg ein Schloss am Rande Meisdorfs. Heute befindet darin das Parkhotel Schloss Meisdorf mit angeschlossenem 18-Loch-Golfplatz und dem öffentlichen 6-Loch-Golfkurzplatz.

Wahrscheinlich schon im 14. Jahrhundert erbaut, diente die Meisdorfer Kirche vom Ende des 15. Jahrhunderts bis 1945 der Familie von der Asseburg als Patronatskirche. Die barocke Ausstattung mit dem mehrgeschossigen Hochaltar, dem Taufengel und der intarsiengeschmückten Kanzel wurde zwischen 1686 und 1696 abgeschlossen. Die Meisdorfer Kirche ist als Tauf- und Hochzeitskirche sehr beliebt. Die standesamtlichen Trauungen finden im Schloss Meisdorf statt.

Nicht mehr auf anhaltischem Gebiet, aber ganz in der Nähe von Ermsleben, beginnt 1021 die Geschichte der Konradsburg. Sicher liegt ihre Gründung noch weiter zurück. Die Herren von Konradsburg waren nach der Schlacht am Welfesholz bei Hettstedt auch die Erbauer der Burg Falkenstein. Die Burggeschichte der Konradsburg endete im zweiten Viertel des 12. Jahrhunderts bereits wieder. Nun folgten auf dem Gelände ein Augustiner-Chorherrenstift, bereits 1133 ein Be-

Schloss Meisdorf

Konradsburg

Samstags und sonntags Kaffee und Kuchen im Galerie-Café
Tel.: (03 47 43) 9 25 65

Die Konradsburg

nediktinerkloster, dem sich wiederum 1476 eine Ansiedlung von Kartäusermönchen aus Erfurt anschloss.

Die Konradsburg, heute eine Station auf der Straße der Romanik, besteht aus den baulichen Resten einer kleinen Burg, dem Ostteil einer spätromanischen dreischiffigen Basilika mit einer eindrucksvollen fünfschiffigen Hallenkrypta, die allein schon den Besuch wert ist, sowie den jüngeren Wohn- und Wirtschaftsgebäuden, die zumeist ältere Bausubstanz enthalten.

Die Grafen von Falkenstein stammen von der Konradsburg, die auf der B 185 zwischen Harzgerode und Aschersleben zu erreichen ist. Die zur Zeit der Ungarn- und Slaweneinfälle gebaute Burg wurde 1120 von den Konradsburgern verlassen und diente einem Benediktinerkloster als Heim. Die Kartäuser, die in der Folge das Kloster übernahmen, gaben es freilich im Ergebnis der Reformation auf. Von der dreischiffigen romanischen Basilika sind heute noch der Hohe Chor und die darunter liegende Krypta erhalten. Die wundervolle Krypta ist eine fünfschiffige, kreuzgratgewölbte Halle. Dass die Konradsburg auch heute noch ein eindrucksvolles Zeugnis romanischer Baukunst ist, verdankt der Besucher einer schon 1982 gegründeten Bürgerbewegung, die sich gegen den rapiden Verfall in den 70er-Jahren wandte und 1990 in den Förderkreis Konradsburg e. V. überführt wurde.

Hoym

Der Ort Hoym, von 1709 bis 1812 Residenzstadt des Fürstentums Anhalt-Bernburg-Schaumburg-Hoym, wurde 961 erstmals erwähnt. Der dritte Bischof von Halberstadt, Haymo, der von 840 bis 853 das Amt ausübte, wird bereits der gleichnamigen Adelsfamilie zugerechnet. Mit Cuno de Hoym wurde 1195 erstmals urkundlich die Familie genannt. Heute gehört der etwa zwölf Kilometer von Aschersleben entfernte Ort als Ortsteil zur Stadt Seeland im nördlichen Harzvorland.

Das Schloss Hoym wurde 1714 erbaut. Erwähnenswert ist das reich ausgestaltete Hofportal. Im Hoymer Schloss pflegte Wilhelm von Kügelgen über zehn Jahre als Kammerherr Herzog Alexander Carl, dessen Geisteszustand sich immer mehr verschlechterte. Hier schrieb er auch seine Lebenserinnerungen, mit denen sich der farbenblind gewordene Maler in der Literatur einen Namen machte.

Während der Zeit des Nationalsozialismus wurden im Schloss mindestens 260 Bewohner der damaligen Landes-Siechenanstalt Hoym in der Euthanasieanstalt Bernburg ermordet. Im Schlosspark steht heute ein Denkmal für die Euthanasieopfer.

Bad Suderode

Bad Suderode liegt unweit Quedlinburgs und ist heute ein Ortsteil der Harzstadt. Seit 1826 macht sich das Bad mit Heilkuren einen Namen. Der 1934 errichtete Behringer Brunnen im Kurort zählt zu den stärksten Calciumquellen Europas. Die Quelle findet Verwendung bei Trinkkuren, Bädern und Inhalationen. Heilsam wirkt sie vor allem auf Knochen, Rücken, Kreislauf und die Atemwege.

Wegen der langen Bädertradition hat sich ein weitestgehend geschlossenes Ortsbild im Pensionshausstil erhalten. Viele der traufseitig angebauten Veranden oder Balkone erinnern sehr stark an die Zeit des Jugendstils um die vorige Jahrhundertwende. Der Behringer Brunnentempel im Kurpark ist der Mittelpunkt des alljährlich in Bad Suderode gefeierten Brunnenfestes.

Mehrere Gedenksteine erinnern an Opfer der Gewaltherrschaft des Dritten Reiches. Auf dem Jüdischen Friedhof befindet sich ein Gedenkstein für die Opfer der Shoa.

Bad Suderode verfügt über 245 Kilometer ausgeschilderte Wander- und Radwanderwege. Der Ort ist direkt an die Selketalbahn angeschlossen.

Frose

Frose ist heute ein Ortsteil der Stadt Seeland im Salzlandkreis und liegt im nordöstlichen Harzvorland. Der Ort erlebte mit der Gründung des Klosters Frose durch den Markgrafen der Ostmark, Gero, noch vor 950 einen kleinen Aufschwung. Das Kloster gilt als die älteste geistliche Stiftung in Anhalt. 960 wurde es in ein Kanonissenstift umgewandelt und dem Kanonissenstift Gernrode unterstellt. Der Ort selber erscheint erstmals 936 in der von Otto I. ausgestellten Gründungsurkunde des Servatiusklosters in Quedlinburg. 1515/16 wirkte hier Thomas Müntzer als Präfekt und Privatlehrer.

Aus der Zeit des Kohleabbaus blieben die inzwischen sanierten Tagebaurestlöcher, die der neuen Stadt den Namen gaben: Seeland. Im großen Concordiasee darf gebadet werden, der kleinere Königsauer See ist ein Biotop für seltene Vogelarten.

Zu den Sehenswürdigkeiten in Frose zählt die 1170 erbaute romanische Stiftskirche St. Cyriakus. Die Kirche hat seit der Romanik mehrere Bauabschnitte durchlaufen, die ihr nicht immer bekommen sind. Eine Besonderheit der Kirche ist der sächsische Stützenwechsel. Auch die Froser Stiftskirche ist eine Station auf der Straße der Romanik.

Stützenwechsel in der Froser Kirche
Beim sächsischen Stützenwechsel folgt auf zwei Säulen ein Pfeiler.

Aschersleben

Knapp 30 000 Einwohner hat die älteste Stadt Sachsen-Anhalts. Sie liegt am Nordostrand des Harzes im Tal der Eine im Regenschatten des Harzes. Diese Lage begünstigt den Anbau des Thüringer Majorans, dessen deutsches Zentrum Aschersleben ist. Südlich der Stadt verläuft die sogenannte Benrather Linie, die Sprachgrenze zwischen dem Ostfälischen und dem Thüringischen.

Auf die Zeit vor etwa 56 000 Jahren sind die Spuren eines steinzeitlichen Jagdlagers datiert, die Archäologen auf dem Bruchsberg bei Königsaue fanden. 753 wurde Ascegereslebe in einer Schenkungsurkunde des Fuldaer „Codex Eberhardi" erstmals erwähnt. Dieses Kartular unterliegt freilich dem Verdacht einer Fälschung. Der Mönch Eberhard stellte, zum Teil auf 350 Jahre früher datierten Überlieferungen des Fuldaer Abtes Hrabanus Maurus fußend, ein Güterverzeichnis des Fuldaer Reichsklosters zusammen, in dem er, so sagen die Historiker, auch auf dem Wege von Fälschungen die Besitzrechte an verschiedenen Gütern beweisen wollte, um die desolate wirtschaftliche Situation des Klosters zu verbessern.

Unter Albrecht dem Bären wurde die Stadt Aschersleben Mittelpunkt des späteren Fürstentums Anhalt. Von der latinisierten Form des Namens der Stadt – Ascharia – haben die

Blick auf Aschersleben

Grafen von Aschersleben ihren Geschlechternamen Askanier. Durch Erbteilung entstand 1252 das Fürstentum Anhalt-Aschersleben. Als bereits 63 Jahre später der letzte Fürst, Otto II., kinderlos starb, kam das Ländchen an die Bischöfe von Halberstadt, bis es schließlich 1648 der Markgrafschaft Brandenburg in den Schoß fiel.

1266 erhielt Aschersleben Stadtrecht. Im 14. Jahrhundert wurde mit dem Bau der Stadtmauer begonnen, die heute wieder auf das Schönste zur Geltung gebrachtes, die Altstadt umspannendes Kleinod ist mit 15 Wehr- und Wachtürmen, wie dem Rondell, dem Raben-, dem Johannistorturm, dem Schmalen Heinrich oder der Großen Schale.

1426 trat Aschersleben gemeinsam mit Quedlinburg der Hanse bei. 1518 wurde die Stadt allerdings auf dem Hansetag in Lübeck gemeinsam mit Städten wie Stendal, Halberstadt, Breslau, aber auch Kiel als „abgedankt und abgeschnitten“ aus der Hanse ausgeschlossen. Möglicherweise war das eine Folge ihres Niedergangs als Handelsstadt.

Ihre erste Heimat fand die Reformation in Aschersleben in der bereits 1325 gegründeten Lateinschule an der Stephanikirche. Dass allerdings Thomas Müntzer an dieser Schule Hilfslehrer oder Hilfsgeistlicher gewesen sein soll – eine Aussage, die man von ihm in der Folter abpresste –, lässt sich nicht belegen. Ab 1524 aber lehrte der Rektor der Lateinschule, Petrus Lenz, die Schriftauslegung im Geiste Luthers, allerdings ohne offizielle Erlaubnis.

Aschersleben ist eine der wenigen Städte, deren historische Stadtmauer man bei einem Spaziergang bewundern kann. Die Große Schale, ein nach innen offener Turm, gehört zu den Befestigungstürmen.

Die Epochen der Stadtentwicklung spiegeln sich im Rathaus wider: Gotik, Renaissance, Neogotik und Moderne haben ihre Spuren hinterlassen.

Der neue Glaube ergriff die Aschersleber Bevölkerung. Die beiden Klöster der Stadt wurden 1525 von aufständischen Bauern geplündert. Nachdem die Stadt in den Besitz der Klöster gekommen war, schützte sie diese dennoch nicht vor Plünderung. Die Franziskaner freilich waren vorab schon nach Zerbst verzogen. Petrus Lenz wurde vor Ort erster evangelischer Pfarrer. Endgültig durchgesetzt hatte sich die Reformation im Bistum Halberstadt allerdings erst 1541.

Die 3. Landesgartenschau Sachsen-Anhalts in Aschersleben im Jahre 2010 hatte Folgen: Heute gehören die drei Parks zwischen Bahnhof und intakter Altstadt zum touristischen Netzwerk „Gartenträume – Historische Parks in Sachsen-Anhalt". Die Herrenbreite, der Bestehornpark und der Stadtpark sind weniger Elfenwiesen geworden als fantasievolle urbane Erlebnisräume, besonders für junge Eltern. Über die Landesgartenschau haben die Aschersleber auch Teile ihrer eigenen Geschichte wieder entdeckt.

Ein Name steht über allem: Adam Olearius (ca. 1599–1671). Der erste deutsche Reiseschriftsteller, der auch den im Schloss Gottorf in Holstein zu sehenden begehbaren Gottorfer Globus baute, Diplomat und Reisender in Diensten des Herzogs von Holstein-Gottorf, stammt aus Aschersleben. Dem großen Sohn der Stadt setzte man in der Aschersleber Gartenwelt ein sehr lebendiges Denkmal: Drei große, auf Stationen der Reisen von Olearius nach Persien und Russland zurückgehende Spielgeräte bilden die Mitte der

Gaunergeschichten am historischen Ort

Das Ascherslebener Kriminalpanoptikum befindet sich An der Darre 11, dem ehemaligen Stadtgefängnis, das bis 1982 „in Betrieb" war und heute Stadtarchiv und Kriminalmuseum enthält. Hier kann man sich Fingerabdrücke nehmen lassen, Tatwaffen, Folterinstrumente, Uniformen und Masken beschauen und sich an der Sammlung historischer Räuber- und Gendarm-Handpuppen erfreuen. Natürlich gibt es eine Führung mit Sherlock Holmes, der hier regelmäßig zu Gast ist, einmal monatlich Vorträge hält, Lesungen veranstaltet oder zu kriminalistischen Stadtführungen einlädt.
Tel.: (0 34 73) 2 26 59 42

Herrenbreite, Kletterelemente und eine Karawanserei, deren Kernstück eine Sand-Matsch-Spielfläche ist. Der Bestehornpark mit seinen Flüsterolearien, die dem Schulfunk unterstehen, ist Pausenhof für drei grundverschiedene Schulen. Der Stadtgarten mit dem kleinen Rosarium und dem Schulgarten der christlichen Grundschule lädt gleichfalls zum Verweilen ein.

Natürlich war auch Johann Wolfgang von Goethe in Aschersleben. Sein Freund und „Chef", Herzog Carl August von Sachsen-Weimar-Eisenach, bekleidete den Rang eines Generalleutnants der Aschersleber Kürassiere. Mindestens dreimal war der Dichterfürst in seinem Gefolge in der Stadt und logierte mit dem Herzog am Tie 29, Ecke Hohe Straße. Noch ein anderer prominenter Literat diente, und zwar als Leutnant, in Aschersleben: der romantische Dichter Friedrich de la Motte Fouqué. Er wohnte im Lederer Braustübl.

Ein „erzdummer Junge" verbrachte einen Teil seiner Kindheit bei seinem Großvater, dem Brauherrn, Weißbäcker und Hofherren Jakob Philipp Brauer. Es war der spätere Schöpfer der wundersamen Fahrten des Freiherrn von Münchhausen, Gottfried August Bürger (1747–1794). Nach einem Spottgedicht über einen Mitschüler musste ihn der Großvater jedoch von der Aschersleber Lateinschule nehmen und in die Franckeschen Stiftungen nach Halle zur Schule schicken.

Walter Andreas Schwarz (1913–1992) schließlich vertrat die Bundesrepublik Deutschland mit seinem Chanson „Im Wartesaal zum großen Glück" 1956 auf dem ersten Grand Prix Eurovision de la Chanson in Lugano. Der großartige, heute zu Unrecht beinahe vergessene Kabarettist und Hörspielsprecher Schwarz wurde in Aschersleben geboren.

Der Maler Neo Rauch (geb. 1960) verbrachte nach dem frühen Unfalltod seiner Eltern Kindheit und Jugend bei seinen Großeltern in Aschersleben. Nachdem er 2010 gebeten worden war, für die Landesgartenschau im Riegel, einem Neubau im Bestehornpark, eine Ausstellung seiner Meisterschüler zu kuratieren, beschloss er, der Stadt sein grafisches Werk als Dauerausstellung zu schenken. Ab 2012 sind die Werke des Meisters der Leipziger Schule als Stiftung dauerhaft zu sehen.

Auch die Stadtbefestigung rund um die Altstadt wurde mit und nach der Landesgartenausstellung aufgewertet. Weil sie über den Schlüssel zu den Stadttoren verfügten, waren die Aschersleber Bürger „Herren über die Mauern und Tore" und hatten damit Rechte, wie sie ansonsten dem Landesherrn vorbehalten waren. Daraus erklärt sich auch ihr Stolz auf die intakte Stadtbefestigung. Der Promenadenring entstand zur Zeit, als die Stadtgräben verfüllt und darauf Bäume angepflanzt wurden.

Das Rondell gehörte zu den stärksten Befestigungsanlagen Ascherslebens. Zwischen 1505 und 1583 errichtet, beträgt seine Mauerdicke bis zu 3,7 Meter.

Heute gehören dazu Naturdenkmale wie die mehrstämmige Sommerlinde oder die Gingko-Bäume. Am Burgplatz 3 findet man neben dem Stadtarchiv auch das Kriminalpanoptikum. Im Rondell, dem gewaltigsten Befestigungsturm mit 3,7 bis 4 Meter starken Mauern, wurde nach 1846 im Fachwerkaufsatz das in Preußen berühmte „Aschersleber Zeug" gewebt, Tuche für die Armee.

Die St.-Stephani-Kirche gehört zu den 35 Archidiakonatskirchen, die Halberstadts erster Bischof Hildegrim von Chalons (750–827) dem Schutzheiligen St. Stephan vor 827 weihte. Das heutige Kirchenschiff stammt aus der Bauphase ab 1468. Das Geburtshaus des Chemikers und Physikers Rudolf Christian Boettger (1806–1881) steht am Stephanikirchhof 11. Boettger erfand die Schießbaumwolle und 1848 auch die Sicherheitszündhölzer, die als „Schwedenhölzer" bald in aller Welt verwendet wurden.

1325 wurde das wesentlich ältere Stephaneum erstmals urkundlich als Lateinschule erwähnt. Im Gegensatz zu anderen von der Kirche betriebenen war dies eine der ersten städtischen Lateinschulen. Der heutige Bau stammt aus den Jahren 1873/75.

Zu den gotischen Bürgerhöfen der Altstadt gehört der 1541 erbaute Stadthof Hinter dem Turm 8. Hinter dem Turm 24 steht ein ortstypisches restauriertes Fachwerkhaus mit massivem Sockelgeschoss aus dem 17. Jahrhundert.

Die Stadtkirche St. Stephani ist eine gotische Hallenkirche, die einem romanischen Vorgängerbau folgte. Das Hauptschiff hat eine Länge von 38,9 Meter.

Einziger Zoo mit weißen Tigern in den neuen Bundesländern

Mehr als 500 Tiere, die 120 Tierarten angehören, darunter Kamele, Zebras, Flamingos und Papageien, präsentiert der Aschersleber Zoo. Besondere Erlebnisse bieten die begehbare Vogelvoliere, die Großanlage für die Ozelots, die Naturanlage für die Brillenbären sowie die große Freianlage für die sibirischen Tiger. Eine spezielle Attraktion sind die weißen Tiger von Aschersleben, die einzigen in den neuen Bundesländern. Im „Kleinen Tropenhaus" sind Flughunde und Halbaffen im Dämmerlicht zu beobachten. Tropische Süßwasserfische, Stumpfkrokodile und Riesenschlangen sind hier ebenso zu bewundern. Der Zoo befindet sich inmitten des Naherholungsgebietes „Alte Burg". Natürlich gibt es einen Streichelzoo, einen Abenteuerspielplatz und Ponyreiten.
www.zoo-aschersleben.de

Der Große und der Kleine Halken heißen zwei enge, an das mittelalterliche Aschersleben erinnernde Gassen, in denen einst die Tuchmacher angesiedelt waren. Das Kniestockwerk im Haus Nr. 6 mit einer lichten Höhe von 70 Zentimetern als Zwischenstockwerk diente einst als Schlafraum.

Eines der schönsten Häuser der Altstadt ist das 1564 gebaute Birnstielhaus am Markt. Das ehemalige Logenhaus der Freimaurer, ein 1720 erbautes Haus, dient heute als Museum, zu dem auch der einzige in Deutschland öffentlich frei zugängliche Freimaurertempel gehört.

Natürlich stehen in der Altstadt auch Häuser aus der Zeit der Renaissance. Am Tie – der Name verweist auf eine alte Gerichtsstätte an diesem Platz – kann man eine regionaltypische Renaissance-Hofanlage von 1594 mit einer rundbogigen Toreinfahrt besichtigen. Der Stadthof stammt von 1553.

Den Übergang von der Gotik zur Renaissance kann man am repräsentativen Steinhaus in der Hohen Straße 1 entdecken, das zu Beginn des 16. Jahrhunderts erbaut wurde. Einer der ältesten Profanbauten Mitteldeutschlands ist der wahrscheinlich aus dem 9. Jahrhundert stammende, erstmals aber 1309 bei seiner Übereignung durch den letzten Aschersleber Askanier Otto II. an das Zisterzienserkloster Michaelstein erwähnte Graue Hof mit seiner frühgotischen Toreinfahrt. Im Erdgeschoss findet man die schwarze Küche mit der großen Esse. Der Graue Hof diente bis 1933 der Stadt, bis 1945 der Gestapo Magdeburg und bis 1953 der Roten Armee als Gefängnis.

In der Breiten Straße befindet sich das Rathaus. Am Rathausturm stoßen jede Stunde zwei goldene Ziegenböcke ihre Köpfe aneinander. Dass Aschersleben aber nicht nur eine Stadt mit Geschichte, sondern auch eine mit Zukunft ist, zeigt beispielsweise die seit der Internationalen Bauausstellung IBA 2010 bestehende Drive-Thru-Gallery, die optische Lücken in der Stadt mit moderner, temporär stationierter Kunst auflädt und so zu einem urbanen Ereignis macht. Am Alten Schützenhaus in der Bestehornstraße steht der Spruch: „Sie bauten für uns. Wir für die Nachwelt. So empfangen wir früher erhaltenen Dienst." Wohlan. Aschersleben ist eben doch eine Stadt der Poesie. Und der Familien. Deshalb gibt es auch einen sehr sehenswerten Zoo.

Am 7. Mai 1993, dem 1020. Todestag Kaiser Ottos I., wurde vom damaligen Bundespräsidenten Richard von Weizsäcker die erste Tourismusroute in den neuen Bundesländern eröffnet: die Straße der Romanik. Damals war sie etwa 1200 Kilometer lang, umfasste 60 Stationen mit 72 historischen Bauwerken, war unterteilt in eine Nord- und eine Südroute, die von Kaiser Ottos Stadt Magdeburg ausgingen und auch wieder dort hinführten. Heute gehören acht Stationen mehr dazu und sie ist mit mehr als einer Million Besuchern pro Jahr eine der beliebtesten Tourismusrouten Deutschlands.

Kaum ein anderes deutsches Bundesland kann eine solche Vielzahl wertvoller historischer Bauten aus der Zeit von um 950 bis 1250 vorweisen wie das Stammland des ersten deutschen Kaisers. So großartige architektonische Zeugen dieser Zeit wie die Stiftskirchen in Gernrode und Quedlinburg, die Dome von Magdeburg, Merseburg und Naumburg, die Domschätze von Halberstadt, Naumburg, Quedlinburg und Merseburg, Klöster wie Unser Lieben Frauen in Magdeburg, Wirkungsort des Heiligen Norbert, Jerichow und Drübeck, legendenumwobene Burgen wie die Neuenburg, die Rudelsburg und Burg Falkenstein haben die Jahrhunderte

Romanische Krypta im Schloss Ballenstedt

Straße der Romanik
www.romanik-info.de
www.sachsen-anhalt-tourismus.de

überdauert und sind in einem ihrer Bedeutung entsprechenden repräsentativen Zustand.

In der Vergangenheit wurde dort viel gehauen und gestochen, intrigiert und gebetet. Es gibt eine Stätte auf der Straße der Romanik, die vom Humor lebt und die man gerade deshalb in Ehren halten und besuchen sollte: den Eulenspiegelturm in Bernburg.

Selbstverständlich ist die Straße der Romanik Teil der 2006 vom Europarat zur Europäischen Kulturstraße ernannten Transromanica. Somit kommt Sachsen-Anhalt wieder in Europa an, denn die Transromanica umfasst die hervorragenden romanischen Bauten in Thüringen, in den italienischen Provinzen Modena, Parma und Ferrara, in Österreich im Bundesland Kärnten, in Slowenien und in Sachsen-Anhalt.

Gesäumt wird die Straße der Romanik von den reizvollen Landschaften der sachsen-anhaltischen Regionen, von der Altmark im Norden, dem Harz und der Magdeburger Börde im Westen, von der hochmittelalterlichen Herrschaftslandschaft zwischen Saale und Unstrut, von Anhalt im Osten. Eingebettet ist sie in die Flusslandschaften von Elbe, Saale, Unstrut, Bode und Havel.

Wo heute im Westen Anhalts das Ballenstedter Barockschloss steht, stand im 11. Jahrhundert ein Kollegiatstift, das Graf Eisiko von Ballenstedt, ein Askanier, um 1043 gründete. Zu den romanischen Resten der Anlage zählen Teile des Westbaus und die Krypta. In der Nikolai-Kapelle des Schlosses ist das Grab Albrechts des Bären und seiner Gemahlin Sophie von Winzenburg (1105–1160) zu finden.

Die Stiftskirche in Gernrode ist eines der wenigen großartig erhaltenen Zeugnisse ottonischer Architektur. Einer der wichtigsten Männer Ottos des Großen, Markgraf Gero (900–965), gründete 959 das Damenstift St. Cyriakus. Der Bau der Kirche begann im selben Jahr. Das Heilige Grab im südlichen Seitenschiff wurde im 11. Jahrhundert eingebaut.

Am Ende eines der schönsten Harztäler steht die am besten erhaltene, weil nie zerstörte Burg des Harzes: Burg Falkenstein. Die Anlage wurde in ihrem Kern zwischen 1120 und 1180 errichtet. Der Legende nach soll Eike von Repgow hier den „Sachsenspiegel" ins Deutsche übertragen haben.

Ludwig der Deutsche (806–876), ein Karolinger, der von 840 bis 876 ostfränkischer König war, hatte Mitte des 9. Jahrhunderts in Frose ein Stift gegründet, das er dem heiligen Cyriakus weihen ließ. 950 übertrug Otto I. es dem Markgrafen Gero. Der machte aus dem bisherigen Kanonikerstift 961 ein Kanonissenstift und unterstellte es Gernrode. 1515 richtete Thomas Müntzer hier ein Knabenkonvikt ein, das bis 1517 bestand. Die ursprüngliche Kirche ist nur in Teilen erhalten. So geht die romanische Arkadengliederung mit dem sächsischen Stützenwechsel wohl noch auf die ursprüngliche Kirche zurück. Die Würfelkapitelle sind sehr kunstfertig. Bei einer Restaurierung 2007 wurde eine Anthrazit-Weiß-Malerei freigelegt, die noch aus der Zeit Ludwigs stammen könnte.

Die Konradsburg bei Ermsleben hat eine lange Geschichte. Sie endete, als um 1120 die Konradsburger im Selketal die Burg Falkenstein errichteten. Stattdessen wurde anstelle der Konradsburg ein Benediktinerkloster gegründet. Bis zu seinem Niedergang im 14./15. Jahrhundert wirkte es als kulturelles, wirtschaftliches, geistiges, auch geistliches Zentrum am östlichen Harzrand. Heute sind von der ehemaligen dreischiffigen romanischen Basilika lediglich der hohe Chor und die Krypta geblieben. Der wahrscheinlich noch aus der Frühzeit der Burg stammende 45 Meter tiefe Brunnen wurde mit einem Eseltretrad betrieben.

Der Feldsteinbau der Bernburg-Waldauer Dorfkirche St. Stephan geht auf das 12. Jahrhundert zurück. Auf der Tür vom Schiff zum Turm sind auf den Laibungen frühromanische Ritzzeichnungen erhalten. Die Dorfkirche gehörte zum Ort Waldau, der 1871 nach Bernburg eingemeindet wurde.

Der mächtige Bergfried des Schlosses Bernburg ist wohl um 1138 errichtet worden. Im selben Jahr wurde die zuvor hier stehende Burg Bernburg erstmals erwähnt. Eulenspiegel soll hier um 1325 sein Gastspiel gegeben haben.

Dorfkirche Bernburg-Waldau

Zwischen 930 und 950 wurde in Nienburg die Neue Burg errichtet. Sie sollte der Ausgangsort für die Christianisierung der ansässigen Slawen werden. Die 970 im Harzort Thankmarsfelde gegründete Benediktiner-Abtei siedelte bereits fünf Jahre später zur Unterstützung der Missionstätigkeit nach Nienburg um. Die Umbauarbeiten zum Kloster nahmen 30 Jahre in Anspruch. Erst 1004 konnte im Beisein des Königs Heinrich II. die heute noch erhaltene Klosterkirche St. Marien und St. Cyprian geweiht werden.

Die Ersterwähnung Hecklingens geht auf eine Urkunde um 944 zurück. Das Benediktiner-Nonnenkloster wurde Mitte des 11. Jahrhunderts über eine Stiftung ins Leben gerufen. Mitte des 12. Jahrhunderts begann der Bau der jetzigen Klosterkirche St. Georg und Pancratius. Die Kirche verfügt über Engel darstellende romanische Stuckplastiken von europäischem Rang.

Der Feldsteinbau der ehemaligen Kirche des Dorfes Ziemitz, das in Loburg aufging, stammt aus der zweiten Hälfte des 12. Jahrhunderts. Ursprünglich handelte es sich um eine dreischiffige Säulenbasilika. Die Kirche vor den damaligen Toren Loburgs wird bereits 1562 als wüste Kirche vorm Tor beschrieben. An der Ostseite der Kirche Unser Lieben Frauen, die 1990 seitens der Stadt als Kirchenruine restauriert wurde, steht das Mausoleum der Familie von Wulffen.

Bernburg, Eulenspiegelturm

AUF DEN SPUREN DER GOTIK IN ANHALT

Dass ein Bauwerk „gotisch“ genannt wurde, war zunächst abwertend im Sinne von „barbarisch“ gemeint. Der Begriff sollte bewusst an die Zerstörer der Kultur erinnern, an die Goten, die Rom erobert und geplündert hatten. Im positiven Sinne wird der Begriff erst seit der Romantik verwendet, als man sehnsuchtsvoll ins Mittelalter blickte.

Die Gotik als Architekturstil lässt sich in Deutschland ab 1220 verfolgen. Sie war eine hohe Zeit des Kathedralenbaus. Aber auch Burgen sind erhalten. Im 16. Jahrhundert baute man noch gotisch oder bereits im Stil der Renaissance.

Der Sachsenspiegel des Eike von Repgow gilt als eines der ersten deutschen Prosabücher und als das einflussreichste Rechtsbuch des Mittelalters. Seine Wirkung reichte von Holland bis Weißrussland. Es entstand in seiner niederdeutschen Fassung auf Anregung des Grafen Hoyer von Falkenstein (1211–1256). Ob diese auf dessen Burg am Rande des Selketals im Harz verfasst wurde, wissen wir nicht mit Sicherheit.

Auf der spätromanischen Burg Falkenstein, die musealen Zwecken dient, befinden sich in den Zimmereinrichtungen eine Reihe gotischer Schränke und Truhen aus der Zeit um 1500. In der Burgkapelle sind Kirchenfenster aus dem 13. Jahrhundert zu sehen. Vier Räume auf der Burg Falkenstein haben den Sachsenspiegel zum Thema. Im Verlies der Burg sieht man Exponate zum Thema „Kindsmord“.

Obwohl die Askanier ihren Namen von Aschara, dem latinisierten Aschersleben, herleiteten, besaßen sie in dieser Stadt nur kurze Zeit Einfluss. Die 1507 geweihte Stadtkirche St. Stephani ist gotischen Ursprungs. Zur Frühgotik zählt die heutige katholische Heilig-Kreuz-Kirche, die ehemalige Franziskanerkirche. Der Johannistorturm, der einzig erhaltene von fünf Stadttortürmen, stammt von 1380, das heutige Kunstquartier Grauer Hof aus der zweiten Hälfte des 13. Jahrhunderts. Im Museum der Stadt Aschersleben sind unter den Exponaten gotischen Ursprungs eine Darstellung der heiligen Elisabeth und ein Brustkreuz aus dem 15. Jahrhundert.

Die Nikolaikirche in Zerbst ist eine spätgotische Stadtkirche. Sie wurde 1945 bei Luftangriffen zerstört, ihre imposante Ruine aber ist erhalten.

Bereits 1927 wurde die Gemälde- und Grafiksammlung des anhaltischen Fürstenhauses der Öffentlichkeit übergeben. Sie enthielt den Grundstock der heutigen Anhaltischen Gemäldegalerie Dessau. Etliche Werke der Galerie stammen aus dem 15. Jahrhundert, darunter die Maria mit dem Kind –

Wörlitz, Gotisches Haus

geschaffen im zweiten Drittel des 15. Jahrhunderts – aus der Westfälischen Werkstatt oder das Bildnis eines Mannes, eine Studie zu einem Apostel von Bartholomäus Zeitblom, die um 1500 entstand. Die Anhaltische Gemäldegalerie ist im Schloss Georgium untergebracht, die Grafiksammlung findet man im sogenannten Fremdenhaus, ebenfalls im Georgium.

Die deutsche Frühromantik entdeckte das Mittelalter als ein glückliches Zeitalter. Damals hatte man sich der französischen Herrschaft unter Napoleon zu erwehren und brauchte eine Vision für einen politischen Neuanfang. Man war fasziniert von der Idee einer Nation, eines Kaisers, eines einigen Volks als Gegenbild zur Kleinstaaterei jener Zeit. Fürstlicherseits fand man Gefallen an mittelalterlichen Herrscherbündnissen gegen die Zentralmacht.

Fürst Leopold III. Friedrich Franz, der Enkel des Alten Dessauers, war ein Sohn seiner Zeit. In seinem Gartenreich befindet sich in den Wörlitzer Anlagen das Gotische Haus mit seiner Schaufassade im venezianischen Stil. Sein Architekt Friedrich Wilhelm von Erdmannsdorff schuf hier zwischen 1773 und 1790 ein stilbildendes Gebäude, das ursprünglich als Gärtnerhaus gedacht war, sich aber bald zum „Rittersitz" des Fürsten entwickelte. Schließlich lebte Fürst Franz hier mit der Gärtnerstochter Luise Schoch in morganatischer Ehe. Der Flügelbau zur Gartenseite hin ist von der englischen Tudorgotik inspiriert. Die Holzdecken im Haus sind im neogotischen Stil gehalten, unter den Möbeln findet man gotische Stücke. Die Sammlung von Schweizer Glasmalerei aus dem 15. bis 17. Jahrhundert, die der Fürst zusammentrug und einbauen ließ, unterstreicht den neogotischen Stil des Hauses. Die Stadtkirche von Wörlitz auf der gegenüberliegenden Seeseite ist hingegen eine Mischung aus Gotik und Neogotik.

ANHALTS KRONE. ANHALT-BERNBURG UND ANHALT-PLÖTZKAU

Die anhalt-bernburgischen Lande halten jede Menge Überraschendes bereit. Eine Untergruppe der jungsteinzeitlichen Trichterbecherkultur führt nach dem Fundort von Siedlungsbelegen den Namen „Bernburger Kultur". Fruchtbarer Boden und Wassernähe luden schon frühzeitig zur Besiedlung ein. Wer noch weiter zurück in die Geschichte eintauchen will, sollte den Gletschergarten am Bernburger Stadtrand besuchen. Hier sind riesige Gesteinsplatten mit eiszeitlichen Schrammen zu sehen.

Über Güsten führt der kürzeste Weg von Aschersleben nach Bernburg. Der Beiname „Eisenbahnerstadt" erinnert an die Bedeutung, die Güsten einst als Eisenbahnstützpunkt nördlich der Harzausläufer hatte. Vor Ort ist die spätgotische Pfarrkirche St. Vitus besichtigenswert, ein schlichter Putzbau mit einem Renaissanceportal auf der Südseite. Es stammt von 1591, etwa der Zeit, in der auch das zur Cranachnachfolge zählende Kreuzigungsgemälde in der Kirche entstanden ist.

Blick auf Bernburg

Der direkte Weg nach Bernburg führt durch Ilberstedt. Links nach dem Ortseingang Bernburg steht der Keßlerturm. Er bietet die Chance, einen guten Ausblick über Stadt und Landschaft zu erhaschen.

Wer auf der Suche nach Zeugnissen aus der Zeit der Romanik ist, wird in Alsleben, besser noch in Beesenlaubingen fündig. Die Dorfkirche dort gehört zu den in Mitteldeutschland typischen Feldsteinkirchen aus dem 12. Jahrhundert. Die Bauweise – Westturm, Kirchenschiff, eingezogener Chor mit oder ohne Apsis – verweist auf die frühere Funktion der romanischen Kirchen als Schutzort bei Gefahr. Die Kirche ist noch weitgehend original erhalten. Das reich geschmückte einstufige südliche Säulenportal zeigt in einem von Wellenranken gerahmten Tympanon den thronenden Christus mit Petrus und Paulus.

Unter Fürst Wolfgang von Anhalt-Köthen (1492–1566) wurde 1526 in Anhalt-Bernburg als drittem Land nach Kursachsen und Anhalt-Köthen die Reformation eingeführt. Der Fürst, der anteilig auch für Zerbst und Köthen zuständig war, trat 1544 Zerbst an seine Vettern ab und erhielt dafür Anhalt-Bernburg.

Fürst Joachim Ernst von Anhalt (1536–1586) übernahm nach dem Tod seines Bruders Bernhard im Jahr 1570 auch dessen Territorien und einte damit das Fürstentum Anhalt bis zu seinem Tode. Danach zerfiel es wieder mangels der Primogenitur in zunächst vier Erbteile, da von den fünf Söhnen Joachim Ernsts einer, nämlich August (1575–1653), zunächst verzichtete. Als dieser später doch Anspruch auf ein eigenes Erbteil anmeldete, verkaufte ihm Christian I. von Anhalt-Bernburg für 100 000 Taler das damalige Amt Plötzkau.

So wurde der kleine Ort 1611 Residenz. August errichtete das reichsunmittelbare, aber sehr überschaubare Fürstentum Anhalt-Plötzkau mit eigenen Münzen und eigener Gerichtsbarkeit. 1623 erhielt Plötzkau Lehensreiter und 20 Kriegsknechte. Das kleinste Fürstentum auf anhaltischem Boden hatte 40 km^2 Grund und Boden mit 2000 Bewohnern in den Ortschaften Plötzkau, Großwirschleben, Bründel, Bullenstedt, Osmarsleben, Aderstedt und dem halben Dorf Gröna.

Dieses winzige Fürstentum sollte nach dem Tod Augusts 1653 dessen acht Kinder ernähren. Drei davon waren Söhne, die sich in die Herrschaft teilten. Als 1665 die Linie Anhalt-Köthen ausstarb, übernahmen aufgrund des Erbvertrags Augusts Söhne Leberecht (1622–1669) und Emanuel (1631–1670) die Köthener Herrschaft. Der Älteste der drei, Ernst Gottlieb (1620–1654), war bereits verstorben. Plötzkau wurde nun Witwensitz und schließlich bis 1709 Residenz der anhaltischen Nebenlinie Harzgerode-Bernburg. Als die Nebenlinie erlosch, fiel Plötzkau wieder als Amt zurück an

Trauungen im Schloss

Wer einen besonderen Ort zur Trauung sucht, kann ihn im Trauzimmer im Turm des Plötzkauer Schlosses finden. Der Schlossverein kann auf Wunsch auch ein Rahmenprogramm mit Kutschfahrt oder Sektempfang organisieren. Standesamt der Verwaltungsgemeinschaft Saale-Wipper: (03 92 62) 87 70

Das Schlosscafé „Sassenbloume" bietet vom Bauernschmaus über Rittergelage und eine kulinarische Schlosskneiptour sowie die Kindertafel mancherlei thematisch interessante Kulinaria an.
Öffnungszeiten:
Do–Fr ab 17.00 Uhr
Sa, So ab 12.00 Uhr
Tel.: (03 46 92) 3 81 21
Mobil: (01 52) 27 17 11 31
www.sassenbloume.com

Schlossverein Plötzkau e. V.
Schloss Plötzkau
Haus am Turm 1
06425 Plötzkau
Tel.: (03 46 92) 2 89 44 oder
(01 73) 3 57 77 47

Bernburg. 1863 erlosch die Bernburger Linie mit dem Tod Herzog Alexander Carls (1805–1863). Das Herzogtum fiel an Anhalt-Dessau.

Natürlich hatte der Fürst eines so kleinen Fürstentums einst vor allem drückende Geldnot. In so einer Situation ist kein Gedanke zu absonderlich, enthält er nur eine Spur von Hoffnung auf Besserung. Fürst August versuchte es auf damals gar nicht so ungewöhnliche Weise. Er ließ mit Hilfe von Chemie und Alchemie Versuche laufen, „chymisches“ Gold herzustellen. Als Fürst ließ er ja eigenes Geld prägen. Da wäre Golderzeugung auf künstlichem Wege natürlich willkommen gewesen.

Immerhin: In Plötzkau wurde ein Dreidukatstück geprägt, dessen Zusammensetzung heute noch Rätsel aufgibt. Fürst August nahm das Geheimnis mit ins Grab. Gegen seine Schulden kam er trotzdem nicht an. Er hinterließ seinen Nachkommen ein Manko in der damals stolzen Höhe von

Turmmuseum auf dem Schloss Plötzkau

Hier begegnet der Besucher Themen wie „7000 Jahre Landwirtschaft“, in der Ausstellung „Salam aleikum – Heil über Euch“ den Kreuzrittern sowie einer Präsentation von Ausgrabungsfunden, die beim Bau der A 14 in der Region gemacht wurden. Natürlich gehört auch die Möglichkeit der Turmbesteigung zum Angebot.
Schloss Plötzkau e. V.
Schlosshof 2
06425 Plötzkau
Voranmeldung: (01 74) 6 62 74 69
oder (01 73) 3 57 77 47

Schloss Plötzkau

Sport, Spiel und Spannung in der Kinderkemenate

Auch die Kinderkemenate befindet sich im Schlossturm. Die jungen Burgherren und Schlossjungfern erleben eine Zeitreise ins Mittelalter, hören von Rittern, Sagen und Mythen jener Zeit. Zum Programm gehören die Ernennung zum Ritter oder zum Burgfräulein nach entsprechender Einkleidung, Gespensterschminken, Spiele aus dem Mittelalter, Wetttrinken und Wettessen, Schatzsuche mit gespenstischen Begegnungen, Abschlussgruppenfoto und natürlich der Besuch der Kreuzritterausstellung und der Aufstieg zum Schlossturm.
Förderverein für Bildung und Arbeit Bernburg: (0 34 71) 62 83 42
Buchungen, auch von Klassen, mindestens zwei Wochen vorher

500 000 Talern. Welch Glück für Augusts Nachkommen, dass die Köthener Erbschaft ins Haus stand!

Als Landschaftsschutzgebiet ist das untere Saaletal von Bad Kösen bis zur Saalemündung bei Barby bereits seit 1961 ausgewiesen. Der Naturpark Unteres Saaletal umfasst das Gebiet zwischen Halle, Plötzkau und Bernburg mit seinen großartigen Auenlandschaften. Der Naturpark erstreckt sich beidseitig des Flusses auf einem Gebiet von 40 800 Hektar. Hier sind Trockenrasen, Heiden, die Pioniervegetation auf dem Porphyrgestein, auf Sandböden oder Kalkstein zu bestaunen.

Eine ganz andere Vegetation bieten die unmittelbaren Auenlandschaften mit ihren Feuchtgebieten. Etwa zehn Prozent des Naturparkareals gehören zum europäischen Naturschutzsystem NATURA 2000. Dazu zählt der Auwald bei Plötzkau, ein geschlossener Eschen-Ulmen-Auwald, den Altwässer der Saale durchziehen. Hier gibt es einen hohen Bestand an Greifvögel-Brutpaaren, beispielsweise des Roten und Schwarzen Milans.

Auch der Saaledurchbruch bei Rothenburg, der Steilhänge der Saale und Seitentäler umfasst, zählt mit seinen artenreichen Pflanzen- und Tiervorkommen, Trockenrasen, Trockengebüschen und Felsfluren zu den NATURA 2000-Gebieten.

Der Saale-Radwanderweg führt auf 70 von insgesamt 427 Kilometern Länge durch das Gebiet des Naturparks. Diese 70 erlebenswerten Kilometer führen am Plötzkauer Schloss vorbei nach Bernburg. Von hier geht es die Latdorfer Kalkberge entlang bis nach Nienburg (Saale).

Plötzkau

Plötzkau

Den Charme des Ortes Plötzkau steigert seine Lage in der Saaleauenlandschaft südlich von Bernburg. Plötzkau war Albrecht dem Bären einst als Reichslehen gegeben worden, nachdem es die Welfen vorher gebrandschatzt hatten. Auf einem Felsvorsprung über der Saaleaue erblickt man etwa sechs Kilometer nördlich von Alsleben das Schloss in seiner Gestalt als Renaissancebau.

Als romanisch-gotische Ritterburg an dieser Stelle fand Plötzkau bereits 1049 eine erste urkundliche Erwähnung. Die Burg wurde während der anhaltenden Streitigkeiten zwischen den Welfen und den Hohenstaufern unter dem Magdeburger Erzbischof Konrad von Querfurt (um 1100–1142) 1139 zerstört. Der ursprünglich zur Hohenstaufer-Partei haltende Erzbischof schlug sich nach dem Tod Kaiser Lothars III. (vor 1075–1137) auf die Seite des Welfen Heinrich der Stolze und überwarf sich mit Albrecht dem Bären. Der Zwist mündete in der militärischen Auseinandersetzung zwischen Konrad, dem Grafen von Plötzkau, und Albrecht dem Bären, in

Blick auf Plötzkau

deren Folge Plötzkau und Bernburg durch Konrads Truppen gebrandschatzt wurden. Ab 1152 geriet Plötzkau schließlich in den Besitz der Askanier.

Fürst Bernhard ließ das Renaissanceschloss, das auch heute noch das Ortsbild prägt, zwischen 1566 und 1573 auf den Grundmauern der romanisch-gotischen Burg erbauen. Es enthielt 70 bewohnbare Zimmer, einen prächtigen Fürstensaal mit einem Sandsteinkamin von 1567 und einem streng geheimen Gemach. Der Schlossturm geht bis auf die vier Renaissancegiebel auf den romanischen Bergfried der alten Grafenburg zurück, wurde aber auf 37 Meter erhöht. Der Turm kann bestiegen werden und man blickt von oben über die wunderbare Saaleauenlandschaft.

Nachdem das Schloss wieder an Bernburg gefallen war, diente es in der Folge einer Reihe sehr unterschiedlicher Verwendungen. 1741 wurden hier eine Lackwarenfabrik für japanische Lackmalerei sowie eine Tabakwarenfabrik untergebracht. Von 1841 bis 1884 nutzte man das Schloss als Straf- und Besserungsanstalt für Männer und Frauen, insbesondere für „Trunkenbolde, Landstreicher oder arbeitsscheue Elemente“, wie es in der Strafanstaltsordnung heißt. Danach wurde das Schloss Teil eines landwirtschaftlichen Betriebes. Nach 1945 und bis in die 1970er Jahre hinein wohnten hier zahlreiche Flüchtlingsfamilien. Bis 1992 nutzte das damalige Landesmuseum für Ur- und Frühgeschichte Halle das Schloss außerdem als Depot.

Seit 1980 haben engagierte Plötzkauer Bürger unter der Leitung des Physiklehrers Günter Bartel mit Erhaltungs- und Sicherungsmaßnahmen begonnen, um den Verfall zu stoppen. Ihrem Einsatz ist es zu verdanken, dass der Turm des Schlosses begehbar ist. Seit 1996 gehört die Schlossanlage zur Stiftung Dome und Schlösser des Landes Sachsen-Anhalt. Die Anlage bietet heute ein anschauliches Beispiel für den frühen Schlossbau in Mitteldeutschland, weil sie weder im Dreißigjährigen Krieg noch später zerstört wurde.

In Plötzkau gibt es eine Reihe sehenswerter alter Bauernhöfe, beispielsweise das ehemalige Rittergut mit dem restaurierten Taubenturm und dem Sitznischenportal am Haupthaus. Die Plötzkauer Kirche ist zwar nicht viel älter als einhundert Jahre, jedoch sind die mit biblischen Szenen bleiverglasten Fenster und die Vorhangmalerei betrachtenswert.

In Plötzkau feiert man seit 1775 alle Jahre im September das Pflaumenkuchenfest. Mittelalterfeste in Plötzkau oder Bernburg ziehen Jung und Alt in ihren Bann. Für Naturfreunde ist der Lehrpfad im Plötzkauer Auenwald hochinteressant, ebenso die Graureiher-Kolonie in der Lösewitzer Laube. Auf dem Reiterhof Aderstedt können Radfahrer vom Drahtross auf ein richtiges Pferd wechseln.

Hecklingen

Der erst 1928 zur Stadt erklärte Ort im Harzvorland, am südlichen Talhang der Bode, liegt am Rande der Magdeburger Börde. Hecklingen hat etwa 7500 Einwohner. In der heutigen Einheitsgemeinde liegen etliche Ortsteile außerhalb des ehemaligen anhaltischen Gebiets.

Hecklingen wurde 944 erstmals urkundlich erwähnt. Um 1160 bestand hier bereits ein askanischer Hof. Aus den welfisch-hohenstaufischen Streitigkeiten kam schließlich das Kloster Hecklingen samt seinem wertvollsten Besitz, dem Salzort Staßfurt, an Albrecht den Bären. 1276 wurde Hecklingen an den Magdeburger Erzbischof verpfändet. Seit 1870 hatte sich Hecklingen als Ort, der im Umfeld der von Staßfurt ausgehenden Kali-Industrie auch einwohnermäßig wuchs, von ehemals landwirtschaftlicher Prägung hin zu einem Industrieort entwickelt.

Die ehemalige Klosterkirche stammt aus dem 12. und 13. Jahrhundert und stellt die bedeutendste Sehenswürdigkeit der Stadt dar. Ihren besonderen Reiz erlangt sie durch ihren Bestand an romanischer Stuckplastik, die von europäischem Rang ist. Der Bau der Basilika des aus einem Familienkloster bzw. einem Chorherren-Stift hervorgegangenen Benediktinerinnenklosters erfolgte zwischen 1150 und 1176. Die Kirche folgt dem typischen sächsischen Grundriss: Sie ist eine regelmäßige, aus dem Quadrat entwickelte, kreuzformatige zweitürmige Anlage. Das Äußere ist durch Lisenen und Rundbogenfriese reich gegliedert.

Die Vogteirechte am Kloster gingen 1319 auf die Askanier über. Zwar zerstörte 1496 ein Brand das Kloster, nicht aber die Klosterkirche. Nach der Reformation wurde das Kloster säkularisiert und Christoph von Trotha kaufte 1571 das gesamte Anwesen. Aus dem Kloster wurde ein landwirtschaftlicher Betrieb, der samt Schloss und Gut bis 1945 im Besitz der Familie blieb. Im September 1945 wurden die von Trothas entschädigungslos enteignet. Fritz von Trotha starb 1947 im sowjetischen Speziallager Buchenwald.

Die Klosterkirche ist eine der am besten erhaltenen dreischiffigen romanischen Basiliken im sächsisch-thüringischen Raum und heute eine Station auf der Straße der Romanik. Sie wurde mit rheinischem Stützenwechsel erbaut, also mit der Abfolge Säule–Pfeiler–Säule. Der zwischen 1225 und 1230 entstandene Zyklus der 14 Engel über den Arkadenzwickeln gehört zu den Höhepunkten des sächsischen Byzantinismus. Die an den Langhausarkaden angebrachten Engelsfiguren sind etwa 1,25 Meter hoch. 2000/01 wurden die Engel restauriert. Zwischen 1878 und 1883 fand bereits eine General-

Die romanische Klosterkirche St. Georg und Pankratius im ehemaligen Kloster Hecklingen stammt aus dem 12. und 13. Jahrhundert. Sie zählt zu den bedeutendsten Sakralbauten in der Gegend um den Harz.

Stadtschloss Hecklingen

Hugo-Gast-Siedlung 4
39444 Hecklingen
Tel.: (0 39 25) 9 89 26 10
www.stadtschloss-hecklingen.de

restaurierung im historistischen Zeitgeschmack statt. Über den nördlichen Arkadenbögen sind drei männliche und zwei weibliche Köpfe zu sehen. Sie stammen ebenfalls aus dem 12. Jahrhundert und stellen wahrscheinlich die Stifterpersönlichkeiten dar.

Mit dem Bau des Hecklinger Stadtschlosses begann nach dem Kauf des Klostergeländes durch die Familie von Trotha Wolf-Friedrich von Trotha etwa 1617. Er erneuerte und erweiterte das noch vorhandene Klostergebäude unter anderem um den Renaissanceflügel mit dem kleinen Turm. Letzterer ist begehbar.

Seine heutige Form erhielt das Schloss erst um 1720/21, als Thilo Lebrecht von Trotha den Barockflügel erbauen ließ. Der zweigeschossige elfachsige Hauptflügel wurde 1887 erneuert. Ebenfalls aus der zweiten Bauphase, etwa von 1719, stammt der Festsaal im Obergeschoss, der über ein reiches figürliches Stuckornament und eine entsprechende Deckenmalerei verfügt. Das Stadtschloss dient heute als Hotel.

Das Hotel mit barockem Ambiente verfügt über 19 hochwertig eingerichtete Zimmer. Im Kaffeegarten wird Kuchen aus der Schlossbäckerei angeboten. Im Restaurant Schloß-Idylle legt man Wert auf Speisen mit naturbelassenen einheimischen Zutaten, aber auch kulinarische Köstlichkeiten aus aller Welt werden serviert.

Auch in Gänsefurth, einem ehemaligen Kirchdorf, heute Ortsteil von Hecklingen und bekannt durch die Gänsefurther Quelle, die das Wasser für einen der großen regionalen Getränkeanbieter liefert, begegnet dem Besucher die Familie von Trotha. Klaus von Trotha kaufte 1461 das Rittergut und Schloss Gänsefurth von Bernhard IV. von Anhalt.

Die ursprünglich aus dem 12. Jahrhundert stammende Burg wurde im 16. Jahrhundert durch Christoph von Trotha erneuert und erweitert. Er ließ den Turm um drei Stockwerke erhöhen. Dem Baustil der Renaissance entsprechend, erhielt der Turm noch vier Schweifgiebel. Schließlich ließ Friedrich Lebrecht von Trotha 1757 auch den zweigeschossigen Barockbau des Schlosses errichten. Auf der Vorder- und Rückseite erblickt man jeweils einen prächtigen Mittelrisaliten. Der Rokokosaal mit Stuckdecke im zweiten Stock des Anbaus ist sehenswert. Im Jahr 1919 ging die Verwaltung von Gut, Schloss und Ort auf die Gemeinde Hecklingen über.

Wandern

Der „Gänsefurther Busch“ ist eine singvogelreiche, heute verwilderte Parklandschaft mit schönem Wanderweg. Ein weiterer Wanderweg führt zum Flächennaturdenkmal „Weinbergsgrund“. Hier erinnern beispielsweise die etwa 60 Meter tiefen Steinbrüche an die Zeiten des Kalkabbaus in dieser Gegend. Zur Steppenflora gehören hier auch die unter Naturschutz stehenden Hahnenfußgewächse.
Der Europa-Radweg R1 verläuft von den Niederlanden her über den Harz. Er führt auch durch Gänsefurth. Um auf den Radwanderweg an der Bode zu gelangen, muss man die Saale überqueren.
Wer zu Pferde etwas unternehmen möchte, ist gut aufgehoben im Reiterhof Nettekoven mit angeschlossener Pension im Ortsteil Gänsefurth.
Tel.: (0 39 25) 28 23 59 oder
(0 39 25) 28 96 61

Bernburg

Die 45 Kilometer südlich von Magdeburg und 40 Kilometer nördlich von Halle gelegene Saalestadt ist heute Kreisstadt des Salzlandkreises. Die aus sieben Ortsteilen bestehende Stadt zählt etwa 35 000 Einwohner, ist dank der Hochschule Anhalt Hochschulstadt und hat auch ein Theater. Bernburg liegt im Regenschatten des Harzes und damit in einem der trockensten Gebiete Deutschlands.

Das wirtschaftliche Rückgrat der Stadt bilden moderne Industriebetriebe. Auf eine lange Tradition können sowohl das Sodawerk Solvay, ein Werk der Schwenk Zementgruppe, als auch das Steinsalzwerk esco der K+S-Gruppe zurückblicken. Der belgische Erfinder und Industrielle Ernest Solvay (1838–1922) beantragte und erhielt bereits 1880 eine Konzession für eine Sodafabrik in Bernburg. 1891 begann man in der Nähe mit dem Abbau von Steinsalz und Kali, 1921 mit der Herstellung von Zement. Einst aber war die Stadt Bernburg die Residenz der Nebenlinie Anhalt-Bernburg des anhaltischen Fürstenhauses.

Wer die romantische Seite Bernburgs kennenlernen will, sollte mit der MS Saalefee anreisen. Was für einen prächtigen Anblick bietet dann das sich auf rotem Sandstein weit über das Land erhebende Renaissanceschloss! Der Besucher be-

Solvaywerk Bernburg

Museum Schloss Bernburg
Schlossstraße 24
06406 Bernburg
Tel.: (0 34 71) 62-50 07/-30 74
www.museumschlossbernburg.de

greift sofort, weshalb es als „Krone Anhalts" bezeichnet wird. Touristen, die von der Saale her anlegen, befinden sich sogleich im Bernburger Naherholungsgebiet mit dem Rosenhag, dem Bernburger Tierpark, dem Paradies mit Märchengarten, der Parkeisenbahn und dem Keßlerturm.

Erst im Jahr 1825 wurden die beiden Hauptorte Bernburgs – die Talstadt an der Saale und die Bergstadt mit dem Schloss – zu einer Stadt vereint. Die Talstadt bestand ehemals aus zwei selbstständigen Orten, der Alt- und der Neustadt mit jeweils eigener Stadtmauer. Beide Orte hatten sich bereits 1561 auf fürstliche Anordnung hin zu einer Stadt zusammenzuschließen.

Hinter dem Alten Markt der Talstadt steht die gotische Hallenkirche St. Marien, die 1228 erstmals erwähnt wurde. An ihren Portalen befinden sich Steinmetzarbeiten aus der Schule des Konrad von Einbeck aus den Jahren von 1420 bis 1440. Der Turm ist ein Bauwerk des 14. Jahrhunderts, wobei das Mauerwerk des Turmuntergeschosses sogar ins 13. Jahrhundert zurückreicht. Die Grüne Apotheke hat zwei sehenswerte spätbarocke Portale. Pfarrkirche der Neustadt war die St.-Nikolai-Kirche. Zwar zweitürmig angelegt, wurde jedoch nur ein Turm ausgeführt.

Vom Alten Markt führt die Breite Straße in Richtung Nordwesten über die Flutbrücke zum Ortsteil Waldau. Der Wanderer sieht weit und breit kein Wasser, über das die 1787

Blick auf Bernburg

erbaute Brücke, die heute ein technisches Denkmal ist, führen würde. Der Nebenlauf der Saale ist längst ausgetrocknet. Waldau ist übrigens früher als alle anderen Orte Anhalts erwähnt, nämlich 806 als Waladala. Waldau ist somit der älteste besiedelte Teil Bernburgs.

In der Chronik des Klosters Moissac aus dem Jahr 806 heißt es: „Kaiser Karl feierte Ostern in Nimwegen und schickte seinen Sohn, den König Karl, nach Thüringen zu einem Ort, der Waladala genannt wird, und dort hielt er seine Heerschau ab." Zu den Waldauer Sehenswürdigkeiten gehören die Flutbrücke, der Keßlerturm und die Dorfkirche St. Stephan, die vom Ende des 12. Jahrhunderts stammt. Sie ist eine Station auf der Straße der Romanik und soll die älteste romanische Kirche Sachsen-Anhalts sein. Sie hat eine halbrunde Apsis, einen quadratischen Chor und ein sich anschließendes rechteckiges Kirchenschiff. An den Türlaibungen des Turms befinden sich zwei frühromanische Grabplatten. Die erste sichere Erwähnung Bernburgs selbst, zeitgleich in zwei Chroniken, den Magdeburger Annalen und der des Annalista Saxo, datiert auf das Jahr 1138.

Bernburg, Schlosshof

Ob es sich bei der in einer Schenkungsurkunde Kaiser Ottos I. als „Brandanburg" erwähnten askanischen Rund- und Fliehburg tatsächlich um die Bernburg handelt, lässt sich nicht mit Sicherheit bestimmen. Auf jeden Fall ist aber von einer frühen Erwähnung 1138 in den beiden oben genannten Chroniken auszugehen, wo sie „Berneborch" genannt wird. Einer der mächtigsten Bergfriede, die man auf deutschen Burgen bewundern kann, gehört zur alten Burg, stammt aus dem 12. Jahrhundert und heißt spätestens seit 1640 Eulenspiegelturm. Die Berneborch war im 12. Jahrhundert Sitz der Gräfin Eilika, der Mutter Albrechts des Bären. Im Verlaufe der Streitigkeiten zwischen den Welfen und den Hohenstaufern – Albrecht hielt sich gegen seinen Rivalen Heinrich der Löwe an den Hohenstaufer Friedrich Barbarossa – wurde die Berneborch gebrandschatzt und wieder aufgebaut.

In der Schlossanlage befinden sich in der Südwestecke Reste der romanischen Burgkapelle (um 1170), das spätgotische Alte Haus aus dem 15. Jahrhundert und das Krumme Haus von 1570. Ihren prestigeträchtigen Umbau verdankt die unregelmäßige Mehrflügelanlage dem Hallenser Baumeister Andreas Günther, der im Auftrag des Fürsten Wolfgang ab 1538 die Burg mit dem von ihm entworfenen, saalewärts gelegenen Wolfgangbau zu einem der prächtigsten Renaissanceschlösser Deutschlands umgestaltete. Nach dem Brand der alten Burg in Köthen verlegte er seinen Wohnsitz nach Bernburg. Ab 1603 diente das Schloss den Fürsten von Anhalt-Köthen, ab 1807 den Herzögen von Anhalt-Köthen als Residenz. Die beiden Runderker am Wolfgangbau enthal-

Schlossstraße 24

Christiansbau
06406 Bernburg
Öffnungszeiten:
Mo–Fr 9.00–16.00 Uhr
www.kabarettarchiv.de

Die „Krone Anhalts“ hat in der Geschichte viel gesehen. Das Bernburger Schloss steht auf der im 10. Jahrhundert erbauten Bernburg. Im 16. Jahrhundert erfuhr es seine heutige Ausformung.

Bernburger Schloss, Blick auf die auch als „Leuchten“ bezeichneten Runderker

ten acht Bildreliefs protestantischer Fürsten und dasjenige Kaiser Karls V. Die Originale befinden sich im Museum. Gemeinsam mit dem 1567/70 entstandenen Langen Haus von Nickel Hoffmann, gleichfalls einem Hallenser Baumeister, der den Bau mit Giebeln und Erkern, die wiederum mit reichem plastischem Schmuck versehen sind, ausstattete, ergibt sich ein Renaissancebild von eindrucksvoller Schönheit.

Der Viktor-Amadeus-Bau schließt sich an. Im Westen wurde 1895 der Johann-Georg-Bau angefügt. Der barocke Zwischenflügel stammt von 1680. Das Schloss enthält heute unter anderem das 1893 gegründete Museum Schloss Bernburg und hat mit dem Bärenzwinger eine Besucherattraktion. Der wurde 1860 errichtet, um den ersten 1858 aus Russland eingetroffenen Braunbären zu halten, und 1996 tierschutzgerecht umgebaut. Auch die Mittelaltermärkte auf dem Schlosshof sind immer wieder Anziehungspunkte.

Das Schlossmuseum präsentiert Funde aus den jungsteinzeitlichen Grabhügeln in Latdorf, Baalberge und Gröna in der Nähe Bernburgs. Eine sehenswerte Sammlung anhaltischer Malerei und Grafik sowie das Mineralienkabinett laden zur Betrachtung ein. Natürlich darf die Sammlung mittelalterlicher Folterinstrumente nicht fehlen.

Chor und Vierung der ehemaligen Bergstadt-Pfarrkirche, die 1752 zur Schlosskirche umgebaut wurde, verweisen in ihrem Baustil noch auf das dritte Viertel des 12. Jahrhun-

derts. Das Gewölbe unter dem Chor diente seit 1625 als Grabkapelle des Anhalt-Bernburger Fürstengeschlechts.

In den neugestalteten Räumen des Schlosses befindet sich die Stiftung Deutsches Kabarett. Dokumentiert wird die Geschichte des Kabaretts in der DDR mit staatlichen Berufs- und mehr als 600 Amateurkabaretts.

Das klassizistische Theatergebäude des Oberbaurates Johann August Philipp Bunge (1774–1866) wurde 1826/27 auf Wunsch des Erbprinzen Alexander Carl von Anhalt-Bernburg, aber auch dank des Engagements der Bernburger Bürger erbaut, die beispielsweise durch kostenlose Erledigung von Transportarbeiten bei der Finanzierung des Hauses mithalfen. Richard Wagner (1813–1883) genoss freilich seine Bernburger Zeit weniger. Er weilte vom 5. Oktober bis zum 21. Dezember 1834 hier und studierte die Mozart-Opern. In Bernburg, schrieb er, sei ihm das Theatermusikdirektorenmetier gründlich verleidet worden.

Ein Höhepunkt in der Theatergeschichte war 1829 das Konzert des Violinvirtuosen Niccoló Paganini (1782–1840). Albert Lortzing (1801–1851) und Carl Maria von Weber (1786–1826) wirkten ebenfalls hier. Das Theater erlebte 1891, 1927/28 und 1993/97 drei Umbauten. Bei Letzterem wurde der Zuschauerraum nach dem Entwurf von Eduard Titz von 1882 gestaltet. Das Theater hat 344 Plätze und vereint heute moderne Theatertechnik mit einem stilvollen Ambiente.

An immer mehr Hausfassaden prangt der Blaue Bernburger. „Vinum Saaleanum fuit omni tempore sanum – Weine, an der Saale gelesen, sind alle Zeit gesund gewesen“, hieß es im vormaligen Weinanbaugebiet an der unteren Saale. Der Bernburger Heimatkreis e. V. unter Bernhard Gremler kümmert sich wieder um den Anbau des Bernburger Blauen, der zum Bild der Landschaft gehört. Auf historischen Fotografien sieht man die Krone Anhalts auf einem Weinberg sitzen, ähnlich der Neuenburg bei Freyburg an der Unstrut.

1909 erhielt die Stadt zwei Goldfasane geschenkt. Die aus dem Bestand der Köthener Fasanerie stammenden Tiere bildeten den Grundstock des künftigen Tiergartens, in dem heute auf einem naturnah gestalteten Gelände mehr als 900 teils seltene Tiere beheimatet sind.

Elf Grimm'sche Märchen entdecken die Besucher im Märchenschloss und in den Märchenhütten. Sie werden von sprach- und bewegungsgesteuerten Figuren erzählt. Mit der Parkeisenbahn Krumbholz gelangt man gemütlich an den märchenhaften Ort. Der 1913 erbaute Keßlerturm ermöglicht aus 26 Metern Höhe einen großartigen Rundblick über Bernburg und die Auenlandschaft an der Saale.

Die Saaleperle ist ein modernes Erlebnisbad mit beheiztem Wasserbecken, Wasserkanone, Wasserigel und Schwall-

Paradies Bernburg

Ilberstedter Straße 114
06406 Bernburg
Öffnungszeiten:
April–September:
Di–So 10.00–18.00 Uhr
Oktober:
Mi–Fr 10.00–17.00 Uhr
Sa, So 10.00–18.00 Uhr
Tel.: (0 34 71) 6 84 86 15
www.bernburg-paradies.de

Parkeisenbahn Krumbholz

Informationen über:
Bernburger Freizeit-GmbH
Tel.: (0 34 71) 3 46 93 11
www.bernburger-freizeit.de

Tiergarten Bernburg

Krumbholzallee 3
06406 Bernburg
Öffnungszeiten:
Januar, Februar:
täglich 10.00–16.00 Uhr
1.–24. März:
täglich 9.00–17.00 Uhr
25. März–27. Oktober:
täglich 9.00–18.00 Uhr
28. Oktober–31. Dezember:
täglich 10.00–16.00 Uhr
Tel.: (0 34 71) 64 07 64
www.tiergarten-bernburg.de
Tiergartenschänke
April–Oktober:
täglich 10.00–18.00 Uhr

Erlebnisbad „Saaleperle"
Juli–August:
Mo–So 9.00–20.00 Uhr
Mai–Juni und September:
Mo–Fr 11.00–20.00 Uhr
Sa, So 10.00–20.00 Uhr
www.bernburger-freizeit.de

Bernburg, Saaleperle

duschen, einer 78 Meter langen Riesenrutsche, einer Breitrutsche, einem Strömungskanal, drei großen Whirlpools, einer Beach- und einer Volleyballanlage.

Am Internationalen Kindertag 1969 fuhr die Pioniereisenbahn Drushba zum ersten Mal den seither historischen Schienenweg, zunächst nur zum Tiergarten, ab 1974 auch zum Märchengarten Paradies. Nach 1989 wurden Bahnen und Schienen generalüberholt und mit neuem Bahnhof als Parkeisenbahn Krumbholz 1993 wieder eingeweiht. Die Länge der Fahrstrecke beträgt 1,9 km, die Spurweite ist 600 mm.

Das Fahrgastschiff MS Saalefee ist vollklimatisiert und lädt zu Kaffee-, Schleusen-, Ausflugs- und Mondscheinfahrten durch das Saaletal ein. Bordgastronomie ist vorhanden. Die Anlegestelle befindet sich im Krumbholz.

Der ehemalige Friedhof wird wegen der Bibelsprüche, die hier auf jedem Grabstein stehen, Alte Bibel genannt. Heute dient er als Park. Die Ehrenanlagen auf den Friedhöfen II und III wurden zum Gedenken an die Zwangsarbeiter verschiedener Nationalitäten errichtet, die in Bernburg ums Leben kamen. Sie waren in der Zeit des Nationalsozialismus in den Solvay-Werken eingesetzt worden. Auf dem ehemaligen Exerzierplatz, dem Martinsplatz, wird der 665 ermordeten Kriegsgefangenen und Zwangsarbeiter aus der Sowjetunion, aus Polen und Frankreich gedacht.

Bernburg, Saalefähre

Der 1826 unter Herzog Alexius Friedrich Christian von Anhalt-Bernburg (1767–1834) geweihte jüdische Friedhof am Rößeberg steht heute unter Denkmalschutz. Er wurde im Sommer 2004 bei einem internationalen Jugendcamp instand gesetzt. Am Volkstrauertag ist er für Besucher geöffnet.

Auf dem Gelände des heutigen Landeskrankenhauses für Psychiatrie und Neurologie gab es während der NS-Zeit die Landesheil- und Pflegeanstalt Bernburg. Ab November 1940 wurde die NS-Tötungsanstalt Bernburg eingerichtet und auch betrieben. Zwischen den Jahren 1940 und 1943 wurden hier mehr als 14 000 kranke, behinderte oder alte Menschen sowie KZ-Häftlinge im Rahmen von Euthanasieprogrammen ermordet. Die baulichen Überreste der Gasmordanlage bilden heute den Kernbereich der Gedenkstätte. Ergänzt wird sie durch eine Dauerausstellung sowie Angebote an Seminaren, Lesungen und anderen Veranstaltungen.

Am Rand der Straße, die über Latdorf nach Bernburg führt, liegt auf der Gemarkung des Bernburger Ortsteils Gerbitz ein Dolmen, ein aus behauenen Sandsteinblöcken errichtetes Bauwerk. Ein steinzeitliches Großsteingrab ist auf dem Bierberg ein wenig versteckt in einer Baumgruppe zu finden. Das Ganggrab wird wie die Dolmen der „Bernburger Kultur" überhaupt der jungsteinzeitlichen Trichterbecherkultur zugeordnet, in der von 3200 bis 2800 v. Chr. die Gegend besiedelt wurde.

Im Bernburger Ortsteil Baalberge wurden auf dem Schneiderberg in einem Grabhügel Keramikfunde gemacht, die einer älteren Trichterbecherkultur etwa zwischen 3800 und 3400 v. Chr. zuzurechnen sind. Die Funde sind Grabbeigaben. Sie verdeutlichen, dass die Menschen jener Zeit bereits einen Glauben an ein Weiterleben nach dem Tod kannten. Baalberge stellt die erste uns bekannte Kultur im mitteldeutschen Raum dar, in der Kannen hergestellt wurden. In Chörau bei Köthen wurde eine rundnackige Axt aus derselben Kultur gefunden.

Zu den berühmten Bernburgern gehört Albrecht der Bär, Graf von Ballenstedt mit der Herrschaft Bernburg, Markgraf von Brandenburg. Nach dem Volksbuch soll Till Eulenspiegel als Sohn von Claus Eulenspiegel und Ann Wibcken 1300 in Kneitlingen am Elm geboren und in Ampleben getauft worden sein. Es heißt, nach dem Tod des Vaters sei er unweit von Calbe an der Saale aufgewachsen. In der Nähe des vermuteten Hauses befindet sich heute am Saaleufer ein Eulenspiegeldenkmal. Gestorben sei er 1350 in Mölln.

Der 1492 in Köthen geborene Fürst Wolfgang von Anhalt gilt als Freund Martin Luthers. Er verhalf der Reformation in Zerbst, Bernburg und Köthen zum Durchbruch. Auf dem Reichstag zu Speyer gehörte er zu den sechs Wortführern in evangelischer Sache, trat dem Torgauer Bund bei und gehörte zum Schmalkaldischen Bund. Seinem Einsatz für die Reformation verdankte er die Beinamen „der Bekenner" und „der Standhafte". Gut reformatorisch förderte er auch das Schul- und Bildungswesen, ließ im Bernburger Augustinerkloster ein Hospital für Alte und Bedürftige einrichten und beauftragte Baumeister Andreas Günther mit der Gestaltung des Bernburger Schlosses. Wolfgang starb 1566 in Zerbst.

Euthanasiegedenkstätte
Olga-Benario-Straße 16–18
06406 Bernburg
Tel.: (0 34 71) 31 98 16
www.gedenkstaette-bernburg.de
Öffnungszeiten:
Di–Do 9.00–16.00 Uhr
Fr 9.00–12.00 Uhr
Jeden ersten Sonntag im Monat:
11.00–16.00 Uhr

Stadtverwaltung Bernburg
Schlossgartenstraße 16
06406 Bernburg
www.bernburg.de

Bernburg, Blick auf die Stadt. Bernburg ist auch Hochschulstadt. Das hat die Infrastruktur verändert, nicht zuletzt die Café- und Kneipenszene.

Der 1568 im Bernburger Schloss geborene Fürst Christian I. von Anhalt-Bernburg kann mit Fug und Recht als ein früher Europäer gelten. Der u. a. in Latein, Italienisch und Französisch ausgebildete junge Fürst entwickelte sich zu einem ebenso ehrgeizigen wie interessanten Diplomaten. 1595 trat er in die Dienste des Kurfürsten Friedrich IV. von der Pfalz. Christian wohnte von da an in Amberg in der Pfalz. Es ist auch ein Werk seines Ehrgeizes, dass der kurpfälzische Friedrich, auf den das Spottlied „Ein Jäger aus Kurpfalz" zielt, den Titel eines Königs von Böhmen annahm. Der sogenannte Winterkönig wurde 1618 in der Schlacht am Weißen Berg geschlagen, die als die erste Schlacht des Dreißigjährigen Krieges gilt. Christian I. führte das böhmische Heer. Er wurde geächtet, floh nach Schweden, schließlich nach Dänemark. 1624 durfte er, nachdem die Reichsacht aufgehoben war, nach Bernburg zurückkehren. Hier starb er 1630.

Wilhelm von Kügelgen stand im bernburgischen Hofdienst.

Im ältesten Beritt der Schlossanlage Bernburg steht der zur Straße der Romanik gehörende, seit 1640 belegte Eulenspiegelturm, von dem aus der Schalksnarr seinerzeit den Grafen von Anhalt mit seiner Art des Wachehaltens zur Weißglut brachte. Es war eine Zeit, in der man sich noch nicht über Funk, Fernsehen oder Internet über alle Welt informieren konnte. Man brauchte einen Turmwächter, der ins Land sah und Alarm blies, wenn etwas passierte. Als solchen hatte der Graf von Anhalt Till Eulenspiegel bestellt.

Nur war der Hausherr ein Geizkragen und übersah den Mann dort oben auf dem Turm, was die Mahlzeiten anging. Also beobachtete es Eulenspiegel gemächlich, als fremde Reiter heranzogen, Bernburg überfielen und die Bürger bis aufs Hemd ausplünderten, anstatt lautstark zu warnen. Zur Rede gestellt, behauptete er, es sei ihm unbekömmlich, mit leerem Magen die Trompete zu blasen.

Als der Graf schließlich den Räubern nachgesetzt hatte und ein Gutteil der geraubten Kühe wieder nach Hause brachte, roch es bald im Hof des Schlosses nach Spießbraten. Den Leuten lief das Wasser im Munde zusammen. Da erscholl ein Trompetenstoß vom Turm, der einen sich nähernden Feind ankündigte. Flugs saß die gräflich-anhaltische Reiterei auf und galoppierte gut gewappnet zum Tor hinaus. Doch wo

Verband Naturpark „Unteres Saaletal" e. V.
Bahnhofstraße 1a
06406 Bernburg
Tel.: (0 34 71) 6 40 48 35
www.unteres-saaletal.de

Schloss Bernburg: Pünktlich zum Anhalt-Jubiläum erstrahlte auch der Erker des Wolfgangsbaus von 1536/38 wieder in prächtigen Farben.

Bernburg von oben: Die moderne Stadt verfügt über historische Bauten ebenso wie über moderne Industrie.

war der Feind? Während die Reiter suchten, stieg Eulenspiegel vom Turm und tat sich gütlich am festlichen Braten.

Der Graf von Anhalt stellte daraufhin die Eulenspiegel'sche Wächterkompetenz in Frage. Er ließ Till freilich nicht ziehen, sondern steckte ihn zur Bewährung in die Schar seiner Fußsoldaten, bei denen Eulenspiegel immer als Letzter in die Schlacht zog und als Erster wieder heimkam. Wie das ausging, sollte man selber nachlesen in den wunderschönen Geschichten um den alten Schalksnarren, der seinerzeit im Niedersächsischen geboren worden war, aber unweit Bernburgs bei Calbe an der Saale aufwuchs.

Ob der erste Rauhaardackel am anhalt-bernburgischen Hof für die Jagd gezüchtet wurde oder ob Johann Georg II., Prinz zu Anhalt-Dessau, der damals Kurzhaardackel hielt, ihnen ein wenig mehr Glanz geben wollte und sie deshalb mit deutschen und englischen Spaniels kreuzen ließ und so einen Langhaardackel schuf, der allerdings schon knapp hundert Jahre später in dieser spezifisch anhaltischen Form wieder von der Bildfläche verschwand, sei dahingestellt. Im 17. Jahrhundert jedenfalls tauchte erstmals eine solche Jagdhundzüchtung auf. Auf alle Fälle gilt: Fährt der Dackelbesitzer nach Bernburg oder Dessau, kommt er an Ursprungsorte seiner Hunderasse.

Gastronomie in Bernburg

Askania-Hotel
Breite Straße 2–3
06406 Bernburg
Tel.: (0 34 71) 35 40
www.askania-hotel-bernburg.de
Das Hotel in der Innenstadt bietet im Restaurant „amadeus No 1" anhaltische Spezialitäten, Saisonales und Regionales.

Restaurant „Lindenhof"
Lindenplatz 6
06406 Bernburg
Tel.: (0 34 71) 37 00 43
www.lindenhof-bernburg.de
Hier wird das Till-Eulenspiegel-Menü als Bernburger Spezialität angeboten.

REFORMATION IN ANHALT

Das Gebiet der ehemaligen anhaltischen Fürstentümer – oder des späteren Herzogtums Anhalt bzw. nach 1918 des Freistaates Anhalt – ist in etwa identisch mit der Fläche, über die sich die Evangelische Landeskirche Anhalt erstreckt. Sie ist 2010 für etwa 43 000 Gemeindeglieder in 154 Dörfern und Städten zuständig. Der Sitz des Landeskirchenrates befindet sich in Dessau-Roßlau. Die Geschichte Anhalts ist stark mit der Missionierung der slawischen Völker östlich der Elbe und der Reformation verbunden.

Aber schon 1606 wechselte Anhalt vom lutherischen zum reformierten Glauben, nicht zuletzt auch aus politischen Erwägungen. So konnte man die Pfalz und die Niederlande besser zu starken Verbündeten gewinnen. Neben politischen Erwägungen spielte sicher auch die Frömmigkeit der Landesherren eine Rolle. Die Entwicklung begann unter dem Fürsten Joachim Ernst von Anhalt. 1595 heirateten zwei seiner Söhne reformierte Fürstentöchter: Johann Georg I. von Anhalt-Dessau (1567–1618) und Christian I. von Anhalt-Bernburg. Christian wurde im selben Jahr Statthalter der

Köthen aus der Luft

Oberpfalz und ab 1610 Kanzler der Kurpfalz. Politisch wollte man sich durch den Konfessionswechsel aus der als zu eng empfundenen Umklammerung durch größere lutherische Staaten wie Brandenburg und Kursachsen lösen.

Anhalt-Zerbst kehrte 1644 zum lutherischen Glauben zurück. Damit gab es in Anhalt zwei Konfessionen und Anlass zu Konflikten. Es waren schließlich die Superintendenten Friedrich Adolf Krummacher (1767–1845) und Johann Friedrich de Marées (1761–1832), die den Weg für eine unierte Kirche bereiteten. Dank Krummachers Bemühungen wurde in Bernburg bereits 1820, in Dessau dank des Einsatzes von de Marées 1827 eine Union zwischen reformierten und lutherischen Gemeinden beschlossen.

Im 1863 wiedervereinten Anhalt wurden die Grundlagen für eine unierte Landeskirche geschaffen, die in den achtziger Jahren des 19. Jahrhunderts Gestalt annahm. Bis 1918 hatte der jeweilige Landesfürst als Oberhaupt der Landeskirche gegolten. Seit 1920 hat die anhaltische Landeskirche eine neue Verfassung, die als Oberhaupt der Kirche einen Oberkirchenrat vorsieht, der seit 1957 den Titel eines Kirchenpräsidenten führt. Die anhaltische Landeskirche ist Gliedkirche der Evangelischen Union in Deutschland.

Von Anhalt ist es nur ein Katzensprung in die Lutherstadt Wittenberg, die Stadt der Reformation. Coswig liegt vor deren Toren, Dessau nicht sehr viel weiter. Von Zerbst nach Wittenberg sind es nur 50 Kilometer, Köthen und Bernburg sind ebenfalls schnell erreichbar.

Zerbst galt gegenüber Wittenberg als die größere, wohlhabendere Stadt. Sie für die Sache der Reformation zu gewinnen war für die Ausbreitung der lutherischen Lehre tatsächlich ein Meilenstein. Der Melanchthonschüler Wolfgang Amling (1542–1606) behauptete seinerzeit, Zerbst sei „die andere Stadt der Reformation gewesen". Er musste es wissen, war er doch von 1578 bis 1606 zunächst Pfarrer, dann Superintendent in Zerbst. Die Stadt bot 1546/47 während des Schmalkaldischen Krieges Philipp Melanchthon und seiner Familie Schutz, weil er sich in großartiger Weise um die Bildung in Zerbst bemüht hatte. Für eine kurze Zeit lebte Familie Melanchthon tatsächlich hier.

Martin Luther predigte 1522 mehrmals im Augustinerkloster Zerbst, dem heutigen Alten- und Pflegeheim am Plan in der Breiten Straße. Der Reformator weilte hier als Gast der Ratsherren. In der wohlhabenden Stadt gärte es. Die Predigten Luthers bewegten. Auch in Zerbst war der Ablassprediger Tetzel aufgetreten. Luther erinnerte daran in seiner Schrift „Wider Hans Wurst". Die Predigt Luthers im Augustinerkloster am 24. Mai 1522 gab schließlich den Auftakt für die Einführung der Reformation in Zerbst.

Fürst Wolfgang der Bekenner konnte hier nicht so forsch auftreten wie in Köthen oder Bernburg. Seine (noch) katholischen Vettern, standen unter dem Einfluss ihrer Mutter Margarethe von Anhalt (1473–1530) und sahen sich trotz Kontaktaufnahme mit Luther vorerst nicht in der Lage, die Reformation in Dessau einzuführen. Trotzdem wurde Zerbst nach Wittenberg die zweite Stadt der Reformation. Man kann gut nachempfinden, warum es den Reformatoren wichtig war, die Nachbarstadt für ihre Sache zu gewinnen.

Luther beriet den Rat der Stadt bei der Besetzung der Pfarrstelle St. Nicolai. Bereits im Mai 1523 stellte die Gemeinde den ersten lutherischen Geistlichen Zerbsts an: Matthäus Meseberg. 1525 wurde das Augustinerkloster als erstes der drei Zerbster Klöster aufgelöst. Als der Rat der Stadt Zerbst bei Luther anfragte, was mit dem ehemaligen Kirchgut zu geschehen habe, empfahl der u. a. die Errichtung weltlicher Schulen für Knaben und Mädchen.

Melanchthon wiederum engagierte sich für eine Universität in Zerbst, ein ehrgeiziger Plan, der für eineinhalb Jahrhunderte Zerbst zur Universitätsstadt werden ließ. Luthers Mitarbeiter Justus Jonas (1493–1555) kam 1538 in die Stadt, um hier die erste evangelische Kirchenordnung zu entwerfen. Melanchthon besuchte Zerbst öfter, weil ihn mit dem Vorgänger Amlings im Amt, Theodor Fabricius (d. i. Dietrich Smit, 1501–1570), eine enge Freundschaft verband. Ab 1578 wurden alle evangelischen Pfarrer Anhalts in Zerbst ordiniert.

Am Frauentor der weitgehend intakten Stadtmauer – auf der „Breite" – stand links das Frauenkloster. Überreste des Klosters sind im Schulgebäude zu erkennen. Die kleinen sich anschließenden Wohnhäuser gehörten ehemals zum Kloster.

Das Francisceum geht zwar dem Namen nach auf den Fürsten Franz zurück, ist aber gleichwohl die Stätte, an der sich das Franziskanerkloster befand, dessen Mönche sich gegen die Reformation entschieden. In seiner historischen Bibliothek gibt es wertvolle Handschriften und Buchbestände aus der Reformationszeit. Die originale dreibändige Prunkbibel aus der Druckwerkstatt des Hans Lufft mit kolorierten Illustrationen aus der Cranach Werkstatt ist von besonderem Rang. Das Original enthält handschriftliche Eintragungen von Philipp Melanchthon, Johannes Bugenhagen und anderen Reformatoren. Auch die „Lebensgeschichte des Dr. Martin Luther" von Pilipp Melanchthon zählt zum historischen Bestand.

Im Stadtmuseum erinnert die Dauerausstellung „Reformation und Bildung" an das Wirken der Reformatoren in Zerbst. Zu den Reformations- bzw. Lutherorten in Zerbst gehört die Ruine der Stadtkirche St. Nicolai, der ersten Zerbster Kirche, an die ein lutherischer Pfarrer berufen wurde. Der

Bachgedenkstätte
Köthen Kultur und Marketing GmbH
Schlossplatz 5
06366 Köthen
Tel.: (0 34 96) 70 09 90
www.bachstadt-koethen.de
Öffnungszeiten:
Di–So und feiertags
10.00–17.00 Uhr
Führungen außerhalb der Öffnungszeiten nach Vereinbarung

Südturm der Kirche kann nach Voranmeldung bestiegen werden.

In der Hofkirche St. Bartholomäi erinnert das Gemälde Cranachs an die Reformation. In der Breite 32 steht ein Fachwerkhaus, das bereits zur Zeit Luthers dort gestanden hat. Das Haus gehörte einem der vielen Zerbster Brauherren. 1527 und 1539 sind Schenkungen von Zerbster Bier an Luther belegt. Im Schützenhaus wurde der Reformator von der Stadt Zerbst bewirtet. Im Augustinerkloster, dem heutigen Alten- und Pflegeheim Am Plan, predigte Luther 1522 mehrfach.

Fürst Wolfgang von Anhalt-Köthen regierte von 1508 bis 1562, übernahm also als Sechzehnjähriger das Regierungsamt. 1521 lernte Wolfgang der Bekenner auf dem Reichstag zu Worms Martin Luther kennen, dessen Haltung ihn beeindruckte: „Er hat mir das Herz abgewonnen." Was heute als wichtigster Tagesordnungspunkt des Reichstages erscheint, war damals der letzte, der eigentlich nur schnell erledigt werden sollte. Die Bedrohung des Reiches durch die Türken schien Kaiser Karl V. viel drängender.

Während Wolfgang in Zerbst eher wohlwollend zugesehen hatte, wie sich ab 1522 die Reformation durchsetzte, führte er sie 1525 in Anhalt-Köthen und 1526 in Anhalt-Bernburg selbst mit ein. Nach dem Kurfürstentum Sachsen waren die beiden anhaltischen Länder dann das zweite und das dritte deutsche Land, in dem die Reformation Fuß fasste. 1526 trat Fürst Wolfgang dem Torgauer Bund der evangelischen Stände bei.

Im selben Jahr wurde den Ländern, die die Reformation eingeführt hatten, Rechtssicherheit und Glaubensfreiheit zugesagt. Auf dem Reichstag von Speyer im Jahr 1529 wollte man diesen „Abschied von Speyer" wieder kassieren, weshalb sechs Landesfürsten, unter ihnen Wolfgang von Anhalt, eine Protestation dagegen verlasen. Der Begriff „Protestanten" für die Evangelischen geht auf dieses Datum zurück. 1530 gehörte Wolfgang auch zu den die Augsburgische Konfession unterzeichnenden Landesfürsten.

Als Mitglied des Schmalkaldischen Bundes nahm er 1547 an der für die Protestanten unglücklich ausgehenden Schlacht von Mühlberg teil. In der Folge wurde er von Kaiser Karl V. geächtet. Erst 1552 durfte er, nun von der Reichsacht befreit, wieder auf seine Besitzungen zurückkehren. Der Fürst, der nach einem Brand der alten Burg in Köthen 1547 seinen Wohnsitz nach Bernburg verlegt hatte, bezog nun dort den von ihm im Renaissancestil errichteten Wolfgangbau des Schlosses. 1562 gab er seine Besitzungen an seine Dessauer Vettern ab, behielt lediglich Coswig, zog 1564 nach Zerbst und starb dort zwei Jahre später. Sein Nachfolger wurde Fürst Joachim Ernst von Anhalt.

Unter Fürst Wolfgang dem Bekenner wirkte in Köthen an der lutherischen St.-Jacobs-Kirche ab 1533 der Reformator Johann Schlaginhaufen oder Johann Turbicida (1498–1560), der 1540 Superintendent wurde. Er führte in Anhalt-Köthen den Gottesdienst nach Wittenberger Vorbild ein. Schlaginhaufen, der regelmäßig Gast im Hause Luthers war, sind die Aufzeichnungen der Tischreden Luthers der Jahre 1531 und 1532 zu verdanken.

Lutherorte in Köthen sind das Schloss mit der Bach-Gedenkstätte und dem Naumann-Museum sowie die Johann-Sebastian-Bach-Ausstellung im Ludwigs-Bau des Schlosses.

Die Stadt- und Kathedralkirche St. Jakob wurde 1518 als spätgotische Hallenkirche vollendet. Die Kirchgemeinde schloss sich unter dem Fürsten Wolfgang der Bekennner 1533 dem lutherischen Glauben an. In der Kirche befindet sich die Gruft des Fürstengeschlechts von Anhalt-Köthen.

Die lutherische St.-Agnus-Kirche im reformierten Anhalt-Köthen, die nachweislich auch Johann Sebastian Bach besucht hat, wurde auf Betreiben der lutherischen Fürstin Gisela Agnes von Anhalt-Köthen von 1694 bis 1699 erbaut. In der Kirche befindet sich ein Cranach-Bild, auf dem Martin Luther mit bedeutenden Persönlichkeiten der Reformationszeit dargestellt ist.

Der Wolfgangbau innerhalb der Bernburger Schlossanlage ist auf Geheiß Fürst Wolfgang des Bekenners 1538/39 erbaut worden. Der Zeit entsprechend ist es ein Renaissancebau. Er besitzt wie sein Vorbild, der Saalbau des kursächsischen Residenzschlosses Hartenfels in Torgau, zwei Gebäudeecken, die als „Leuchten“ bezeichnet werden. Das sind Runderker mit einer Ornamentik, die antike Motive aufgreift. An den Außenseiten der Erker sind die Bildreliefs der protestantischen Fürsten und Kaiser Karls V. angebracht.

Nach dem Brand der alten Köthener Burg siedelte Wolfgang der Bekenner nach Bernburg um. Er lebte hier von 1547 bis 1562 mit Ausnahme der Jahre seiner Ächtung nach der Schlacht von Mühlberg.

Das Schlossmuseum besitzt eine der ältesten und wertvollsten Ausgaben von Luthers Werken mit Originalreliefs protestantischer Fürsten. Die Drucklegung erfolgte zwischen 1569 und 1583.

Die gotische Marienkirche wurde 1228 erstmals erwähnt. In dieser Kirche führte Fürst Wolfgang von Anhalt für Bernburg die Reformation ein. Er ließ das Abendmahl auf lutherische Art feiern.

Margarethe von Münsterberg (1473–1530), Fürstin von Anhalt und Witwe des Fürsten Ernst von Anhalt (1474–1516), war eine sehr fromme und sehr katholische Frau. Mit der Reformation im benachbarten Wittenberg, die

St.-Jakobs-Kirche
Hallesche Straße 15a
06366 Köthen
Tel.: (0 34 96) 21 41 47
www.jakobskirche-koethen.de
Gruftführungen jeden ersten Samstag im Monat 14.30 Uhr
Öffnungszeiten:
April–Oktober: 11.00–15.00 Uhr
Orgelmusik mit Andacht
Mai–Oktober: Di 11.30 Uhr

St.-Agnus-Kirche
Evangelisches Pfarramt St. Agnus
Stiftstraße 11
06366 Köthen
Tel.: (0 34 96) 21 20 84
Öffnungszeiten:
In der Saison:
Mo–Sa 10.00–12.00 Uhr
und 13.00–16.00 Uhr

sich um Anhalt-Dessau wie ein Lauffeuer ausbreitete, hatte sie nichts im Sinn. Nach dem Tod ihres Mannes übernahm sie als Vormund ihrer minderjährigen Söhne Johann, Georg und Joachim die Regentschaft für das Fürstentum Anhalt-Dessau.

Ihre Abneigung gegen die Reformation ging so weit, dass sie 1525, als auch Anhalt-Köthen sich der Reformation zuwandte, den Dessauer Bund mit den katholischen Fürsten Norddeutschlands schloss, darunter Joachim I. Nestor von Brandenburg (1484–1535), ein erbitterter Feind der Reformation. Eine Reaktion auf diesen Dessauer Bund war der sich anschließende Torgauer Bund der protestantischen Fürsten. Der Dessauer Bund stellte nicht zuletzt eine Reaktion auf die Schlacht bei Frankenhausen dar, in der im selben Jahr die Fürsten das Bauernheer geschlagen hatten. Sie befürchteten freilich eine Wiederholung der Aufstände, ausgelöst durch das protestantische Gedankengut, einerlei ob wohl- oder missverstanden.

Der Bund hatte nicht allzu lange Bestand. 1530 starb die Fürstin. Die Söhne Johann IV. von Anhalt (1504–1551) und

Köthen, Blick vom Bach-Denkmal zur Jakobskirche

Georg III. von Anhalt (1507–1553) übernahmen ihre Fürstentümer in Zerbst bzw. Dessau. Johann hatte sich unter dem Einfluss Georgs den Ideen der Reformation genähert. Georg sorgte 1534 dafür, dass Anhalt-Dessau evangelisch wurde, wenn auch als letztes der anhaltischen Fürstentümer.

Die Evangelische Landeskirche Anhalts beging 2007 den 500. Geburtstag des Dessauer Reformators Fürst Georg III. von Anhalt-Dessau, der erst katholischer Priester und später lutherischer Geistlicher gewesen war. Ein erstaunlicher Mann, oder – wie ihn der Theologe Hermann Barth in seinem Festvortrag betitelte – ein „Esra für Anhalt". Luther, mit dem er ebenso wie mit Melanchthon befreundet war, hielt Georg für frömmer im Sinne von rechtschaffen als sich selbst. Der Vergleich mit dem biblischen Esra stammt eigentlich aus Melanchthons für Georg geschriebenem Trauergedicht nach dessen Tod 1553: „Wie Esra einst dem Volk Recht sprach / und zugleich das göttliche Gesetz auslegte, / so hatte er den Dienst des Fürsten wie des Hirten inne ..."

In der Vorrede zu den vier Predigten über Psalm 16 gedenkt Georg kurz vor seinem Tod seiner Mutter und der Mutter seines Vetters Wolfgang. Er erinnert daran, dass Margarethe von Münsterberg ihn zu einem gottesfürchtigen und tugendhaften Leben erzogen hat. Georg, der für ein geistliches Leben bestimmt war, wurde mit elf Jahren Kanonikus, also Domherr in Merseburg. Er studierte zu dieser Zeit bereits kanonisches Recht in Leipzig, wurde als Siebzehnjähriger zum katholischen Priester geweiht und schließlich zum Dompropst in Merseburg ernannt.

Als solcher – und wegen seines tiefen Wissens in Fragen des kanonischen Rechts – wurde er in Jugendjahren auch Berater des Magdeburger und Mainzer Erzbischofs Albrecht von Brandenburg (1490–1445), der Luthers Gegenspieler war. Als Georg bald darauf nach Dessau musste, um die Regierungsgeschäfte zu übernehmen, begann er sich auch mit den Wittenberger Schriften zu beschäftigen, die ihn allmählich von der lutherischen Lehre überzeugten. Offen zum reformatorischen Glauben konnte er sich aus Achtung vor der Frömmigkeit seiner Mutter erst nach deren Tod bekennen. Inzwischen verband ihn mit Luther und Melanchthon eine innige Freundschaft.

Trotz seines Übertritts entsagte Georg III. seinem geistlichen Stande nicht, er bat vielmehr Luther 1545, ihn im Merseburger Dom zu ordinieren, was dieser auch tat. Georgs Frömmigkeit sah sogar Karl V. als außerordentlich an. Fürst Georg genoss also höchste Achtung auf beiden Seiten. Er sorgte neben der Umgestaltung der Kirche – wobei er selbst Pfarrer seiner Kirchen unterrichtete und auch des Öfteren predigte – vor allem auch für die Einrichtung von Schulen.

Schloss Bernburg
Schlossstraße 24
06406 Bernburg
Tel.: (0 34 71) 62 50 07
www.museumschlossbernburg.de
Öffnungszeiten:
April bis Oktober:
Di–So, feiertags 10.00–17.00 Uhr
November bis März:
Di–Do, Sa, So, feiertags
10.00–16.00 Uhr
Fr 10.00–13.00 Uhr

St.-Marien-Kirche
Stadtinformation Bernburg
Lindenplatz 9
06406 Bernburg
Tel.: (0 34 71) 3 46 93 11
www.bernburger-freizeit.de
Öffnungszeiten:
Mo–Fr 10.00–16.00 Uhr
Sa, So, Feiertags 11.00–17.00 Uhr
Gottesdienst Sonntags 10.00 Uhr

Marienkirche Dessau

Schlossplatz
06844 Dessau-Roßlau
Tel: (03 40) 2 04 14 42

Wissenschaftliche Bibliothek

Im Palais Dietrich
Zerbster Straße 35
06844 Dessau-Roßlau
Tel.: (03 40) 2 04 24 48
www.bibliothek.dessau-rosslau.de
Öffnungszeiten:
Mo, Di, Do, Fr 10.00–18.00 Uhr

Georg starb im Alter von 47 Jahren. Er war unverheiratet geblieben. Als er in der Dessauer Marienkirche beigesetzt wurde, war auch sein Freund Philipp Melanchthon anwesend. Das Gotteshaus war von 1506 bis 1523 neu errichtet worden, wurde 1945 zerstört und 1989–1998 wieder aufgebaut. Die Grablege der askanischen Fürsten befindet sich hier. Die Kirche wird heute als Veranstaltungsraum für Konzerte, Theater etc. genutzt.

In der Wissenschaftlichen Bibliothek der Anhaltischen Landesbücherei befinden sich historische Sammlungen wie die berühmte Georgsbibliothek oder die Bibliothek des Lehrers und Freundes Georgs III., des Theologen Georg Helt (1485–1545). Außerdem werden hier die Nachlässe von Wilhelm Müller, Friedrich von Matthisson und Hermann Conradi (1862–1890) aufbewahrt.

Die Wissenschaftliche Bibliothek der Anhaltischen Landesbücherei in Dessau-Roßlau hält eine Reihe von Sondersammlungen vor, unter anderem die Nachlässe von Wilhelm Müller und Friedrich von Matthisson.

ANHALTS MUSENHOF. ANHALT-KÖTHEN

„Köthen hat eine Ermöglichungskultur – und darin hat es eine lange Tradition. Am Beispiel Samuel Hahnemanns kann man es sehen. Der Herzog von Anhalt-Köthen ermöglichte ihm Arbeitsbedingungen, die den immer wieder Umherziehenden für vierzehn Jahre sesshaft machten." Karl-Wilhelm Steuernagel, Past-President des Zentralvereins homöopathischer Ärzte (gegr. 1829 in Köthen), kam gleich nach dem Umbruch in der DDR nach Köthen, um auszuloten, wie die Stadt mit dem Erbe des Vaters der Homöopathie, mit dem Erbe Samuel Hahnemanns, künftig umzugehen gedachte. „Ich hörte nichts Abwehrendes. Das war mehr Neugier, Suche nach Problemlösungen. Und das kann die Stadt nur, davon bin ich überzeugt, weil diese Tradition bereits am Hofe der Fürsten und Herzöge von Anhalt-Köthen als eine Tugend gesehen wurde."

Seine Existenz verdankte das kleine Herzogtum einer der vielen Erbteilungen in Anhalt. 1382 wurde das Fürstentum Anhalt-Zerbst von drei Brüdern regiert, den Fürsten Sigismund I. (reg. 1368–1405), Albrecht III. (reg. 1382–1424) und Waldemar III. (gestorben 1392). Nachdem Waldemar III. gestorben war, endete 1396 die gemeinsame Regentschaft der Brüder. Das Fürstentum Anhalt-Zerbst teilte sich in die Fürstentümer Anhalt-Köthen und Anhalt-Dessau auf. Köthen wurde Residenz. Unter Fürst Wolfgang wurde Anhalt-Köthen lutherisch. Als 1566 wiederum die Fürstenfamilie erlosch, fiel Anhalt-Köthen 1570 an Anhalt-Dessau. Bereits 33 Jahre später splitterte sich Anhalt wiederum durch Erbteilung auf in die Fürstentümer Anhalt-Dessau, Anhalt-Bernburg, Anhalt-Köthen, Anhalt-Plötzkau und Anhalt-Bernburg. 1665 übernahm die Linie Anhalt-Plötzkau die Herrschaft in Anhalt-Köthen und hieß nun Anhalt-Köthen-Plötzkau.

1807 wurde Anhalt-Köthen als Mitglied der Rheinbundstaaten zum Herzogtum erhoben, doch schon 1818 erlosch die Linie Anhalt-Köthen-Plötzkau. Die Erbschaft trat Fürst Friedrich Ferdinand von Anhalt-Köthen Pleß an. Die Erweiterung des Namens war die Folge einer Erbschaft, nämlich der Standesherrschaft Pleß im Jahr 1765. 1847 starb der letzte Nachfahr auch dieser Linie und das Herzogtum wurde nun von Anhalt-Dessau mitverwaltet. Als 1863 auch Anhalt-Bernburg an Anhalt-Dessau fiel, war Anhalt wieder als Gesamtstaat vereint.

Nun ließe sich gut stöhnen und fragen: Hat das die Bevölkerung denn alles so mitgekriegt und mitgetragen? Sollte man aber nicht vielmehr nach den Chancen fragen, die diese

Form von Kleinstaaterei mit sich brachte? Jeder dieser Höfe wollte und musste repräsentieren. Dazu brauchte man Hofmaler, Hofdichter und Hofmusiker. Das kulturelle Leben an diesen Höfen stand in voller Blüte. Von diesem Erbe zehren die ehemaligen Residenzstädte noch heute. Vier Ereignisse, die der Anhalt-Köthener Hof ermöglicht hat und die ihn in nationale Höhen führten, sollen hier benannt sein:

1. Die frühe Einführung der Reformation als drittes Land nach Kursachsen und Anhalt-Zerbst,
2. die Gründung und Führung der Fruchtbringenden Gesellschaft, der ersten Gesellschaft zur Pflege deutscher Sprache und Dichtung,
3. die Verpflichtung eines außergewöhnlichen Kapellmeisters für die Hofkapelle: Johann Sebastian Bach (1685–1750),
4. die Einladung an Samuel Hahnemann (1755–1843), den Begründer der Homöopathie, in Köthen zu praktizieren.

Nienburg

Die Erbteilung Anhalts im Jahre 1603 brachte Nienburg ins neugegründete Fürstentum Anhalt-Köthen. Die Stadt hat eine lange Siedlungsgeschichte. Frühgeschichtliche Funde im Stadtgebiet bestätigen das. Erstmals erwähnt wird die Stadt, die heute mitten im Naturpark Unteres Saaletal liegt, im Jahre 961 in einer der Gründungsurkunden des Frauenstifts Gernrode.

Eine interessante Erwähnung findet Nienburg bei dem jüdischstämmigen arabischen Kaufmann und Gesandten des Kalifen von Córdoba, Ibrahim ibn Yaqub (Abraham ben Jacov). 961 oder 962 und 965 oder 973 soll er im Auftrag des Kalifen Abd ar-Rahman III. bzw. dessen Sohns, des Kalifen al-Hakam II., Kaiser Otto den Großen getroffen haben. Seinen Reisebeschreibungen – er besuchte auch die slawischen Gebiete östlich der Elbe – ist zu entnehmen, dass er durch Nienburg gekommen ist:

Der Weg von Magdeburg nach dem Land des Büyisläw:
von dort (Magdeburg) nach der Burg Calbe sind es 10 Meilen
und von da nach Nienburg 2 Meilen;
das ist eine Burg aus Steinen und Mörtel gebaut,
und sie liegt am Fluß Saale, in den der Fluß Bode mündet.
Von der Nienburg bis zur Salzsiederei der Juden,
welche ebenfalls an der Saale liegt, sind es 30 Meilen.
Zitiert nach Georg Jacob (Hg.): Arabische Berichte von Gesandten an germanischen Fürstenhöfen aus dem 9. und 10. Jahrhundert. Berlin, Leipzig 1927.

Nienburg lag an der östlichen Grenze des karolingischen Reichs, sozusagen an der heißen Grenze zu den Slawen. Aus diesem Grund wurde bereits im 9. Jahrhundert eine Burg erbaut. Zwischen 930 und 950 errichtete man die „Neue Burg", die Nienburg, auf dem steil zur Bode abfallenden Gelände, auf dem später das Kloster entstand. Zwischen 1148 und 1152 wurde hier im Kloster die Reichschronik des Annalista Saxo verfasst, in der auch die Erstnennung der Stadt Bernburg nachzulesen ist. Die Stadt hatte aufgrund ihrer Lage an bedeutenden Handelsstraßen und am Zusammenfluss von Bode und Saale eine Schlüsselstellung bei der Osterweiterung, also der Eroberung der slawischen Gebiete.

Die erste Zerstörung erlebte Nienburg 1623, mitten im Dreißigjährigen Krieg. Die bald wieder aufgebaute Stadt wurde 1715 Witwensitz der Fürstin Agnes von Anhalt-Köthen. Am Hof der Fürstin bzw. Reichsgräfin Agnes in Nienburg lernte im Januar 1716 der am Weimarer Hof tätige Organist

Die gut erhaltene Klosterkirche St. Marien und St. Cyprian wurde von Kaiser Heinrich II., dem letzten Ottonen, 1004 geweiht. Nach mehreren Bränden wurde sie zuletzt 1282 als eines der bedeutendsten frühgotischen Bauwerke im mitteldeutschen Raum aufgebaut. Die Kirche ist Station an der Straße der Romanik.

und Komponist Johann Sebastian Bach den jungen Fürsten Leopold von Anhalt-Köthen kennen. Fürst und Komponist wurden sich schnell handelseinig. Bach übernahm für ein Salär von 400 Talern jährlich die Stelle des Kapellmeisters am Köthener Hof. Der musisch begabte Fürst hatte erkannt, wen er da an seinen Hof locken würde. Er bat den wütenden Herzog Wilhelm Ernst um Gnade für seinen künftigen Kapellmeister, den der Weimarer wegen des mit dem Köthener Fürsten abgeschlossenen Vertrages für vier Wochen ins Gefängnis geworfen hatte. Am 2. Dezember 1717 kam Bach wieder frei. Eine Woche später zog er nach Köthen.

Nienburg war aber nicht nur Bachs wegen wichtig für das Fürstentum. Hier am Fluss befand sich auch der einzige Hafen in dem rings von Preußen umgebenen Lande, mithin der einzige Weg, auf dem man unter Umgehung des preußischen Zolls Waren aus dem Fürstentum nach Hamburg bzw. nach Übersee verschiffen konnte. Zu diesen auszuführenden Waren zählten Weizen und ihrer hervorragenden Qualität wegen vor allem Wolle. Noch in der ersten Hälfte des 20. Jahrhunderts verdiente sich ein großer Teil der Nienburger Einwohnerschaft Lohn und Brot in der boomenden Binnenschifffahrt. Nienburg war die Schifferstadt schlechthin zwischen Saale und Bode.

Aus Nienburg stammt auch Friedrich Leopold Christoph Lutzmann (1859–1930). Der Erfinder, Konstrukteur und Unternehmer stand auf der ersten Internationalen Automobil-Ausstellung (IAA) 1897 mit zwei Motorwagen neben Carl Benz und Gottfried Daimler. Die Gebrüder Opel kauften zwei Jahre später Lutzmanns Firma in Dessau und produzierten ihren ersten Opel mit dem Patentmotorwagen „System Lutzmann".

Der jüdische Friedhof Nienburg liegt an der Adolf-Meyer-Straße. Er wurde zu Beginn des 19. Jahrhunderts angelegt. Heute ist er ein Kulturdenkmal. Allerdings befindet sich auf ihm nur noch ein kleiner Teil der Grabsteine, die hier gesetzt worden sind.

Zu den Sehenswürdigkeiten Nienburgs gehört das Kloster mit seiner interessanten Geschichte. 975 verlegten die Benediktiner ihre Abtei von Thankmarsfelde bei Gernrode nach Nienburg. Das Kloster wurde auf dem Gelände der zwischen 930 und 950 errichteten Neuen Burg gebaut. Nach dreißig Jahre währenden Arbeiten konnte 1004 die heute zur Straße der Romanik gehörende Klosterkirche St. Marien und St. Cyprian im Beisein König Heinrichs II. geweiht werden. Kaiser Otto II. (955–983) erklärte das Kloster Nienburg schließlich zum Reichskloster. Zwar entwickelte es sich zu einem der reichsten in der Umgebung – es sollte der Missionierung der umliegenden Sorben dienen –, doch vom 11. bis

Klosterkirche St. Marien und St. Cyprian

Evangelisches Pfarramt
Goetheplatz 8
06429 Nienburg
Tel.: (03 47 21) 2 23 48

Nienburg, Klosterkirche, Grabplatte für den Klostergründer Markgraf Thietmar († 978) und seinen Sohn Gero. Die figürlichen Grabsteine im Nienburger Kloster sind frühe Zeugnisse der Bildhauerkunst im mitteldeutschen Raum.

Gastronomie

Hotel und Restaurant „Zum Löwen" – Das Hotel in der Altstadt von Nienburg
Schlossstraße 27
06429 Nienburg
Tel.: (03 47 21) 4 14 50
www.nienburg-zumloewen.de
1806 dinierte Napoleons Marschall Joachim Murat mit seinem Gefolge im Haus, das am Ende des 18. Jahrhunderts eröffnet hatte. Das Restaurant offeriert eine gutbürgerliche Küche.

zum 13. Jahrhundert war es allein viermal von sehr schweren Bränden betroffen. 1004 erhielt die Stadt auch das Markt- und Münzrecht verliehen.

Friedrich Barbarossa (um 1122–1190) tauschte das Kloster Nienburg und die Burg Freckleben mit dem Erzbistum Magdeburg, von dem er im Gegenzug dessen rheinische Besitzungen erhielt. Im Bauernkrieg verwüsteten Bauernhorden das Kloster. Damit endete seine Geschichte als Benediktinerkloster.

Nach der Reformation wurden die Klostergebäude Bestandteil einer Domäne, die 1563 zunächst an die Fürsten von Anhalt-Köthen ging. Diese bauten nach 1680 die Klostergebäude als Witwensitz zum Schloss um. 1871 wurde das Schloss verkauft an einen Industriellen, der es zu einer Malzfabrik umbaute. Nach einem Brand im Jahr 1996 sind heute nur noch Reste davon erhalten. Die südöstlich der Kirche liegende Doppelkapelle war bereits im 17. Jahrhundert zum Wohnhaus umgebaut worden.

Das Innere der Klosterkirche St. Marien und St. Cyprian, 1282 erbaut und mithin der früheste gotische Hallenraum in Sachsen-Anhalt, gehört heute zur Evangelischen Kirche Anhalts, wird aber ökumenisch genutzt. Eindrucksvoll ist der Osterleuchter aus dem dritten Viertel des 13. Jahrhunderts. Am sechseckigen Pfeiler sind auf zwei Etagen derb-naive figürliche Allegorien der Winter- und Sommermonate zu finden.

1936 wurde nördlich von Nienburg an der Straße nach Calbe das Grab einer jungen Frau aus der Zeit um 300 v. Chr. entdeckt. Der reichen Grabbeigaben wegen sprach man bald von der „Prinzessin von Nienburg". Ein kunstvoller Kamm aus Hirschgeweih, ein Bernsteincollier, Scheibenfibeln und ein Bronzeteller von 30 cm Durchmesser gehörten dazu. Die Funde sind im Museum Bernburg zu besichtigen.

Die Benediktinerabtei Nienburg an der Saale wurde von Kaiser Otto II. aus der Gegend um Gernrode nach Nienburg verlegt. Der neue Standort eignete sich besser, die slawisch besiedelten Gebiete östlich der Saale für das Christentum zu gewinnen.

Gröbzig

Die kleine Landstadt hat rund 3000 Einwohner, liegt etwa 18 Kilometer südöstlich von Bernburg am kleinen Fluss Fuhne und ist heute ein Ortsteil der Stadt Südliches Anhalt. Gröbzig erhielt 1465 das Stadtrecht. Aufmerksamkeit erregte der Ort mit seinem Museum in der ehemaligen jüdischen Synagoge. Diese war über die Nazizeit erhalten geblieben, weil die nur noch aus elf Mitgliedern bestehende Gröbziger jüdische Gemeinde 1934 das Haus dem Heimatverein und der Stadt unter der ausdrücklichen Bedingung vermacht hatte, es für Museumszwecke zu nutzen. Heute bildet die 1796 errichtete Gröbziger Synagoge mit dem Schulgebäude, dem jüdischen Gemeindehaus und dem jüdischen Friedhof ein sehr gut erhaltenes und seltenes Denkmalensemble jüdischer Kultur in Deutschland.

So kam es auch, dass Gröbziger Stadtarbeiter 1934 den Auftrag seitens der Stadt erhielten, die bereits 1923 zerstörten jüdischen Grabsteine wieder aufzustellen. Trotz einer erneuten Schändung im Jahr 1940 befindet sich der Friedhof heute in einem würdigen Zustand, wie das in der Schenkungsurkunde festgelegt ist. Es ist dem Einsatz mutiger Menschen wie dem damaligen Museumsleiter Otto Hohmann zu verdanken, dass weder die Synagoge zu nennenswertem Schaden kam noch die von ihm über die Zeit bis 1945 versteckt gehaltene Sammlung kultischer Gegenstände.

Das Gröbziger Schloss wurde wahrscheinlich auf den Resten einer slawischen Wallburg aus dem 8./9. Jahrhundert errichtet. Mit Ausnahme der Kapelle wurde der Bau seit 1784 nicht mehr genutzt. Als einziges Gebäude des Schlosses blieb der 38 Meter hohe Turm erhalten, ein achteckiger Oberbau auf quadratischem Grundkörper, der sogenannte Mäuseturm.

Museum Synagoge Gröbzig
Lange Straße 8/10
06388 Gröbzig
Tel.: (03 49 76) 2 22 09
Öffnungszeiten:
Di–Do 10.00–12.00,
14.00–17.00 Uhr
Fr 10.00–12.00 Uhr
So, Feiertage 14.00–17.00 Uhr
www.synagoge-groebzig.de

Das Museum Synagoge Gröbzig ist als einer der wenigen Gebäudekomplexe von Synagoge, Gemeindehaus, Schule und Friedhof in Deutschland als authentisches Zeugnis einer jüdischen Gemeinde erhalten.

Ilberstedt

An der Bundesstraße 185 von Bernburg nach Köthen sieht man bei Ilberstedt, einem Ort von etwa tausend Einwohnern, an einem Kreuzweg sechs kreuzförmige Steine. Die Sage berichtet von einem hier geschehenen Raubüberfall, bei dem die vier Räuber und das Opfer durch dessen Hund zu Tode kamen, der sich danach aus Kummer niederlegte und die Nahrung verweigerte, bis er als Sechster das Zeitliche segnete. Auf welche Tat die Setzung der Steine wirklich zurückgeht, ist im Dunkel der Geschichte verschollen. An einem Kreuz befindet sich die kaum leserliche Inschrift „Jacobi Albrecht Weller Famulus“ sowie die Jahreszahl „1363“. Auf einer Steintafel bei den Kreuzen heißt es:

Ein Fleischer kommt hier von der Stadt,
einen großen Hund er bei sich hat.
Von Räubern ward er angefallen ...

Im Allgemeinen zeugen Steinkreuze von der rechtlichen Beilegung eines Konfliktes, der durch einen Mord oder Totschlag verursacht und nun vertraglich-rechtlich zu einem Abschluss gebracht worden ist. Die Steine erinnern also an die Sühne einer Gewalttat.

Eine Heimatstube ist auch zu besichtigen.

Die Sühnekreuze von Ilberstedt, ein frühes Zeugnis deutscher Rechtsgeschichte

Köthen

Die Nachbarn nannten Köthen früher ein Kuhkaff. Was kann man tun, wenn so über einen geredet wird? In Köthen wurde eine Kunstaktion ins Leben gerufen, mit der sich die Köthener selber auf die Schippe nahmen. Sie stellten sich eine ganze Herde weidender bemalter „Kunstkühe" auf ihren Schlossplatz in die Stadt und platzierten auch im Landkreis welche. Wer dann immer noch keine Ruhe gibt, bekommt Folgendes zu hören: „Wissen Sie, warum man Köthen als Kuhköthen bezeichnet? Weil die Ochsen nach Halle weitergezogen sind." In der Bachstadt, die auch das „Mekka der Homöopathie" ist, kann man soviel Selbstbewusstsein gelassen an den Tag legen.

Bach in Köthen muss man sich als eleganten und sinnenfrohen jungen Mann vorstellen, farbig im Geist der Zeit gekleidet, Kavaliersdegen an der Seite. Der Köthener Bach hat wenig vom späteren „dunklen" Leipziger Bach. Da kommt das Orchester im Bach'schen Haus zusammen und probt. Da wird auch manches Glas Bier oder Wein getrunken. Ein Musikerleben eben.

Der „Capelmeister und Director unserer Cammer Music" genießt höchste Anerkennung beim Fürsten Leopold von Anhalt-Köthen, dem Mäzen und hochgeschätzten Mitspieler

Köthen, Schloss

Historisches Museum und Bachgedenkstätte

Das Historische Museum befindet sich im Ludwigs-Bau des Köthener Schlosses. Die Schlosskapelle, der Spiegelsaal, das Apothekengewölbe, der steinerne Gang sowie die Bachgedenkstätte sind Bestandteile des Museums. Zudem gibt es die ständigen Ausstellungen zur Fruchtbringenden Gesellschaft und zum Homöopathen Dr. Samuel Hahnemann sowie wechselnde Ausstellungen zu sehen.
Schlossplatz 4
Ludwigs-Bau
06366 Köthen
Tel.: (0 34 96) 70 09 92 71
www.bachstadt-koethen.de
Öffnungszeiten:
Di–So 10.00–17.00 Uhr

Köthen, Bachdenkmal. Johann Sebastian Bach verlebte als Kapellmeister am Köthener Hof nach eigener Aussage die glücklichste Zeit seines Lebens.

des Orchesters. Also begegnet ein beschwingter Bach seinen interessierten Gästen bei den heutigen Köthener Stadtführungen als der „bunteste Bach in Deutschland".

Leider konnte man das Wohnhaus oder wenigstens die Stelle, an der es gestanden hat, noch nicht finden. Bach wurde in den städtischen Büchern nicht geführt, er war bei Hofe bedienstet. Auf dem Bachplatz vor der Wallstraße steht das Bach-Denkmal, das der Berliner Bildhauer Heinrich Pohlmann im Jahr 1885 schuf. Die Hauptwirkungsstätte des Hofkapellmeisters in den Jahren von 1717 bis 1723 war das Schloss.

Im Köthener Schloss befinden sich in der ersten Etage des Ludwig-Baus das Historische Museum und die Bach-Gedenkstätte. In den ehemaligen Fürstinnen-Räumen erwarten den Besucher folgende Themen: die Potentatengalerie, die Resi-

Bach-Gedenkstätte im Schloss Köthen

Historisches Museum und Bach-Gedenkstätte
Schlossplatz 4
06366 Köthen
Tel.: (0 34 96) 70 09 92 71
Fax: (0 34 96) 70 09 92 72
www.bachstadt-koethen.de
Öffnungszeiten:
Di–So 10.00–17.00 Uhr
außer 24., 25. und 31. Dezember, 1. Januar und Himmelfahrt

Schloss Köthen, Spiegelsaal

denzstadt Köthen während der Zeit Bachs, Bachs familiäre Situation in Köthen (Anhalt), das musikalische Werk in der Köthener Zeit und Fürst Leopold und die Musen.

Ein weiteres Kleinod im Schloss ist der Spiegelsaal. Der prachtvolle spätklassizistische Raum wird während der Köthener Bach-Festtage für Konzerte genutzt. Die bereits 1602 erwähnte Schlosskapelle ist im Keller des Ludwighauses zu finden. Hier wurde Bachs Sohn Leopold getauft. Die barocke Kapelle dient nach wechselvoller Geschichte heute sowohl als Kirche und Vortragsraum wie auch als Konzertsaal.

Das älteste Bauwerk der Stadt ist die St.-Jakobs-Kirche am Markt, eine dreischiffige Hallenkirche, die zwischen 1400 und 1514 erbaut wurde. Die beiden schlanken Kirchtürme sind Beifügungen des 19. Jahrhunderts. Die Fürsten Anhalt-Köthens nutzten die Krypta der Jakobskirche als Grablege. Bach hatte hier 1729 aus Anlass des Todes des Fürsten Leopold eine Trauermusik für seinen Gönner aufgeführt. Der heutige Kirchenchor nennt sich nach dem großen Komponisten.

In der Stiftstraße steht die St.-Agnus-Kirche, die eigentliche geistliche Heimstatt des gut lutherischen Hofkapellmeisters im reformierten Köthen. Der einfache verputzte Saalbau wurde in den Jahren 1694/99 erbaut. Bach hatte hier für sich und seine Frau einen Kirchenstuhl gemietet. Beim Abendmahlgemälde handelt es sich um eine Replik aus der Werkstatt Lucas Cranachs des Jüngeren. Auf dem Alten Friedhof ist Bachs erste Frau Maria Barbara (1684–1720) bei-

Köthen, Orgel in der Agneskirche

Köthen, Jakobskirche, Blick zur Orgel

gesetzt worden. Der ungefähre Standort des Grabes ist heute bekannt. Am 3. Dezember 1721 heiratete Bach Anna Magdalena Willcken (1701–1760). Er berief sich auf das Recht der Haustrauung bei seiner zweiten Ehe, um sich als Lutheraner nicht in der reformierten Schlosskapelle trauen lassen zu müssen.

In Köthen entstanden 1721 die „Six Concerts Avec plusieur Instruments", die später wegen ihrer Widmung an den Markgrafen Christian Ludwig von Brandenburg die „Brandenburgischen Konzerte" genannt wurden, 1722 das „Klavierbüchlein für Anna Magdalena Bach", der erste Teil von „Das Wohltemperirte Clavier" und 1723 die „Inventionen".

Das Köthener Schloss lag zumindest bis 1650, dem Todesjahr des Fürsten Ludwig, inmitten einer wunderbaren, im italienischen Stil angelegten Gartenanlage. Der einst beeindruckende barocke Garten wurde um 1800 im Stil eines englischen Landschaftsgartens umgestaltet, was damals en vogue war. Leider blieb davon nur wenig erhalten. Das ändert sich, seit der Schlossgarten in das touristische Netzwerk „Gartenträume – Historische Parks in Sachsen-Anhalt" aufgenommen wurde.

Äußerlich teilt sich der Schlossbau in das ehemals von einem Wassergraben umgebene, auf die alte Burg zurückgehende Schloss und den im Westen vorgelagerten Wirtschaftshof. Dort befindet sich heute in der ehemaligen, frühbarocken Reithalle der Bachsaal, das moderne Mehrzweckzentrum mit der hochgelobten Akustik des Konzertsaals.

Musikschule Johann Sebastian Bach Köthen

Schlossplatz 4
06366 Köthen
Tel.: (0 34 96) 21 30 68

Begonnen wurde die Anlage mit dem Johann-Georgs-Bau, der zwischen 1597 und 1599 entstand. Der hofbeherrschende Ludwigs-Bau folgte von 1600 bis 1608. 1670 wurde das Torhaus aufgeführt. Am Johann-Georgs-Bau und am Ludwigs-Bau hat es seit ihrer Entstehung eine Anzahl Veränderungen gegeben.

Gottfried Bandhauer errichtete 1823 den Ferdinands-Bau im Nordosten des Schlosshofes. Zu seinen großartigen Arbeiten gehört der tonnengewölbte Spiegelsaal über der doppelgeschossigen Schlosskapelle. Der als Thronsaal genutzte Spiegelsaal war auch Tagungsort der Fruchtbringenden Gesellschaft. Deshalb fand man in der Stoffbespannung der Wände die Wappen, Namen und Denksprüche der Mitglieder dieser von Fürst Ludwig I. von Anhalt-Köthen (1579–1650) ins Leben gerufenen Sprachgesellschaft.

Das Köthener Schloss diente bis 1847 als Fürstenresidenz. Heute hört man aus den offenen Fenstern Musik, denn in der ebenfalls im Schloss befindlichen Köthener Musikschule wird die nächste Generation von Musikern herangebildet.

Wie und wann besiedelten Menschen das Köthener Land? Was macht eigentlich der Riesenhirsch im Museum? Konnte Fred sein Mehl im Supermarkt kaufen? Diese Fragen werden in der Prähistorischen Sammlung beantwortet. Eine Führung durchs Kinderzimmer der Sammlung informiert darüber, was ein Jäger zur Jagd brauchte, lädt zu einer Tastwandererkundung ein, vor ein großes Suchbildrätsel sowie zum Bemalen von Naturmaterialien als Andenken an den Besuch.

Ehemalige Reithalle im Schloss Köthen, heute Johann-Sebastian-Bach-Saal

Prähistorische Sammlung

Schlossplatz 4
Ferdinandsbau
06366 Köthen
Tel.: (0 34 96) 41 56 81
und (0 34 96) 60 15 17
www.bachstadt-koethen.de
Öffnungszeiten:
Di–So 10.00–17.00 Uhr

Die Prähistorische Sammlung im Ferdinandsbau des Köthener Schlosses geht zurück auf die private Sammlung von Prof. Walther Götze. Das älteste von ihm gefundene Werkzeug ist der Faustkeil von Werdershausen, der in die Altsteinzeit datiert wird, also etwa 250 000 Jahre alt ist. Die Köthener Sammlung zeigt Fundstücke bis zur ersten Erwähnung der Stadt im Jahre 1115.

Eine Führung durch das Historische Museum, die Schlossanlage und den Schlossgarten mit Rollenspielen zum Leben und Genießen im 18. Jahrhundert mit unerwartetem Kakaogenuss, Formen mit Marzipan-Modeln und Verkostung, mit Bilderrätseln und Ordensverleihung ist ein besonderes Ereignis für Kinder, ebenso wie Erkundungen in Schlosskapelle, Museumsräumen und Spiegelsaal mit dem Vorstellen alter Tasteninstrumente, Liederraten, Schatzsuche in einem alten Sekretär, dem Bachrätsel und der Verleihung des Bachordens.

Köthen, Schloss.
Das Köthener Schloss ist eine Entdeckung wert: Hier ist die Köthener Musikschule heimisch, das Veranstaltungszentrum ist auf alten Mauern neu erbaut worden, das Bach-Museum, die ornithologische Sammlung Naumanns, Bibliothek und Archiv, die prähistorische Sammlung im Ferdinandsbau und etliches mehr sind hier zu sehen – und der Park gehört zu den Gartenträumen – historische Parks in Sachsen-Anhalt.

Im Rahmen der Schlafnacht wird die Schlossanlage erkundet, Rätsel müssen gelöst werden, eine Schlosslaterne wird gebastelt, eine Nachtwanderung findet statt, man sitzt am Lagerfeuer, hört eine Gute-Nacht-Geschichte und freut sich auf die fürstliche Frühstückstafel, bei gutem Wetter sogar auf der Schlosswiese. Die Kinder bringen ihren Schlafsack, eine Luftmatratze und die Taschenlampe mit.

Schlafnacht im Schloss

Schlossplatz 5
06366 Köthen
Tel.: (0 34 96) 7 00 99 21
www.bachstadt-koethen.de

Im Jahr 1895 wählte eine Jury unter Vorsitz des Berliner Reichstagsarchitekten Paul Wallot (1841–1912) die beiden Architekten Heinrich Reinhardt und Georg Süßenguth aus, um das neue Köthener Rathaus zu errichten. Der prächtige Ratssaal ist – wie das gesamte Rathaus – noch heute ein Stolz der Köthener Bürger. 48 Meter hoch ist der Rathausturm, von dem man weit ins Land schauen kann.

In der Altstadt erzählen Häuser aus der Renaissance, dem Barock oder der Gründerzeit von der Geschichte der Stadt. In der Bernburger Straße 2 steht das sogenannte Eichendorffhaus, das Haus in Rosen. Die Tochter Eichendorffs erwarb es vom Vetter ihrer Mutter Louise, dem Major Nicolaus Joseph von Holly-Ponienczicz, der 1854 nach Dessau zog. Der Dichter weilte zu Besuchen beim Vetter (1849) und bei der Tochter (1855) in Köthen. Das eingeschossige Haus ist ein klassizistisch-biedermeierliches Landhaus mit Krüppelwalmdach und zentraler Fledermausgaube. In der kleinen Vorhalle des Eingangs stehen dorische Säulen, die von Rosen umrankt sind. Das einzige noch erhaltene Haus der Eichendorffs dient heute als Wohnhaus. Das Manuskript von Eichendorffs erster Gedichtlieferung zum Musenalmanach des Jahres 1837 wird übrigens in einer eigenhändigen Abschrift des Dichters im Historischen Museum der Stadt aufbewahrt.

Das Mekka der Homöopathie

Als 1720 die westliche Stadtmauer Köthens abgetragen wurde, ließ Fürst Leopold von Anhalt-Köthen auf dem zugeschütteten Wallgraben eine „große neue Straße“ anlegen, die heutige Wallstraße. 1821 erwarb hier, in Köthens vornehmem Viertel, Samuel Hahnemann sein Haus Nr. 270 (heute Nr. 47). Das Gebäude, in dem er u. a. die zweite Auflage seines Buches „Reine Arzneimittellehre“ überarbeitete, ist heute restauriert. Hier ist auch der Entschluss zur Gründung der Vereinigung homöopathischer Ärzte gefasst worden. Wie Bach verlor auch Hahnemann in Köthen seine erste Frau und wie Bach fand er hier eine neue Liebe, die französische Malerin Melanie D'Hervilly-Gohier (1800–1878), die er als 80-Jähriger heiratete und mit der er schließlich nach Paris zog.

Dr. Samuel Hahnemann war 1821 von Leipzig nach Köthen gezogen, weil er erstmals die Erlaubnis eines Landesherrn bekommen hatte, seine homöopathischen Mittel selbst herzustellen und zu verabreichen. Erstmals also konnte der „Hemepath“, wie die Köthener sagten, uneingeschränkt und geschützt vor den Vertretern der Schulmedizin forschen, experimentieren, praktizieren und auch publizieren. Er hatte wohl in Leipzig den Herzog Friedrich Ferdinand, einen Bruder aus der Freimaurerloge, zu dessen Zufriedenheit behandelt.

Das Vertrauen der Köthener gewann er, als er sie vor einer drohenden Choleraepidemie durch Aufklärung über die hygienischen Zusammenhänge bewahrte. Seine „Flugschriften zur Abwehr der asiatischen Cholera“ hatten einen glänzenden Erfolg. 1828 schrieb er in Köthen sein letztes und wohl auch wichtigstes Werk „Die chronischen Krankheiten“.

Hahnemanns bleibendes Verdienst ist es, die teilweise uralten Erkenntnisse der Ähnlichkeitsregel systematisiert und zur Lehre verdichtet zu haben, wobei der Begriff Homöopathie erst von Hahnemann eingeführt worden ist. Sein 50. Doktorjubiläum wurde in Köthen nicht nur gefeiert, sondern bot den Anlass zur Gründung des ältesten deutschen Ärztevereins, des Deutschen Zentralvereins homöopathischer Ärzte (DZVhÄ). Tagungen des Zentralvereins, aber auch die Tatsachen, dass Wohnhaus und Praxis Hahnemanns erhalten und restauriert sind und dass neben dem Wohnhaus das vom klassizistischen Baumeister Christian Gottfried Heinrich Bandhauer am Kloster der Barmherzigen Brüder als Spital erbaute Gebäude heute die Europäische Bibliothek der Homöopathie enthält, machte Köthen endgültig zu einem „Mekka der Homöopathie“.

Ärzte aus aller Welt, die sich auf Homöopathie spezialisiert haben, reisen an, um an dem Ort gewesen zu sein, an

Hotellerie und Gastronomie in Köthen

Hotel „Anhalt“
Ludwigstraße 53
06366 Köthen
Tel.: (0 34 96) 55 00 10
www.hotelanhalt.de
Das 1991 erbaute Hotel bietet im Restaurant „Milano“ italienische Küche an. Der jüngste Sohn Bachs war von 1760 bis 1762 in Mailand Domorganist. Aus diesem Grund wird ein italienisches Bach-Menü angeboten.

Restaurant „Brauhaus“
Am Lachsfang 1–3
06366 Köthen
Tel.: (0 34 96) 3 09 94 90
www.brauhauskoethen.de
Im Brauhaus wird ein Menü angeboten, das Johann Sebastian Bach 1716 in vier Gängen serviert bekam. Hier erhält man auch eine Führung und im Hause gebrautes Bier. Das Bach-Menü mit Führung kann bei Köthen-Information gebucht werden:
Tel.: (0 34 96) 21 62 17
Öffnungszeiten:
Altdeutscher Hof im „Brauhaus“:
täglich 11.00–24.00 Uhr
Braustube im „Brauhaus“:
täglich ab 17.00 Uhr

Café „Leopold“
Schlossplatz 4
06366 Köthen
Tel.: (0 34 96) 3 09 97 15 oder
(0 34 96) 55 00 10
Öffnungszeiten:
Di–So 11.00–17.00 Uhr

dem Hahnemann, der insgesamt 28-mal umgezogen ist, die längste Zeit seines Lebens – immerhin vierzehn Jahre – verbrachte. Köthen ist, was die Homöopathie betrifft, ein spiritueller Ort in Deutschland.

Drei Jahre nach Hahnemanns Tod begann ab 1846 der aus Berlin stammende Arthur Lutze (1813–1870) in Köthen zu praktizieren. Er tat das mit so großem Erfolg und Zulauf, dass er die Lutze-Klinik als eine homöopathische Heil- und Lehranstalt eröffnen konnte.

Im Köthener Schloss befindet sich auch das ehemalige Apothekergewölbe mit einer Ausstellung zur Geschichte der Homöopathie. Ursprünglich wurden hier Kräuter aus dem Schlossgarten getrocknet, verschiedene Essenzen, Arzneien und auch Liköre hergestellt. Einerseits dienten die Arzneimittel dem Gebrauch bei Hofe. Aber auch die Armen Köthens konnten sich hier Arzneimittel abholen.

Zu Bachs Zeiten hatte Fürst Leopold im Apothekergewölbe die Hofkonditorei einrichten lassen, was ihm, der offensichtlich auch an Diabetes litt, nicht gut bekam. Heute erfährt man hier allerhand zur Geschichte und über das Wesen der Homöopathie in Köthen. Der klassizistische Spiegelsaal, zugleich Thronsaal des Schlosses, atmet noch den Geist jener Zeit, in der Dr. Hahnemann in Köthen praktizierte. Der Saal wurde anlässlich des 30. Geburtstages einer Patientin Hahnemanns eingeweiht, der Herzogin Julie von Anhalt-Köthen. Auch der Architekt Bandhauer war ein Patient Hahnemanns. Der durch Herzog Ferdinand von Anhalt-Köthen (1769–1830) zum Umzug von Leipzig nach Köthen eingeladene Hahnemann erhielt 1822 den Titel eines Herzoglichen Hofrats. Zu Hoffesten wird er wohl hin und wieder im Spiegelsaal geweilt haben.

Im Schlosspark steht an der Ecke Springstraße/Theaterstraße gegenüber der Lutze-Klinik das Denkmal für die Homöopathen Hahnemann und Lutze. Der Köthener Malzkaffeefabrikant Louis Wittig verdankte der Rezeptur Hahnemanns für den „Gesundheitskaffee“ erheblichen Wohlstand. Er gab das Denkmal aus Dankbarkeit beim Berliner Bildhauer Heinrich Pohlmann in Auftrag, 1897 wurde es eingeweiht. Die Büsten der beiden Homöopathen sind aus italienischem Marmor. Die Mitte des aus Granit und Sandstein aufgeführten Denkmals bildet die aus Zinkguss gefertigte Hygieia, die Göttin der Gesundheit und Tochter des Asklepios.

Die „Homöopathische Heil- und Lehranstalt des Dr. Arthur Lutze“ Ecke Springstraße/Lange Gasse entstand in ihrer heutigen Form 1854/55 nach Kenntnis der neuen französischen Krankenhausarchitektur. Zu Ehren Hahnemanns hatte Lutze die Eröffnung der Klinik und die Einweihung eines Hahnemann-Denkmals in ihrem Garten auf dessen 100. Geburtstag gelegt. Die in Köthen lebenden Töchter Hahnemanns, Louise und Charlotte, waren bei der Eröffnung dabei.

Die Klinik verfügte bereits über einen Fahrstuhl, die „Schwebemaschine", über eine elektrische Klingel und eine Warmwasserheizung. Lutze ließ im Hinblick auf die heilende Wirkung des Sonnenlichts bei psychisch angeschlagenen Patienten hohe Fenster einbauen. Die 72 Zimmer der Klinik waren mit Grünpflanzen, Antiquitäten, Musikinstrumenten und Gemälden ausgestattet. Eine enorme Zahl von Menschen aus ganz Deutschland suchte die stets ausgebuchte Klinik auf, noch mehr ließen sich ambulant behandeln. Immerhin drei Viertel seiner Patienten, die aus armen Verhältnissen kamen, sollen unentgeltlich Hilfe gefunden haben.

Samuel Hahnemann gilt als Begründer der Homöopathie. Er lebte 14 Jahre in Köthen, länger als an jedem anderen Ort.

Seit 1999 hatte der Köthener Kultur- und Kunstverein im Haus seinen Sitz. Zukünftig enthält der denkmalgeschützte Komplex altengerecht ausgebaute Wohnungen. Im ehemaligen Musiksaal der Lutze-Klinik finden heute unterschiedliche festliche Veranstaltungen statt. Der Park der Klinik ist inzwischen wieder hergestellt. Das Hahnemann-Denkmal aber existiert lediglich noch als restauriertes Modell in der Ausstellung im Schloss.

Die Hirtengasse entlang zum Magdeburger Turm oder durch die Springstraße an der katholischen Kirche St. Mariae Himmelfahrt vorbei: Diese Wege führen auf den Spuren Hahnemanns durch Köthen. Die katholische Kirche hatte Herzog Friedrich Ferdinand als Hofkirche gedacht, nachdem er 1825 zum katholischen Glauben übergetreten war. Die Fertigstellung des Baus erlebte er jedoch nicht mehr, weil der vom Architekten über dem Mittelbau geplante hohe Turm nicht gebaut wurde, nachdem das Gerüst 1830 eingestürzt war. In der Krypta der Kirche befindet sich die Grablege Herzog Friedrich Ferdinands und seiner Frau.

Zur lutherischen St.-Agnus-Kirchgemeinde gehören die Kirchenbücher, in denen der Tod Henriette Leopoldine Hahnemanns im Jahre 1830 und die Haustrauung des 80-jährigen Hahnemann mit der 35-jährigen Marie Melanie d'Hervilly-Gohier im Jahr 1835 verzeichnet sind. Die Hochzeits- und Sterbedaten der Hahnemann-Töchter sind hier ebenfalls zu finden.

Das Naumann-Museum

Weitsichtige Politiker sind ein Segen für jede Stadt. Das trifft selbstverständlich auch für Fürsten zu. Köthen hatte eine Reihe solcher, die der Kunst, der Medizin und der Wissenschaft Dienste erwiesen. Auf diese Weise schufen sie – natürlich unbeabsichtigt – touristische Ziele von heute.

Naumann Museum

Es ist das einzige ornithologie-geschichtliche Museum der Welt. Die Exposition informiert über die Geschichte der Präparation, der Vogelberingung, des Vogelschutzes sowie der Buchillustration im Bezug auf die Ornithologie.
Schlossplatz 4
06366 Köthen
Tel.: (0 34 96) 70 09 92 77
www.bachstadt-koethen.de
Öffnungszeiten:
Di–So 10.00–17.00 Uhr

Herzog Ferdinand kaufte 1821 für 2000 Reichstaler in Gold die Vogelsammlung Johann Friedrich Naumanns (1780–1857). Diese blieb erhalten und gilt als die einzige bekannte Kollektion dieser Art aus dem Biedermeier. Naumann, ein Zeitgenosse Goethes und Humboldts, baute 1823 seine aus 691 Vögeln in 325 Arten bestehende Sammlung in der dritten Etage des Ferdinandbaus des Köthener Schlosses in den auch heute noch genutzten Räumen auf. Mit dem Kaufvertrag verbunden war die Anstellung Naumanns als „Herzoglicher Inspector" des Ornithologischen Kabinetts auf Lebenszeit.

Der Sammlungsbestand an Vögeln, Bälgen und Skeletten ist sehenswert und weltweit einmalig, auch die Exponate zur Entstehung von Vogelpräparaten, die berühmte Eiersammlung und eine aus Naturmaterialien und einem Schuhkarton gebastelte Vogelvitrine.

Eine Museumsführung im Naumann Museum unter dem Motto „Amsel, Drossel, Fink und Star" gibt Antworten auf die Frage, warum man eigentlich ins Museum gehen muss, um Vögel zu sehen, zeigt Vogelsammlungen von gestern und heute, macht mit verschiedenen Lebensräumen bekannt, erklärt, warum Schnäbel auf ihre Weise gestaltet sind, und ermöglicht die Herstellung eines Vogelbildes aus Federn und allerhand Naturmaterialien.

Heute ist das Naumann-Museum im Besitz ornithologischer und kunsthistorischer Sammlungen aus dem Nachlass der Familie, aber auch anderer Ornithologen. Es ist nicht nur von regionaler, sondern unbestritten auch von internationaler Bedeutung. Seinen Ruf verdankt es nicht zuletzt der Akribie, mit der Naumann die Vogelarten beschrieben hat – und den meisterhaften Zeichnungen und Radierungen.

Köthen, Naumann-Museum. Dank der Umsicht des Köthener Herzogs Ferdinand blieb die Vogelsammlung des Ornithologen Johann Friedrich Naumanns als einzige bekannte Kollektion dieser Art aus dem Biedermeier erhalten.

Eine weitere Besonderheit stellt die Dokumentation der internationalen Ornithologiegeschichte dar. So kann man hier auch Balgpräparate aus der ornithologischen Sammlung Heinrich Dathes finden, des Berliner Tierparkdirektors und einstigen Fernsehstars der DDR. Es macht immer noch betroffen, in Naumanns Sammlung den 80 cm hohen Riesenalk zu bewundern und zu erfahren, dass dieser Vogel bereits 1844 ausgestorben ist.

Denkmal für Johann Friedrich Naumann im Schlosspark Köthen

Fruchtbringende Gesellschaft

Die Prinzessin Dorothea Maria von Anhalt, Herzogin von Sachsen-Weimar (1574–1617), ursprünglich 36. Äbtissin des freien weltlichen Stifts Gernrode und Frose in den Jahren von 1588 bis 1593, hatte das Stift verlassen, um Herzog Johann III. von Sachsen-Weimar zu ehelichen, dem sie elf Söhne und eine Tochter schenkte. Sie war im Alter von 43 Jahren bei einem Reitunfall tödlich verunglückt. Die Beerdigung fand am 24. August 1617 auf Schloss Hornstein statt, der späteren Wilhelmsburg, also dem Weimarer Stadtschloss.

Unter Johann III. und seiner anhaltischen Ehefrau hatte sich die kleine Residenz zu einem Musenhof entwickelt. Das Treffen anlässlich der Trauerfeierlichkeiten nutzte Fürst Ludwig, der jüngere Bruder der Verstorbenen, dazu, die Fruchtbringende Gesellschaft zu gründen. Er hatte 1596/97 England, Frankreich und die Niederlande, von 1598 bis 1602 die Schweiz, Österreich, Ungarn und Italien bereist. In Florenz war er als erstes deutsches Mitglied in die Accademia della Crusca zur Pflege der italienischen Sprache unter dem Namen L'Acceso aufgenommen worden. Von hier brachte er die Idee mit, eine deutsche Sprachgesellschaft zu gründen. Ludwig I. wurde ihr erstes Oberhaupt auf Lebenszeit. Aus diesem Grund empfahl sich Köthen als Sitz der Gesellschaft. Ludwigs Gesellschaftsname war „der Nährende". Sein Eintrag im Köthener Gesellschaftsbuch steht als Nr. 2 hinter dem des Initiators, des Weimarer Hofmarschalls und Italienreisenden Kaspar von Teutleben (1576–1629).

Zu den Gründungsmitgliedern gehörte der hochbegabte Sohn und vorgesehene Thronfolger des Fürsten, Ludwig der Jüngere von Anhalt-Köthen (1607–1624), der allerdings früh verstarb. Er hatte den Eintrag Nr. 6 im Köthener Gesellschaftsbuch und erhielt vom Vater den Gesellschaftsnamen „der Saftige" sowie das Motto „Unausgesogen taugs nicht".

Fürst Ludwig legte Wert auf den Zugang zur Gesellschaft ohne Standesunterschiede. Die Verwendung der Gesellschaftsnamen sollte sichern, dass untereinander Stand und Titel keinerlei Bedeutung hatten. Zweck der Gesellschaft war

Denkmal für Fürst Ludwig von Anhalt-Köthen (1606) in Köthen.
Ludwig I., Fürst von Anhalt-Köthen, gründete mitten im Dreißigjährigen Krieg, aus dem er sein Land weitgehend herauszuhalten vermochte, die Fruchtbringende Gesellschaft, die erste deutsche Sprachgesellschaft.

das Engagement für die deutsche Sprache, „welche durch fremdes Wortgepränge wässerig und versalzen worden". Die Arbeiten der Gesellschaft beschäftigten sich auch mit Grammatik, Lexikografie, Dichtung, Sprach- und Literaturkritik, Geschichtsschreibung, kunstvoller Prosa sowie Übersetzungen. Die Gründung und eigentliche Wachstumsphase bis zu Ludwigs Tod 1650 fällt in die Zeit von Anfang bis Ende des Dreißigjährigen Krieges.

Weil sich der Fürst mit politischem Gespür und Geschick aus den Kriegswirren heraushielt, verwundert es nicht, dass zur Fruchtbringenden Gesellschaft auch Vertreter der jeweils anderen Partei gehörten. Für die protestantische Seite saß Schwedens Kanzler und Mitglied des Regentschaftsrates Graf Axel Oxenstierna (1583–1654) am Tisch der Gesellschaft. Das Mitglied der katholischen Seite war nicht minder prominent:

Fürst Octavio Piccolomini (1599–1656), Herzog von Amalfi. Dieser erhielt die Nominierung nicht zuletzt auch als Dank für die schonende Behandlung von Ludwigs Fürstentum, als er im Mai 1641 die schwedischen Truppen durch anhaltisches Land verfolgt hatte. Nach Ludwigs Tod wurden zwar noch zwei weitere Oberhäupter der Gesellschaft gewählt, aber sie hatte bereits ihren Wirkungszenit überschritten und löste sich nach 1680 langsam auf.

Der 18. Januar 2007 ist das Gründungsdatum der Neuen Fruchtbringenden Gesellschaft zu Köthen/Anhalt e. V., die sich in die Tradition der Sprachpflege der historischen Vorgängergesellschaft gestellt hat. In ihrer Köthener Erklärung ist das Ziel der neuen Gesellschaft beschrieben, die „deutsche Sprache als Amts-, Kultur-, Landes- und Wissenschaftssprache zu erhalten, zu pflegen, zu schützen und weiterzuentwickeln“. In Anlehnung an das Motto der Fruchtbringenden Gesellschaft von 1617 „Alles zu Nutzen“ gab sich die neue Gesellschaft das Motto „Alles zu Nutzen – allen zu Nutzen!“

Neben hochrangigen Vorträgen arbeitet die Gesellschaft an den „Köthener Sprachtagen“ mit der Hochschule Anhalt zusammen, organisiert das „Kleine Volksfest der deutschen Sprache“ mit Mitmachaktionen, Buchverkauf und Schreibwerkstätten auf der Freifläche vor dem Schloss Köthen, lädt zu Exkursionen ein oder initiiert gemeinsam mit der Theo-Münch-Stiftung für die Deutsche Sprache Schreibwettbewerbe.

Ein touristisch interessantes Projekt ist die „Straße der deutschen Sprache“, die mehrere Städte unter dem Dach der Neuen Fruchtbringenden Gesellschaft als erste Ferienstraße für Sprachpflege einrichten wollen. Sitz der Neuen Fruchtbringenden Gesellschaft ist das Fürst-Ludwig-Haus der deutschen Sprache im Prinzessinnenhaus am Schlossplatz 5. Hier befindet sich auch eine Bibliothek mit Literatur zur Sprachpflege.

Christian Gottfried Heinrich Bandhauer

Christian Gottfried Heinrich Bandhauer wurde 1790 in Roßlau geboren, wo er 1837 auch starb. Er war der Architekt des Klassizismus in Anhalt-Köthen schlechthin. Von ihm stammten in Köthen die Marienkirche, der Ferdinands-Bau im Schloss, die ehemalige Reithalle des Schlosses, der heutige Johann-Sebastian-Bach-Saal, das Spitalgebäude des ehemaligen Klosters der Barmherzigen Brüder, heute die Europäische Bibliothek der Homöopathie.

Bandhauer wurde vom Herzog Friedrich Ferdinand von Köthen zum Baukondukteur und Baurevisor für Kirchen- und

Neue Fruchtbringende Gesellschaft zu Köthen/Anhalt e. V.

Vereinigung zur Pflege der deutschen Sprache
Schlossplatz 5
06366 Köthen
Tel.: (0 34 96) 40 57 40
www.fruchtbringende-gesellschaft.de

Im Schlosspark Köthen

Schulbauten bestellt. Er leitete auch die Arbeiten am Köthener Schloss sowie am Lustschlösschen Geuz. Bandhauers Meisterwerk war sicher der kühne Spiegelsaal im Ludwigs-Bau des Schlosses. Von diesem Saal begeistert, ernannte ihn der Herzog 1822 zum Bauinspektor.

Inzwischen Baudirektor und im Zenit seines Erfolges, brach die von ihm entworfene und gebaute erste deutsche Stahlbrücke, die Nienburger Hängebrücke, während einer Feier 1825 zusammen. Bei diesem Unglück ließen mehr als fünfzig Menschen ihr Leben. Von diesem Ereignis hat sich das Ansehen des hervorragenden Baumeisters nie wieder erholen können, obwohl er noch mancherlei Arbeiten in Köthen und später in seiner Heimatstadt Roßlau realisierte.

Köthen, Spiegelsaal.
Das Köthener Schloss spielt heute noch die zentrale kulturelle Rolle in der Stadt, deren Grund während der Regierungszeit der Askanier gelegt wurde. In klugen Zukäufen haben sie eine Reihe von Sammlungen zusammengetragen, die heute noch das Schloss zu einem Anziehungspunkt machen.

Gastronomie
Gaststätte „Zur Morgengabe"
Eike-von-Repgow-Straße 9
06386 Reppichau
Tel.: (03 49 09) 7 02 80
Öffnungszeiten:
Februar–Dezember:
Mi, Do 12.00–19.00 Uhr, Fr 12.00–22.00 Uhr, Sa 11.00–22.00 Uhr, So 11.00–19.00 Uhr, Mo/Di Ruhetage

Museum in der Mühle
Förderverein Eike von Repgow e. V. Reppichau
Informationsbüro
Akener Straße 3a
06386 Reppichau
Tel.: (03 49 09) 7 07 00
www.reppichau.de
Öffnungszeiten:
Mo–So 10.00–12.00 Uhr und 13.00–17.00 Uhr
Führungen sind nach Voranmeldung auch außerhalb der Geschäftszeiten möglich.

„Wer zuerst kommt, mahlt zuerst." Das geflügelte Wort bezieht sich auf das Geschäft des Müllers. Der Nächste hat sich anzustellen, unabhängig von seiner Stellung. Auch um so einfache Regelungen aus dem täglichen Leben geht es im Sachsenspiegel des Eike von Repgow, des „Spiegelers", wie der zwischen 1180 und 1190 in Reppichau geborene und nach 1233 verstorbene Ritter in der rechtsgeschichtlichen Literatur gern genannt wird.

Er vollzog – wahrscheinlich auf Burg Falkenstein – zwischen 1220 und 1235 mit dem Aufschreiben des ersten deutschen Prosawerkes in mittelniederdeutscher Sprache einen Jahrtausendschritt: Der „Sachsenspiegel" ist die erste schriftlich fixierte deutsche Rechtssammlung, die sich gemeinsam mit dem Magdeburger Stadtrecht von den Niederlanden bis weit in den Osten Europas, bis in die Ukraine und das heutige Belarus verbreitete und die vom 13. Jahrhundert an bis zum Beginn des 20. Jahrhunderts ihre Wirkung entfaltete.

In der Schedelschen Weltchronik von 1493 heißt es dazu: „Die Bürger von Magdeburg haben ein Rechtsbuch, der Sachsenspiegel genannt, das ihnen vom großen Kaiser Karl bestätigt wurde. Daselbsthin auch die nahe gelegenen Völker zur Entscheidung ihrer Sachen ihre Zuflucht haben."

Der Sachsenspiegel enthält das Landrecht und das Lehnsrecht. Eike von Repgow hat es freilich nicht formuliert, sondern gesammelt. Mit dem „Sachsenspiegel“ liegt also eine Sammlung und die schriftliche Fixierung des damaligen Gewohnheitsrechts vor. Für Eike von Repgow hatte die Sammlung eine doppelte Funktion: dem Unrecht entgegenzutreten und die Kenntnisse des Rechts verbreiten zu helfen.

Im Landrecht hält er das Recht der freien Leute einschließlich der freien Bauern fest. Es umfasst Grundstücksangelegenheiten, Erbschaftssachen, Ehestand, Güterverteilung, Nachbarschaftsdinge, Strafrecht und Gerichtsverfassung. Im Lehnsrecht werden die Verhältnisse zwischen den Ständen im Land, der Ablauf von Kaiser- und Königswahlen oder die Lehnspflichten festgehalten.

Der kleine Ort Reppichau liegt im Städtedreieck Dessau, Aken, Köthen bequem erreichbar. Radfahrer, die auf dem R1 unterwegs sind, gelangen direkt ins Dorfzentrum zur Mittelalter-Gaststätte Zur Morgengabe.

Wer heute in den Geburtsort Eike von Repgows fährt, wird von den Figuren aus zwei Handschriften des „Sachsenspiegels“ – der Heidelberger und der Dresdner Handschrift – begrüßt und durch das Dorf geleitet. Das Kunstprojekt „Sachsenspiegel in Reppichau“ hat aus dem 500-Seelen-Dörfchen etwas ganz Besonderes gemacht. Ein Dorf hat seine Geschichte entdeckt. Überlebensgroß sind die Figuren, die der

Ein ganzes Dorf lebt mit seiner Geschichte: Aus Reppichau stammt Eike von Repgow, der Sammler und Schöpfer des „Sachsenspiegels“. Die heutigen Reppichauer setzten ihr Dorf mit seinem großen Sohn in Verbindung. Die Vorlagen entstammen den drei bekannten Handschriften des „Sachsenspiegels“.

Das Denkmal Eike von Repgows in der Kirche zu Reppichau stammt aus den dreißiger Jahren des vorigen Jahrhunderts.

Das „Kunstprojekt Reppichau“ stellt die Figuren der Handschriften mitten in das dörfliche Geschehen. So entspinnt sich auch für die Touristen ein Dialog mit der Rechtsgeschichte.

Kunstschmied des Ortes, Frank Schönemann, geschaffen hat und die am Dorfteich stehen. Gegenüber ist das Informationszentrum Reppichau in der ehemaligen, heute mit Zinnen bewehrten Feuerwehrwache zu finden, mit einem kleinen Rittersaal als Tagungszimmer, in dem die Wände mit Bildwerk von Region und Zeit erzählen. Die auf Häuserwänden, am Trafohäuschen oder als Standbilder abgebildeten Szenen aus dem „Sachsenspiegel“ haben nach Möglichkeit mit dem Ort zu tun, an dem sie stehen oder hängen.

Die Motormühle, erbaut 1933 und bis Ende der 1960er Jahre betrieben, ist Teil des Freilichtmuseums „Kunstprojekt Sachsenspiegel“. Auch sie enthält eine Abteilung zur Geschichte des „Sachsenspiegels“ und der damit verbundenen Wirkungsgeschichte des 1156 erstmals erwähnten Ortes. Eico und Arnolt von Ripechowe erschienen damals als Zeugen auf dem Landgericht, das Markgraf Albrecht der Bär in Wörbzig abhielt.

An der Außenwand der denkmalgeschützten Dorfkirche, deren romanischer Turm ins 13. Jahrhundert zurückreicht, befindet sich das 1934 dort im (Un)stil jener Zeit angebrachte Eike-von-Repgow-Denkmal. Es ist Bestandteil der Sachsenspiegel-Inszenierung. Im Innern wurden im Handsiebdruckverfahren von polnischen Kunststudenten angefertigte Illustrationen zum Sachsenspiegel an den Emporen angebracht. Auf dem Kirchhof findet der Besucher Darstellungen wie etwa zur Zweischwerterlehre.

Diese geht auf das Evangelium nach Lukas 22,38 zurück: „Sie sprachen aber: Herr, siehe, hier sind zwei Schwerter. Er aber sprach zu ihnen: Es ist genug.“ Es geht um die Frage der weltlichen und der geistlichen Macht. Wer hat sich wem unterzuordnen? Oder sind Kaiser und Papst gleichberechtigt? Steht also jeder in der Verantwortung für seinen Bereich?

Ein älteres zweites Denkmal für Eike von Repgow aus dem späten 19. Jahrhundert steht in der Eingangshalle der Reppichauer Kirche. Ein drittes findet der aufmerksame Betrachter an der südlichen Außenwand der Kirche als Relief auf einer Grabplatte. Es ist eine Arbeit des Bernburger Bildhauers Wolf Müller.

„Wie oft habe ich später, in Amerika, befragt, wo ich herkomme, Johann Sebastian Bach bemüht, um meine kleine Stadt in den Rang einer Welt-Metropole zwischen Zuckerrübenfeldern zu heben", bekennt der 1941 in Köthen geborene ehemalige Kulturstaatsminister Michael Naumann. Tatsächlich: Anhalt ist, nicht nur Bachs wegen, auch eine Musiklandschaft. Nur schlaglichtartig können einige Berühmtheiten aus dem Musiklebens Anhalts im Folgenden skizziert werden.

Der Komponist und Organist Karl Christian Agthe (1762–1797) wurde bereits mit 14 Jahren Musikdirektor der Hündelbergschen Theatertruppe in Reval. 1782 trat er eine Stelle als Kammermusiker und Hoforganist in Ballenstedt an. Seine Opern sind leider verschollen. Kantaten, Lieder und Orchesterkompositionen aber existieren noch.

Der Klavierpädagoge Rudolf Maria Breithaupt (1873–1945) übersiedelte nach der Ausbombung seiner Wohnung in Berlin nach Ballenstedt. Von ihm stammt das Werk „Die natürliche Klaviertechnik".

Der Komponist und Musikpädagoge Gustav Strube (1867–1953) war der Sohn des Dessauer Stadtmusikdirektors Friedrich Strube. 1891 war er Mitglied des Boston Symphony Orchestra unter dessen Leiter Arthur Nikisch. 1913 lehrte er als Professor am Peabody-Konservatorium in Baltimore. Zu seinen Kompositionen gehören die sinfonische Dichtung „Harz Mountains", Kammermusiken und Chorwerke.

Ob es heute jemandem einfiele, einen Monat Gefängnis auf sich zu nehmen, um nach Köthen zu gelangen? Johann Sebastian Bach war es das wert. Er hatte es 1717 so eilig, nach Köthen zu gelangen, dass er den Vertrag mit dem jungen Köthener Herzog bereits unterschrieb, noch ehe er in Weimar bei Hofe um seine Entlassung gebeten hatte. Von 1717 bis 1723 konnte man ihn am Köthener Hof als Hofkapellmeister mit einem Orchester bester Musiker erleben. Der preußische Soldatenkönig Wilhelm I. hatte seine Hofkapelle aufgelöst, Fürst Leopold von Anhalt-Köthen (1694–1728) zögerte nicht, einen gewichtigen Teil der Kapelle selber in Lohn und Brot zu nehmen.

Bach würde sich heute wundern, wüsste er, wohin die Gäste zu den Bach-Festtagen oder manch anderem Konzert in Köthen strömen, um seine Musik zu hören. Im Johann-Sebastian-Bach-Saal mit seiner ausgezeichneten Akustik standen zu Bachs Zeit die herzoglichen Gäule.

Der 1682 geborene Gambist, Violoncellist und von 1714 bis 1754 stellvertretende Kapellmeister Christian Ferdinand

Abel wurde 1761 in Köthen begraben. Möglicherweise hat Bach seine Suiten für Violoncello Solo für ihn geschrieben.

Auch sein Sohn Carl Friedrich Abel (1723–1787) war Gambist. Von 1746 bis 1758 war er Mitglied der Dresdner Hofkapelle. Ab 1759 lebte er in London als Kammermusiker der Königin Charlotte. Er leitete hier mit Johann Christian Bach (1735–1782) die Bach-Abel-Concerts und schrieb Sinfonien, Klavierkonzerte sowie Kammermusik.

Der Ladegast-Schüler Wilhelm Rühmann (1842–1922) baute die dreimanualige Orgel mit 33 klingenden Stimmen für die Köthener Bachkirche St. Agnus. 1881 erhielt sie auf der Gewerbe- und Industrieausstellung in Halle eine Goldmedaille. Es war diese Köthener Orgel, die Rühmanns Ruf begründete.

1872 ersetzte Friedrich Ladegast (1818–1905) die Thayssner-Orgel in der Köthener St.-Jacobs-Kirche durch eine dreimanualige Orgel mit 47 klingenden Stimmen.

Der Komponist und Musikpädagoge Gallus Dreßler (1533–1580) folgte zunächst Martin Agricola in Magdeburg im Amt des Kantors am Altstädtischen Gymnasium. 1575 wurde er Diakon in Zerbst. Dreßler verfasste eine Reihe lateinischer Traktate zur Musikanschauung seiner Zeit.

Der Zerbster Hofmusiker Johann Friedrich Fasch (1688–1758) und sein Sohn Carl Friedrich Christian Fasch (1736–1800) gehören zu den einst erfolgreichen Komponisten, die heute weniger populär sind – zu Unrecht, wird jeder sagen, der einmal die Fasch-Festtage Zerbst besucht hat. Die St.-Trinitatis-Kirche ist eine wunderbare Kulisse für diese Musik.

Der Komponist Johann Georg Röllig (1710–1790) wurde 1737 als Hoforganist und Kammermusiker nach Zerbst berufen und nach Faschs Tod 1758 Hofkapellmeister. Röllig komponierte Sinfonien, Kantaten und Kammermusik.

Im Turm der Dorfkirche Serno befindet sich ein Stabgeläute, das vom Roßlauer Huf- und Waffenschmied Gottlieb Samuel Sachsenberg nach einer Vorlage des Coswiger Bauinspektors Gottlieb Henning gebaut wurde und in einem Dreiklang ertönt. Es ist das einzige Stabgeläute Europas – und es ist noch funktionstüchtig.

Das Dessauer Kurt Weill Fest rund um den Geburtstag des großen Broadway- und Brecht-Komponisten am 2. März wird längst weltweit beachtet. Der Komponist, der Amerika eroberte, lockt heute wieder hervorragende Interpreten aus Klassik, Pop und Jazz, Musiker, Tänzer und Schauspieler in seine Geburtsstadt, was die Attraktivität Dessaus für ein Publikum aus aller Welt steigert. Hier erinnert an den großen Sohn des Kantors der jüdischen Gemeinde, Albert Weill, die Denkmalgruppe Weill-Brecht des halleschen Bildhauers Bernd Göbel auf dem Lidiceplatz. Das Kurt Weill Zentrum hat

Das heutige Gebäude des Anhaltischen Theaters in Dessau wurde 1938 im Beisein von Adolf Hitler und Joseph Goebbels mit einer Aufführung des „Freischütz" von Carl Maria von Weber eröffnet.

sein Zuhause im Lyonel-Feininger-Meisterhaus, das mit dem Bauhaus und den anderen Meisterhäusern zum UNSECO-Weltkulturerbe gehört.

Er sei unmusikalisch gewesen, ist von Fürst Leopold I. von Anhalt-Dessau überliefert, dem preußischen Generalfeldmarschall. Noch vor den Preußen, noch unter österreichischer Fahne wurde ihm zu Ehren nach der Schlacht von Casano bei Mailand 1705 ein Marsch komponiert, der fortan als „Dessauer Marsch" sowohl zum Lieblingsmarsch des Alten Dessauers avancierte als auch bis heute als ein Juwel der Militärmusik gilt. Man sagt, dass der Dessauer Marsch als inoffizielle Hymne der Stadt gilt.

Der Dessauer Emil Schult (geb. 1946) ist Maler, Poet und Musiker. Sein Diplom erlangte er 1965 an der Highschool in Crystal Lake (Illinois). Der Schüler von Joseph Beuys und Gerhard Richter wurde 1973 Gitarrist der Band Kraftwerk. 1974 schuf er das weltbekannte Cover-Bild von deren Kult-Album „Autobahn". Später schrieb er auch Songtexte.

Die Kulturstiftung DessauWörlitz lädt von Mai bis September zu musikalischen Genüssen ins Gartenreich ein. Ob auf dem Wörlitzer See bei romantischer Gondelfahrt mit einem wunderbaren Abendessen, ob bei Musik, Tanz oder Theater in Kirche, Park oder vor der Kulisse der sehenswerten Schlösser, eine Veranstaltung im Gartenreichsommer bleibt ein unvergessliches Erlebnis.

Friedrich Wilhelm Rust (1739–1796), ein Spielgefährte des Fürsten Franz, entdeckte seine musikalische Begabung erst während seines Jurastudiums in Halle. Nach einer Italienreise im Gefolge des Fürsten wurde er mit der Organisation des Dessauer Musikwesens beauftragt.

Als Captain Henry Berger gibt es Heinrich Berger (1844–1929) sogar auf einer Briefmarke. Der Coswiger Junge aus armem Hause wurde Militärmusiker und ging auf kaiser-

Friedrich Matthisson: Adelaide

„… Einst, o Wunder! entblüht auf meinem Grabe, / Eine Blume der Asche meines Herzens. / Deutlich schimmert auf jedem Purpurblättchen: / Adelaide!“

lichen Wunsch nach Hawaii, um die Militärkapelle des Königs in Schwung zu bringen. Er wurde zu einem Vater der dortigen Musik und komponierte unter anderem die hawaiianische Staatshymne.

Friedrich von Matthisson wurde 1761 im Pfarrhaus von Hohendodeleben bei Magdeburg geboren. Sein Vater starb jedoch kurz vor der Geburt, sodass Friedrich als Kind bei seinem Onkel in Cracau (heute Stadtteil von Magdeburg) aufwuchs. Matthisson war mit Klopstock, Voß und Matthias Claudius bekannt. Nach Zeiten als Lehrer am Philanthropin in Dessau sowie u. a. als Erzieher in Lyon wurde er 1794 Vorleser und Reisebegleiter der Fürstin Luise von Anhalt-Dessau, der Gemahlin des Fürsten Leopold III. Friedrich Franz.

Als Dichter wurde Matthisson von seinen Zeitgenossen, darunter Friedrich Schiller als Prominentester, sehr geschätzt. Ludwig van Beethoven und Franz Schubert griffen bei ihren Vertonungen immer wieder auf Gedichte Matthissons zurück. So stammte das wohl beliebteste Lied klavierspielender höherer Töchter aus Matthissons und Beethovens Feder: „Adelaide“ (1788). Ein Teilnachlass Matthissons befindet sich in der Anhaltischen Landesbücherei Dessau.

Matthisson starb 1831 in Wörlitz. Sein Grab liegt im Bereich der historischen Grabanlagen Philanthropin der Gärtnersfamilien Schoch und Eyserbeck rechts vom Friedhofseingang. Seine zweite Ehefrau war eine Luise Schoch (1790–1824).

Johann Ludwig Wilhelm Müller, 1794 in Dessau geboren, 1827 ebenda gestorben, war ein Schneiderskind. 1812 studierte er Philologie in Berlin, meldete sich jedoch schon 1813 zum preußischen Heer, wurde 1814 Leutnant und besuchte ab 1816 die literarischen Salons in Berlin. Ein Thema seiner Lieder, die darum auch von Franz Schubert geschätzt und vertont wurden, war die Erstarrung der Gesellschaft nach den Befreiungskriegen.

Wilhelm-Müller-Denkmal in Dessau.
Er hat es nicht mehr erlebt, dass kein Geringerer als Franz Schubert seine wunderbare „Winterreise“ vertonte: der Dichter Wilhelm Müller aus Dessau, der „Griechenmüller“.

Müller nutzte für seine gesellschaftskritischen Äußerungen Liebeslieder, in denen er das Bild seiner Zeit zwischen den Zeilen malte. Die beiden Liederzyklen „Die schöne Müllerin“ und „Winterreise“ haben als musikalisch-literarische Meisterwerke Bestand. Müller selbst hat von den Vertonungen seiner Gedichte bis zu seinem frühen Tod keine Kenntnis gehabt. Sein literarischer Nachlass befindet sich in der Anhaltischen Landesbücherei Dessau. Nicht nur das 1844 von Carl Friedrich Zöllner vertonte Gedicht „Das Wandern ist des Müllers Lust“ oder Franz Schuberts „Der Lindenbaum“ machen die anhaltische Musik zum Gemeingut der Deutschen.

HORT DER REFORMATION. ANHALT-ZERBST

Das mitteldeutsche Rothenburg wurde die ehemalige Residenzstadt Zerbst genannt, bevor am 16. April 1945 alliierte Luftangriffe die Altstadt zu achtzig Prozent zerstörten. Die Stadt brannte vier Tage lang. Anhaltendes Artilleriebombardement seitens der amerikanischen Truppen legte in Schutt und Asche, was den Luftangriff überlebt hatte.

Die Situation im April 1945: Die russische Armee hatte Wittenberg eingenommen und befand sich auf dem Vormarsch in Richtung Wiesenburg. Die Amerikaner lagen vor Zerbst und forderten mehrfach die friedliche Übergabe der Stadt. Der Stadtkommandant der Wehrmacht, Oberst Paul Könsgen, lehnte wiederholt und gegen jede Vernunft ab. Er hatte den Befehl, Zerbst zu verteidigen. Im Ergebnis dieser Haltung starben in der Bombennacht mehr als 570 Zerbster Einwohner, wurde die Innenstadt einer der schönsten mitteldeutschen Kleinstädte nahezu vollständig zerstört. Nach dem Krieg entstand das sozialistische Zerbst. Schloss und Kirchen blieben in Trümmern. Vom durch die Luftangriffe schwer geschädigten Schloss wurden zwei Flügel abgebrochen und das Material zum Auffüllen von Bombentrichtern verwendet.

In den Jahren von 1991 bis 2008 konnten etwa 15 Millionen Euro zur Sanierung der Altstadt investiert werden. Eindrucksvoll ist die historische Stadtmauer, die die kleine Stadt vollständig umschließt. Ansonsten kann Zerbst nur noch wenige historische Gebäude vorweisen.

Infolge der immer wieder bei Erbschaften anstehenden Teilungen Anhalts entstand im Jahr 1252 das Fürstentum Anhalt-Zerbst mit Siegfried I. (um 1230–1298) an der Spitze. Unter Fürst Joachim Ernst von Anhalt konnten 1570 für 33 Jahre alle anhaltischen Landesteile wieder zusammengefasst werden. Der Renaissancefürst residierte in Dessau. Er galt als für Bildung, Kultur und Künste sehr aufgeschlossener Mann. 1572 schuf der Fürst für Anhalt eine Landesverordnung, 1582 gründete er das Gymnasium Illustre in Zerbst, ein Versuch, eine Universität zu installieren. Seine am Dessauer Hof ausgetragenen Ritterspiele waren ausgeprochen beliebt und gaben dem Fürstenhof weit über Anhalt hinaus Glanz. Er stand dem reformierten Glauben nahe und unterstützte nach Kräften die Hugenotten.

Als er 1586 starb, wurde sein Land 1603 unter fünf Söhnen aufgeteilt. So entstanden die Fürstentümer Anhalt-Zerbst, Anhalt-Dessau, Anhalt-Köthen, Anhalt-Bernburg und Anhalt-Plötzkau. Alle anhaltischen Fürstentümer, so auch Anhalt-Zerbst, traten 1606 dem reformierten Glauben bei.

Anhalt-Zerbst wurde 1646 wieder lutherisch, nach 1880 führte man die lutherischen und reformierten Gemeinden zusammen und gab der anhaltischen Landeskirche eine unierte Verfassung.

1667 erbte das Fürstentum die weit entfernte Herrschaft Jever in Friesland. Das Fürstentum Anhalt-Zerbst endete jedoch mit dem Tod des kinderlosen Fürsten Friedrich August, Fürst von Anhalt-Zerbst (1734–1793). Das Land wurde zwischen Anhalt-Bernburg, Anhalt-Köthen und Anhalt-Dessau aufgeteilt.

Wir schreiben das Jahr 1722. Der regierende Fürst Johann August von Anhalt-Zerbst (1677–1742), der auf seiner Grand Tour, seiner Kavalierstour, die Niederlande, Frankreich und England bereist hatte, ist als Regent ob seiner Wohltätigkeit und Umsicht beliebt. Der Fürst erwartet den Mann, den er als Hofkapellmeister nach Zerbst berufen hat. Fasch heißt er. Er erwartet in diesem Jahr auch den Sachsen-Weißenfelser Baumeister und Architekten Schütze. Ein Jahr zuvor hatte er die Gründung einer Fayence-Manufaktur in Zerbst angeregt. Schließlich sei es besser, die begehrte Ware im eigenen Land herzustellen und am Verkauf zu verdienen, als zuviel Geld für die schönen Dinge außer Landes anlegen zu müssen.

Die Manufaktur hatte später durchaus einen solventen Kundenkreis. Vor allem die Fürstenhäuser bestellten repräsentative Schmuckkeramik. Anfangs aber erwiesen sich die Geschäfte wegen der Klammer der umliegenden Länder Preußen, Sachsen und Braunschweig als ausgesprochen schwierig. Erst 1760 schrieb man tatsächlich schwarze Zahlen. Freilich war dem Unternehmen nur noch eine kurze Blütezeit bis 1799 beschieden. Heute kann man Zerbster Fayencen noch in den Museen von Jever und Zerbst sowie im Museum für Kunst und Gewerbe in Hamburg bewundern.

Zurück ins Jahr 1722: Der Schlossbau sollte weitergehen. Der Fürst wünschte einen Turm am Corps de logis, damit der Hauptflügel auf den ersten Blick als der wichtigste Trakt der geplanten dreiflügeligen Anlage erkennbar wäre. Er hat sich dafür Johann Christoph Schütze (1687–1765) ausgesucht, der den Sachsen Matthäus Daniel Pöppelmann (1662–1736) zu seinen Vorbildern zählte. Am 25. Juli 1722 trat Schütze sein Zerbster Amt an. Seine Familie brachte er gleich mit. Denn obgleich er seine Stellung als Landesbaumeister in Weißenfels behielt, sollte ihn über viele Jahre die Zerbster Tätigkeit an das Fürstentum und auch an die fürstliche Familie binden.

Das Schloss erglänzte in neuer Pracht. Ab 1725 prägte der Turm die Zerbster Stadtsilhouette, das mondäne Reithaus entstand, das Fischerhaus am Küchengarten, das Gartenhaus hinter dem Reithaus, die neue Vogtei. Um auch entsprechend nach außen zu wirken, fehlte Fürst Johann August von Anhalt-Zerbst nur noch ein hervorragender Musikus. Auch den hatte der Fürst nach Zerbst bestellt: Johann Friedrich Fasch.

Wohl auf Vermittlung des seinerzeit hochgeschätzten Komponisten und Kapellmeisters Gottfried Heinrich Stoelzel (1690–1749), beide waren Freunde seit ihrer gemeinsamen Geraer Zeit, berief ihn der Fürst aus seiner Stelle als Kapellmeister beim Grafen Morzin in Prag an den Zerbster Hof. Am 29. September 1722 trat Fasch sein Amt an. Der neue Kapellmeister schlug dafür sogar das ihm im Dezember desselben Jahres angetragene Amt des Thomaskantors in Leipzig aus, sodass man dort schließlich doch auf Johann Sebastian Bach zurückgreifen musste.

Fasch hatte ein für heutige Begriffe außerordentliches Arbeitspensum. In den ersten Zerbster Jahren vertonte er einen doppelten Kirchenkantatenzyklus, schrieb eine Passion und schuf zahlreiche Instrumentalkompositionen zu den Feierlichkeiten, die der Fürst anberaumte. 1745 komponierte Fasch anlässlich der Eheschließung der Prinzessin Sophie Auguste Friederike, der späteren Zarin Katharina die Große, mit Großfürst Peter von Russland eine Serenata. Nicht nur seine musikalischen Werke sind von hohem Rang, auch in seiner geistlichen Dichtung, beispielsweise für seine Libretti, erwies sich der dem Pietismus zugeneigte Komponist als bemerkenswerter Dichter. 1758 starb der Kapellmeister und Komponist in Zerbst.

Sein Sohn Carl Friedrich Christian Fasch wurde in Zerbst geboren. Er erhielt ersten Klavier- und Musikunterricht vom Vater. Auf Empfehlung des Geigers Franz Benda (1709–1786), der im Hoforchester Friedrichs II. von Preußen spielte, erhielt Fasch jun. 1756 eine Stelle als zweiter Cembalist. Sein Amtskollege war Carl Philipp Emanuel Bach (1714–1788), ein Freund der Familie. 1791 gründet Fasch die Berliner „Singe-Academie".

Heute erforscht die Internationale Fasch-Gesellschaft e. V. Zerbst Leben und Schaffen beider Faschs und richtet aller drei Jahre die Internationalen Fasch-Festtage in Zerbst aus. (www.fasch.net)

1742 starb Fürst Johann August von Anhalt-Zerbst. Er war in zwei Ehen kinderlos geblieben. Die Linie erlosch. Die Erbschaft trat die Linie Anhalt-Zerbst-Dornburg an.

Sophie Auguste Friederike

Die Kaiserin aus Zerbst

Museum und Sammlung Katharina II.

Am Weinberg 1
39261 Zerbst
Tel.: (0 39 23) 42 28
www.zerbst.de

Sie kommt aus der Anhalt-Zerbst-Dornburger Linie, die erste Tochter des Fürsten Christian August und seiner Gattin Johanna Elisabeth, einer geborenen Prinzessin von Holstein-Gottorf, eben jenes Hauses, aus dem auch der russische Thronfolger Peter Fjodorowitsch (1728–1762) – Herzog Karl Peter Ulrich von Holstein-Gottorf – stammte, der für sechs Monate bis zu seiner Ermordung als Zar Peter III. Russland regierte. Der russische Thronfolger war der Neffe der Fürstin Johanna Elisabeth. Ihr Bruder Adolf Friedrich von Holstein-Gottorp (1710–1771) war seit 1751 König von Schweden. Diese verwandtschaftlichen Beziehungen gaben wohl den Ausschlag für die Hochzeit der Tochter mit dem russischen Thronfolger.

Im Jahr 1742 jedoch hatte die Fürstenfamilie erst einmal das Zerbster Schloss bezogen. Prinzessin Sophie Auguste Friederike von Anhalt-Zerbst-Dornburg (1729–1796) reiste 1744 mit ihrer Mutter nach Moskau. Aus der Zerbster Prinzessin wurde die russische Großfürstin Katharina Alexejewna und schließlich 1762 die Frau des russischen Zaren. Nach dessen Sturz und Tod ließ sie sich als Zarin Katharina II. von Russland krönen.

Die Regierungszeit der tatkräftigen Zarin gilt heute als Sinnbild für das Goldene Zeitalter Russlands. Sie förderte Kunst, Kultur, Bildung und Wissenschaften. Sie sorgte für die Besiedlung des neu eroberten russischen Südens, indem sie Einwanderer aus Deutschland und ganz Europa Land erwerben ließ. Sie wollte Russland in den Reigen der europäischen Großmächte führen.

In Zerbst hat sich besonders der Internationale Förderverein „Katharina II. e. V." um die Wahrnehmung der großen Tochter der Stadt verdient gemacht. Ihm ist es auch zu verdanken, dass die heutige Sammlung „Katharina II." in der Schlossfreiheit 12 die nachmalige russische Kaiserin, die einzige Herrscherin, der man den Beinamen „die Große" zubilligte, würdigt.

Neben dem Schloss erinnert heute vor der Zerbster Stadthalle, der ehemaligen Reithalle, im Zerbster Schlosspark ein Denkmal des russischen Bildhauers Prof. Michail Perejaclawez an die Kaiserin. 2010 aufgestellt, ist es das erste in Deutschland für eine große Persönlichkeit, die beide Länder miteinander verbindet.

Bodenfunden konnte man entnehmen, dass das Gebiet östlich von Saale und Elbe ursprünglich germanisches Siedlungsland gewesen sein muss. Erst die Völkerwanderung ließ die Landstriche verwaisen, in denen schließlich ab dem 6. Jahrhundert slawische Stammesverbände das Land in Besitz nahmen. Im 10. Jahrhundert expandierten die Liudolfinger ostwärts. Heinrich I. (876–936) und sein Sohn Otto der Große (912–973) führten blutige Eroberungszüge. In der Gründungsurkunde des Bistums Brandenburg wird 948 der Gau Ciervisti genannt, Zerbst also erstmals in der Geschichte als existent nachgewiesen.

Nach dem Slawenaufstand von 983 bemächtigten sich die Askanier mit Albrecht dem Bären erst im 12. Jahrhundert wieder der slawischen Gebiete. Eine ausgefeilte Siedlungspolitik prägte fortan das Land. Flamen, Holländer, Seeländer, Westfalen und Zuwanderer aus den Rheingegenden zogen hierher und siedelten zwischen den slawischen Orten. Zerbst profitierte ungemein von diesen Ansiedlungen. Die „Neuen" wussten, wie man Sümpfe trockenlegt, kannten sich im Deichbau aus, brachten die neue Technik des Mühlenbaus aus dem Westen mit. Im Jahr 1209 wurde Zerbst erstmals als

Zerbst aus der Luft. Das „mitteldeutsche Rothenburg" ging während der Luftangriffe 1944/45 unter. Geblieben ist aber die historische Stadtmauer, die beinahe vollständig erhalten ist.

Stadt bezeichnet. Der Askanier Graf Albrecht I. von Anhalt-Köthen (gest. 1316) erwarb Zerbst 1307 von den Herren von Barby als Lehen des Markgrafen von Brandenburg. Wo heute die Ruine des Schlosses steht, erhob sich damals die Burg. Jedenfalls blieb von 1307 bis 1793 die Residenz an Ort und Stelle.

Die heute noch erhaltene Stadtmauer ist in ihrer Entstehung auf 1430 zurückzuführen. Das 15. und das 16. Jahrhundert brachten die Blütezeit der Stadt. Drei Klöster hatten sich hier angesiedelt: das Franziskaner-, das Jungfrauen- und das Augustinerkloster. Für den wirtschaftlichen Aufschwung spielte unter anderem auch das Zerbster Bier eine große Rolle.

Ein abschreckendes Beispiel war die Stadt im Vorfeld der Reformation. Martin Luther beschrieb in seiner Schrift „Wider Hans Wurst“ Zerbst als Ort übler Ablasshandelspraktiken. Den Bürgern, aber auch dem Fürstenhaus, gefielen die harschen lutherischen Worte gegen die katholische Geistlichkeit. Fürst Wolfgang der Bekenner, ein Freund Luthers, betrieb die baldige Einführung der Reformation. 1522 bereits war Zerbst als erste Stadt in Anhalt „gut lutherisch“.

In der Folge gab es rege Kontakte zwischen Zerbst und Wittenberg. Die Reformatoren, allen voran Luther selbst, aber auch Philipp Melanchthon und Johannes Bugenhagen, standen dem Zerbster Rat bei der Einführung der Reformation persönlich zur Seite.

Der Dreißigjährige Krieg brachte mit dem wirtschaftlichen Ausbluten der Stadt, mit ihrer teilweisen Zerstörung und schließlich auch mit der Pest den Niedergang. Erst gegen Ende des 17. Jahrhunderts gelang wieder ein allmählicher Aufschwung. Nachdem mit dem Aussterben der Anhalt-Zerbster Linie 1797 der Dessauer Fürst Leopold III. Friedrich Franz zuständiger Landesherr geworden war, gab es eine Reihe von Reformen. Aus dem Gymnasium Illustre wurde das nach dem Fürsten Franz benannte Gymnasium Francisceum.

1798 ließ „Vater Franz“ den Schlosspark in einen englischen Landschaftspark umgestalten. Als in der Folge des Ersten Weltkrieges das anhaltische Fürstenhaus abdanken musste, gingen das Zerbster Schloss und der Schlossgarten mit allen dort befindlichen Gebäuden in den Besitz der Joachim-Ernst-Stiftung über. Fortan beherbergte das Schloss das Herzogliche Haus- und Staatsarchiv, ab 1921 das Schlossmuseum mit 80 Ausstellungsräumen zur Kunst- und Kulturgeschichte Anhalts, die naturwissenschaftlichen und vorgeschichtlichen Sammlungen, das Finanzamt und das Zerbster Stadtarchiv.

Am 16. April 1945 hörte das alte Zerbst auf zu existieren. Der Wiederaufbau der Stadt begann 1952. Nach 1990 sind

Das Zerbster Schloss, einst einer der bedeutendsten Barockbauten Mitteldeutschlands, wurde 1945 weitestgehend zerstört. Mit dem, was vom Schloss noch stand, wurden nach dem Krieg die Bombenlöcher in der Stadt verfüllt. Einzig der Ostflügel des Schlosses blieb stehen und wird nun von Zerbster Bürgern nach und nach wieder der Öffentlichkeit zugänglich gemacht.

die noch vorhandenen historischen Bauten saniert oder restauriert worden. Die über 500 Jahre alte Stadtmauer zieht sich in einer Länge von 4,2 Kilometern um die ehemalige Altstadt. Ursprünglich verfügte die Mauer über fünf Stadttore, von denen noch drei erhalten sind. 1485 wurden in ihrem Verlauf 50 Türme und Wiekhäuser genannt. An der Marienpforte und am Breite-Straßen-Tor kann man noch Reste der 1571 angelegten Wehrgänge entdecken. Dass die Stadtmauer

bis heute Bestand hatte, ist Herzog Friedrich I. von Anhalt (1831–1904) zu verdanken, der 1873 vorausschauend die mittelalterliche Mauer unter Denkmalsschutz stellen ließ.

Der mächtige Stadtmauerturm Kiekinpott im Schlossgarten wurde Ende des 14. Jahrhunderts erbaut. Er war seinerzeit von den selbstbewussten Zerbster Bürgern durchaus als Provokation des Adels im Schloss errichtet worden. Dass man freilich von hier aus in die fürstliche Küche hätte blicken können, gehört ins Reich der Legende.

Weitere Sehenswürdigkeiten entlang der historischen Stadtmauer sind das Heidetor, der Pulverturm, der runde Turm Priegnitz sowie das Wiekhaus am Plan. Kuchels Warte ist ein Rundturm aus dem 15. Jahrhundert.

Auf dem Weg von Lindau nach Dessau-Roßlau fällt an der Stadtmauer der Hohe Chor des Franziskanerklosters auf. Der Gebäudekomplex an der Brüderstraße geht auf das Jahr 1235 zurück, als Sophie von Barby Franziskanermönchen einen Bauplatz für ein geplantes Kloster zur Verfügung stellte. Von diesem ältesten Bau existiert heute noch ein Stufenportal an der Nordseite der Klosterkirche. 1526 nahmen die inzwischen lutherischen Zerbster Bürger das Franziskanerkloster mit Gewalt ein. Sie gründeten auf einen Rat von Martin Luther hin hier 1526 eine Lateinschule. Ein besonderer Schatz des Franciscеums ist die historische Bibliothek, die auf einen wertvollen Altbestand verweisen kann: Mehr als

St. Bartholomäi und der „Dicke Turm“

Gymnasium Francisceum
Weinberg 1
39261 Zerbst
Tel.: (0 39 23) 7 40 90
www.gymnasium-francisceum.de

44 000 Bände aus elf Jahrhunderten stehen in den in die Wände eingearbeiteten Regalen.

Das bis zur Zerstörung 1945 im Schloss befindliche Museum hat seine neue Stätte neben dem Francisceum und dessen Bibliothek gefunden. Die alte Klosterkirche, die Kreuzgänge und die angrenzenden Räume gehören heute zum Bestand des Museums.

Nach dem Bremer und dem Halberstädter ist der Zerbster Roland der drittälteste in Deutschland. Seit 1385 steht die ursprünglich hölzerne Figur auf dem Markt. Die Sandsteinskulptur schuf 1445/46 Meister Curt aus Zerbst. Die vier Meter hohe Plastik ähnelt dem Bremer Roland. Beide sind geharnischt. Eine Besonderheit des Zerbster Rolands ist es, dass sein rechter Fuß auf einem liegenden Hund ruht. Nach 1848 verloren der Zerbster Roland seine Farbe und der doppelköpfige Reichsadler einen Kopf. Die 1945 zu Schaden gekommene Figur wurde 1980 restauriert. Der Roland, der seit 1666

Blick in den Kreuzgang und auf das Gelände des ehemaligen Zerbster Franziskanerklosters: Heute befindet sich in den historischen Gebäuden das Museum der Stadt Zerbst. Das im 13. Jahrhundert errichtete Kloster ging mit der Reformation in städtischen Besitz über.

Tourist-Information
Markt 11
39261 Zerbst
Tel.: (0 39 23) 76 01 78
www.stadt-zerbst.de

Ein Zerbster Original ist die Butterjungfer auf dem Markt. Die Historie sagt, dass immer eine Jungfer auf dem Markt stehen müsse, wenn es der Stadt gut gehen soll.

Seit 1980 steht der im Krieg zerstörte und in den siebziger Jahren des vorigen Jahrhunderts restaurierte Roland wieder auf dem Marktplatz.

in einem barocken Schilderhaus steht, hat inklusive Dach die respektable Höhe von 9 Metern.

Die heute bis auf den Chorraum als Ruine stehende Kirche St. Marien ist die älteste in Zerbst. 1213 wurde die Kirche des Jungfrauenklosters erstmals erwähnt. Der zwischen 1100 und 1150 entstandene Westgiebel ist der älteste erhaltene Teil der Kirche. Sie wurde 1945 beim Bombardement der Stadt zerstört. Der Chorraum konnte 1990 restauriert werden und wird heute für gottesdienstliche Zwecke genutzt. Im Sommer finden in der Ruine Konzerte und Serenaden statt.

Mit ihren Türmen ist die ehemals größte gotische Hallenkirche Mitteldeutschlands auch als Ruine das optische Wahrzeichen der Stadt. Die Baugeschichte der Kirche St. Nicolai reicht in die Romanik zurück. Die romanische Basilika wich im 15. Jahrhundert einem gotischen Bau. Die Doppelturmfassade der Kirche blieb trotz der Zerstörung des Kirchenschiffs

St. Marien
Büro der Kirchgemeinde
Siechenstraße 1
39261 Zerbst
Tel.: (0 39 23) 78 21 91

erhalten. Im rechten Glockenturm der Nicolaikirche befindet sich die 1378 gegossene größte Glocke Anhalts. Seit 1991 führt der Förderkreis „St. Nicolai" Räumungs- und Erhaltungsarbeiten an der Kirchenruine durch und sorgt für die Öffnung am „Tag des offenen Denkmals".

1642 kam es zu Streitigkeiten zwischen den reformierten Zerbstern, dem lutherischen Fürstenhaus und den wenigen Lutheranern, die es noch in Zerbst gab. 1679 schließlich blieb in einem Vergleich die Nicolaikirche den reformierten Gemeinden überlassen, während für die Lutheraner die neue Kirche auf dem ehemaligen Viehmarkt errichtet wurde. 1683 begann unter dem tatkräftigen Fürsten Carl Wilhelm von Anhalt-Dessau (1652–1718) der Bau der Kirche St. Trinitatis.

Die Pläne stammen vom niederländischen Ingenieur und Baumeister Cornelis Ryckwaert (gest. 1693), der zuvor den Zerbster Schlossbau begonnen hatte und außerdem der

Die einst größte Kirche der Stadt Zerbst war die Nikolaikirche, die seit 1945 eine Ruine ist. Im rechten Glockenturm befindet sich die 1378 gegossene größte Glocke Anhalts.

Die im Krieg stark zerstörte St. Trinitatiskirche wird seit 2005 wieder genutzt.

geniale Baumeister war, der aus dem kleinen Ort Nischwitz Stadt und Schloss Oranienbaum schuf. Den Innenausbau übernahm einer der meistbeschäftigten Stuckateure seiner Epoche, der Schweizer Giovanni Simonetti (1652–1716), der außer in Coswig auch am Magdeburger Domplatz tätig war. Er schuf in Zerbst den Hochaltar von St. Trinitatis.

Die Kirche wurde 1945 schwer beschädigt und brannte innen völlig aus. Nach mehreren Renovierungen und Restaurierungen konnte sie 2005 wieder in Dienst gestellt werden. Die verbrannten Bilder des Hochaltars wurden durch moderne Bilder des Magdeburger Malers Michael Emig ersetzt.

Die Hof- und Stiftskirche St. Bartholomäi dominiert die Schlossfreiheit. Zwischen 1150 und 1200 als kreuzförmige Basilika erbaut, wurde sie 1300 zur Stiftskirche erhoben. Mit dem ehemaligen Franziskanermönch Luckow erhielt St. Bartholomäi bereits 1522 kurz nach Luthers Predigt in Zerbst den ersten evangelischen Geistlichen vor Ort. Die Kirche wurde bei den Luftangriffen 1945 zerstört. Bereits 1950 konnten in Chorraum und Querschiff wieder Gottesdienste gefeiert werden. Zwischen 1985 und 1990 wurde die Kirche grundlegend saniert und umgebaut.

Das von Lucas Cranach d. Ä. stammende Gemälde „Die Taufe Christi", das die Reformatoren und den Fürsten Wolfgang den Bekenner um den Taufstein zeigt, gehört zu den erhaltenen Ausstattungsstücken der Kirche. Es hat das Bombardement in einer Ummauerung an der Außenwand des Gotteshauses überstanden. Der einzeln neben der Kirche stehende Glockenturm heißt im Volksmund „Dicker Turm".

1894 wurde der Grundstein für die katholische St.-Jakobus-Kirche gelegt. Die Einweihung der im neogotischen Stil erbauten Kirche fand im Beisein des damaligen Erbprinzen Friedrich von Anhalt (1856–1918) bereits 1896 statt. St. Ja-

St. Trinitatis
Büro der Kirchgemeinde
Rennstraße 7/9
39261 Zerbst
Tel.: (0 39 23) 32 91
www.sanktnicolai-zerbst.de
Öffnungszeiten:
täglich 9.00–18.00 Uhr
Voranmeldung im Gemeindebüro
Führungen nach Voranmeldung.
Gottesdienst sonntags

kobus überstand als einzige Zerbster Kirche unbeschadet das Bombardement.

Mitten im Schlossgarten steht die Ruine des einst prächtigen Schlosses der Fürsten von Anhalt-Zerbst. Auf alten Postkarten kann man noch sehen, wie es vor 1945 die Silhouette des alten Zerbst bestimmte.

Die erste schriftliche Erwähnung einer Burganlage anstelle des Schlosses stammt von 1196. Das barocke Dreiflügelschloss mit dem mittigen Turm als Blickfang ist ausgesprochen sehenswert gewesen. Von 1948 bis 1952 wurden der Westflügel und der Haupttrakt des Schlosses abgetragen. Nun steht nur noch die imposante Ruine des Ostflügels.

Zerbster Bürger wollten den weiteren Verfall des Schlosses nicht einfach hinnehmen und engagieren sich für den Bau im Förderverein Schloss Zerbst e. V. Der 2005 gegründete Verein hat sich zum Ziel gesetzt, die historische Substanz der Schlossruine zu sichern, sie aber auch wieder zu beleben. Nach ersten Substanzsicherungsmaßnahmen präsentierte der Verein Ausstellungen im Schloss. Ein Zerbster Bürger stellte dem Verein inzwischen einen zum Schloss gehörigen Kronleuchter wieder zur Verfügung. Die ehemalige Reithalle, ein eindrucksvolles barockes Gebäude, hat das Inferno überlebt und dient heute als Stadthalle.

St. Bartholomäi

Pfarrbüro der Kirchgemeinde
Schlossfreiheit 4
39261 Zerbst
Tel.: (0 39 23) 78 59 66
Öffnungszeiten:
Mo, Mi, Fr 10.00–13.00 Uhr
Di, Do 10.00–17.00 Uhr

St. Jacobus

Büro der Kirchgemeinde
Friedrich-Naumann-Straße 37
39261 Zerbst
Tel.: (0 39 23) 32 41

Das Kavaliershaus auf der Schlossfreiheit ist heute das Rathaus der Stadt Zerbst und Sitz der Sammlung Katharina.

Gastronomie

Hotel-Restaurant von Rephuns Garten
Rephunstraße 2
39261 Zerbst
Tel.: (0 39 23) 6 16 05
www.rephun.com

Parkrestaurant „Vogelherd"
Lindauer Straße 78
39261 Zerbst
Tel.: (0 39 23) 78 04 44
Öffnungszeiten:
Mi–Fr 11.30–15.00 Uhr, 18.00–23.00 Uhr
Sa, So 11.30–23.00 Uhr

Wirtshaus „Zum Bollenlatscher"
Lusoer Straße 40
39261 Zerbst
Tel.: (0 39 23) 78 53 97
Öffnungszeiten:
Di–So 11.00–14.00 Uhr
Di–Sa 17.30.–23.00 Uhr

Im Schlossgarten findet man das Teehäuschen und die Marstallruine mit dem noch erhaltenen Mitteltrakt. Der Schlossgarten soll nach und nach das historische Ansehen des englischen Gartens, den der Dessauer Landesherr „Vater Franz" hier anlegen ließ, wieder annehmen.

Die beiden Kavaliershäuser auf der Schlossfreiheit sind zwei intakte Zeugnisse des Barock in Zerbst. Sie geben der Schlossfreiheit ihr Gepräge. Hier hatten einst hohe Hofbeamte ihre Wohnsitze. Heute dienen beide Häuser als Rathaus und als Amtsgericht. Auch das Gebäude, in dem heute das Amtsgericht untergebracht ist, brannte 1945 vollständig aus. Zur Rekonstruktion wurde die Fassade originalgetreu wieder errichtet, während im Innern des Gebäudes moderne Räumlichkeiten entstanden.

Auf der Südseite der Hof- und Stiftskirche St. Bartholomäi steht das 1996/97 restaurierte barocke Pfarrhaus, das heute Sitz des Kreisoberpfarrers ist. Mit dem neuen Pflaster auf dem Kirchhof und den historistischen Gaslaternen hat man dem Hof und dem Ensemble der Schlossfreiheit insgesamt ein in Zerbst nicht alltägliches romantisches Gepräge gegeben.

Unweit der Schlossfreiheit gibt eine schmale Gasse den Blick frei auf etliche kleine Fachwerkhäuser. Hier gewinnt man eine Vorstellung davon, wie idyllisch das alte Zerbst gewesen sein muss. Der Name Rosenwinkel hat eher prosaische Gründe: Wahrscheinlich stand hier einst eine wild wachsende Rosenhecke, wie sie im Mittelalter oft Teil der Verteidigungsanlagen war.

Die gastronomische Tradition reicht im denkmalgeschützten Haus an Rephuns Garten, das heute Hotel und Restaurant ist, bis ins 18. Jahrhundert zurück. Über die Region hinaus bekannt war der Gesellschaftsgarten mit Bier- und Kaffeeausschank. Seinen besonderen Reiz erhält das Haus durch die Lage am schon im 17. Jahrhundert angelegten Rephuns Garten mit dem idyllischen Teich. Die Küche des Hauses gilt als ambitioniert, hält aber auch bodenständige Hausmannskost bereit.

Das Gourmetrestaurant Vogelherd kann auf 15 Punkte im Gault-Millau-Restaurantführer verweisen. In der Begründung heißt es, die gelernte Bankkauffrau Gabriele Erdmann pflege „mit großem Geschick eine einfallsreiche Küche. Ihre Gerichte haben etwas Vertrautes – und überraschen dennoch durch ungewohnte Intensität und Vielfalt der Aromen."

Das Wirtshaus Zum Bollenlatscher bewirbt sich selbst mit dem Slogan „ein urgemütliches Stück vom alten Zerbst". Nostalgisches Ambiente, Biergarten und Zerbster Küche werden hier geboten.

Domäne Badetz

Domäne Badetz
Bohnhoff-Ferienpark GmbH
Pappelallee 9–10
39264 Zerbst OT Badetz
Tel.: (03 92 47) 54 34 oder 54 35
www.bohnhoff-ferienpark.de

Etwa zehn Kilometer westlich von Zerbst liegt mitten im UNESCO-Biosphärenreservat Mittelelbe die früher zum Ort Hohenlepte, der inzwischen Ortsteil der Stadt Zerbst wurde, gehörende Domäne Badetz. Etwa zwanzig Einwohner haben sich um die Domäne angesiedelt, die im 16. Jahrhundert als herzogliches Gut entstanden war. Um 1736 errichtete im Auftrag des Fürsten Johann August von Anhalt-Zerbst der Baumeister Schütze das Hauptgebäude des Gutes. Es hatte die Aufgabe, die Gäste des in der Nähe gelegenen, ebenfalls vom Hofbaumeister Schütze gebauten Schlosses Friederikenberg zu versorgen und unterzubringen.

Die Schlossanlage geriet nach dem Tod des Fürsten in Vergessenheit, nach 1833 wurde die Anlage schließlich bis auf das heute noch unvermutet in der Landschaft stehende Eingangstor auf dem Friederikenberg abgebrochen. Schloss und Berg sind nach der ersten Frau des Fürsten benannt, der früh verstorbenen, von ihm sehr geliebten Friederike von Sachsen-Gotha-Altenburg (1675–1709), die den Grundstein für „ihr“ Schloss 1704 noch selbst legte.

Der Domäne wäre es, nachdem die hier ansässige LPG bereits Anfang der 80er-Jahre das Gut verlassen hatte, beinahe ebenso wie der Schlossanlage ergangen. 1990 aber kamen die Reste des Gutes und die Ruine des Hauptgebäudes in private Hände. Seither wurde wiederbelebt, wofür die Domäne ursprünglich entstanden war: zur Beherbergung und Versorgung von Gästen.

Seit 1994 hat der familiengeführte Hotel- und Pensionsbetrieb mit dazugehörigem Restaurant im Hauptgebäude und Biergarten den Betrieb aufgenommen. Die im Biosphärenreservat gelegene Domäne ist heute ein beliebter Anziehungspunkt für Tagesausflügler und Radtouristen entlang des Elberadwegs.

Steckby

Schauschmiede Steutz

Im Ort befindet sich eine von der Gemeinde Steutz betriebene Schauschmiedewerkstatt. Hier werden das alte Schmiede- und das alte Schuhmacherhandwerk vorgestellt. Schauvorführungen sind nach Vorabsprache möglich.
Schauschmiede Steutz
Schulstraße 2
39264 Zerbst OT Steutz
Tel.: (03 92 44) 2 04 oder 2 60

Der Zerbster Ortsteil Steutz liegt an der mittleren Elbe gegenüber der Stadt Aken. Zu Steutz gehören die Ortsteile Leps und Steckby. Die am Elberadweg liegende erste Radfahrerkirche Anhalts, die Nicolaikirche Steckby, wurde um 1200 errichtet. Innen erfolgte 1991 eine grundlegende Restaurierung. Der Turm wurde zu Beginn des 21. Jahrhunderts saniert. Der Altar der Feldsteinkirche besitzt einen barocken Aufsatz, den das Gemälde „Christus und die Sünderin" ziert, ein Geschenk des Fürsten Leopold III. Friedrich Franz von Anhalt-Dessau. Die Glasfenster der Kirche sind Arbeiten des Magdeburger Glasgestalters Richard Wilhelm aus dem Jahr 1996. Zum Konzept der Kirche gehören besondere Andachten. Vor Ort gibt es einen radfahrerfreundlichen Rastplatz.

Die weitgehend naturbelassene Auenlandschaft des Steckby-Lödderitzer Forstes beidseits der Elbe ist eine der touristischen Attraktionen Sachsen-Anhalts. Hier führt Deutschlands beliebtester Radweg, der Elberadweg, durch das UNESCO-Biosphärenreservat Mittelelbe. Das Naturschutzgebiet wurde bereits 1979 ausgezeichnet und erhielt den UNESCO-Biosphärenreservat-Status.

Mehr als 1000 Pflanzen-, 250 Vogel-, 130 Bienen-, 50 Libellenarten haben im Biosphärenreservat Schutz gefunden. Der zentrale Verwaltungssitz ist das Kapenschlösschen zwischen Dessau und Oranienburg. Auf der Bundesstraße 107 gelangt man auch zum Informationszentrum.

Buhlendorf

Kultur- und Heimatverein Buhlendorf e. V.

Dorfplatz 4
39264 Zerbst OT Buhlendorf
Tel.: (03 92 46) 3 74 oder
(01 70) 8 00 23 31
www.speicherbuhlendorf.de

Buhlendorf, ein Zerbster Ortsteil nördlich der Stadt, liegt am Südwestrand des Flämings. Die einzige Straße nach Buhlendorf führt über Lindau. Der rührige Kultur- und Heimatverein Buhlendorf e. V. hat aus dem Getreidespeicher vor Ort einen Erlebnisspeicher gemacht.

Besucher erfahren am authentischen Ort etwas über die Geschichte bäuerlicher Arbeit. Gleichzeitig dient der Getreidespeicher als Kulturspeicher, in dem Veranstaltungen stattfinden. Der Ausblick aus 29 Meter Höhe in alle vier Himmelsrichtungen entschädigt für die Mühen des Aufstiegs.

Walternienburg

Auch der Zerbster Ortsteil Walternienburg liegt am Biosphärenreservat Mittelelbe. Unweit von hier mündet das Flüsschen Nuthe in die Elbe. Mittelpunkt des Ortes ist die Restburg, die in vielerlei Hinsicht genutzt wird. Einen schönen Blick über den ehemaligen Friedhof, auf dem einmal die vollständig abgetragene Kirche stand, ermöglicht das barocke Pfarrhaus.

Die Burganlage stammt aus dem 10. Jahrhundert, allerdings ist sie weitgehend eine gepflegte Ruine. Den 30 Meter hohen Burgturm darf man besteigen und hat von hier einen wunderbaren Ausblick in die großartige Auenlandschaft des UNESCO-Biosphärenreservats.

Äußerst umweltfreundlich, weil lediglich die Kraft der Strömung nutzend, kann man im Ortsteil Ronney mit der Gierseilfähre über die Elbe setzen.

Burg Walternienburg
Hauptstraße 36
39264 Zerbst OT Walternienburg
Öffnungszeiten:
April–September: täglich
10.00–16.00 Uhr
Tel.: (03 92 47) 52 69

Nutha

Nutha, ebenfalls ein Ortsteil von Zerbst, liegt auf halbem Weg zwischen Magdeburg und Dessau-Roßlau. Seit 2007 hat es ein Kornmuseum mit angegliederter Aktivwerkstatt. Hier haben die Erntekronenbinderinnen eine Heimat gefunden. Mehrfach schon errangen sie den Landessieg.

Im Kornmuseum wird auch Getreide getrocknet, bevor es vor Ort gebunden wird. Historische landwirtschaftliche Geräte werden hier ausgestellt. Außerdem erfährt der Besucher allerhand Wissenswertes über die Getreidearten. In der Aktivwerkstatt werden Workshops im Korbflechten oder Federnreißen angeboten.

Der gemütliche Dorfkrug entstand aus einem alten Bauernhof. Unweit von hier ist man bereits mitten im UNESCO-Biosphärenreservat Mittelelbe mit seinen Waldeulen, Weißstörchen, Wildgänsen oder den besonders seltenen, aber hier zu sehenden Großtrappen. Das Gasthaus mit angeschlossener Pension verfügt über einen Fahrradverleih und eine Bootsausleihe. In der Küche wird Regionales saisonal zubereitet. Wildgerichte, Schlachteplatten vom Hausschlächter und garantiert hausgebackener Kuchen werden angeboten.

Kornmuseum Nutha
Museum und Kreativwerkstatt
Großer Winkel
39264 Zerbst OT Nutha
Tel.: (01 73) 8 32 32 80

Dorfkrug Nutha
Kleiner Winkel 10
39264 Zerbst OT Nutha
Tel.: (03 92 47) 2 96 oder
(01 62) 7 53 51 77

Deetz

Teichwirtschaft Deetz
Nedlitzer Straße 1
39264 Zerbst OT Deetz
Tel.: (03 92 46) 76 34 oder
(01 71) 3 73 16 19
Öffnungszeiten:
Di 14.00–18.00 Uhr
Mi–Fr 10.00–18.00 Uhr
Sa, So 10.00–20.00 Uhr
und nach Absprache

Europa-Jugendbauernhof Deetz
Kurzes Ende 4
39264 Zerbst OT Deetz
Tel.: (03 92 46) 6 20 39 oder
6 20 41

Coyote e. V.
Fabrikweg 16
39264 Zerbst OT Deetz
Tel.: (03 92 46) 29 98 01
www.coyote-deetz.de

Deetz liegt etwa zehn Kilometer nordöstlich von Zerbst und gehört zum Naturpark Fläming. Es wurde 1314 erstmals als Detiz erwähnt. Der Ort gehörte seit der Aufteilung des Zerbster Fürstentums 1798 zu Anhalt-Köthen, kam 1847 zu Anhalt-Bernburg, bevor er 1863 zu Anhalt-Dessau wechselte.

Die Deetzer Pfarrkirche stammt aus dem 12. Jahrhundert und zählt zu den flämischen Feldsteinkirchen, die von den durch Albrecht den Bären ins slawische Land gerufenen Flamen errichtet wurden. Sie kamen als Christen in ein heidnisches Umfeld. Die romanischen Kirchen jener Zeit wurden aus einem Material gebaut, das man reichlich auf den Äckern fand: Feldstein. Die Deetzer Kirche liegt am Radweg der Feldsteinkirchen-Tour durch den Fläming.

Am östlichen Ortsrand erstreckt sich der etwa 57 Hektar große Deetzer Teich. Er wurde bereits im 16. Jahrhundert als Fischteich angelegt. Später gab es hinter dem Damm eine Wassermühle mit angeschlossenem Sägewerk. Der Teich dient heute noch als Fischteich, aber auch der Naherholung. Badestelle und Bootsverleih werden im Sommer rege genutzt. Die Teichwirtschaft bietet Ferien auf dem Fischerhof an.

Der Deetzer Jugendbauernhof dient der Kinder- und Jugendarbeit in Verbindung mit einem aktiven Bauernhofleben. Träger des Bauernhofs ist der Europa Jugendbauernhof Deetz e. V., ein Verein, der seit 2009 vom Bundesforum für Kinder- und Jugendreisen zertifiziert ist.

Das neu eingerichtete Haus steht ganzjährig Vereinen, Reisegruppen, Einzelpersonen oder Schulklassen und Studentengruppen für Erholung, Seminare, Projekt- oder Erlebnistage zur Verfügung. Es kann bis zu 48 Gäste in Mehrbettzimmern unterbringen. Für Referenten und Betreuer stehen Einzelzimmer zur Verfügung. Zum Jugendbauernhof gehört ein Tierbestand an Pferden, Ponys, Schweinen, Rindern, Schafen, Hühnern, Enten, Kaninchen und Meerschweinchen.

Gewaltfreie Kommunikation, Yoga und Meditation sowie Naturerfahrung stehen auf dem Programm des Coyote e. V. Der Verein veranstaltet Workshops mit Theater, Tanz, Musik und Lesungen. Ein Vielfaltsgarten ist so angelegt, dass hier biologisch angebaute Gemüse, Kräuter und Blumen wachsen und eine Vielzahl von Pflanzen, Tier- und Insektenarten eine Heimat haben. Die ökologische Nische dient dem Ressourcenschutz. In Kursen wird Wissen über Humus- und Bodenpflege, organische Düngung und natürliche Pflanzengesundheit vermittelt.

Polenzko

Auf der Straße von Zerbst nach Coswig gelangt man in den am Rand des Hohen Flämings gelegenen Ort Polenzko, der seit 2010 ein Ortsteil von Zerbst ist. Die Dorfkirche aus dem 12. Jahrhundert gehört zu den Themenkirchen des Evangelischen Kirchenkreises Zerbst.

Das Thema der Polenzkoer Kirche heißt Weihnachten. Der Zerbster Holzbildhauer Horst Sommer gestaltete Deutschlands größte Weihnachtskrippe: drei Hirten, das Jesuskind in der Krippe, Maria und Josef. Die massiven Holzfiguren haben eine Größe von bis zu drei Metern.

Der Kunstmaler Steffen Rogge aus Köthen wird in einem neuen Projekt die Weihnachtsgeschichte auf die Felder der Emporenbrüstung malen und in Texten erzählen.

Dorfkirche Polenzko

Dorfstraße 24
39264 Zerbst OT Polenzko
Tel.: (03 92 48) 9 24 44
Öffnungszeiten:
Sa, So 9.00–17.00 Uhr

Bärenthoren

Bärenthoren war bis 2009 Ortsteil von Polenzko, seit 2010 gehört es zur Stadt Zerbst. Auch Bärenthoren liegt am Südrand des Hohen Flämings und ist Teil des Naturparks Fläming. Der Ort besteht aus einem ehemaligen Rittergut. Das 1572 erstmals urkundlich erwähnte Gut gelangte 1843 in den Besitz der Familie von Kalitsch. Kammerherr Friedrich von Kalitsch erwarb es von der Fürstin Albertine Charlotte Auguste von Waldeck und Pyrmont (1768–1849).

In der Bärenthorener Schlossanlage ist das DRK-Betreuungszentrum Marie von Kalitsch untergebracht. Der Landschaftspark mit dem ehemaligen Eiskeller ist öffentlich begehbar.

1884 erbte der Enkel Friedrich das Gut. Der damals noch Königlich-Preußische Forstassessor und spätere Forstwissenschaftler Friedrich von Kalitsch (1858–1938) genießt hohes Ansehen als Forstmann. Er gehört zu den „Vätern des Dauerwaldes". Die Bärenthorener Kiefernwirtschaft löste den Kahlschlag ab, der bis dahin in der Forstwirtschaft üblich war, und ermöglichte die Erhaltung des Waldcharakters trotz Bewirtschaftung. Bärenthoren wurde nach 1922 zum forstwissenschaftlichen Mekka.

193 Hektar Wald sind hier als Waldkulturdenkmal ausgewiesen. Man findet auch den Forstlehrpfad, auf dem anhand von Schautafeln und Karten dem Besucher die Besonderheiten der Bärenthorener Kiefernwirtschaft erläutert werden. In unmittelbarer Nähe verläuft der Naturlehrpfad Flämingwald. Nordöstlich von hier lädt der Märchenwald Golmenglin ein.

Gaststätte und Hotel „Am Weinberg“

Am Weinberg 1
39264 Zerbst OT Garitz
Tel.: (03 92 48) 5 38
www.hotel-garitz.de
Öffnungszeiten:
Mo, Di 11.00–20.00 Uhr
Mi–Fr 11.00–23.00 Uhr
Sa 10.00–23.00 Uhr
So 10.00–21.00 Uhr
Feiertage 10.00–21.00 Uhr

Garitz

Garitz als Ortsteil von Bornum gehört seit 2010 zur Stadt Zerbst. Der Ort liegt im Naturpark Fläming und wurde 1259 im Namen eines Johannes de Gardiz erstmals erwähnt. Ein Rittergut Garitz mit Schäferei, Brauerei und Brennerei wurde 1572 erstmals benannt. Nach Aufteilung des Besitzes im Zuge der Bodenreform blieb vom Gut kaum noch etwas Erkennbares übrig.

Die spätromanische Feldsteinkirche wurde im 14. Jahrhundert erstmals erwähnt. Die bereits 1610 baufällige, im Dreißigjährigen Krieg zusätzlich verwüstete Kirche wurde 1741 als barocke Kirche wieder aufgebaut. 1997/98 konnte sie umfangreich saniert werden.

An der Decke befinden sich drei ovale Gemälde aus dem 18. Jahrhundert. Den Altar stiftete 1708 Heinrich Ludewig von Davier (gest. 1731), dessen Epitaph sich in der Kirche befindet. Insgesamt sind neben dem Altar drei mannshohe Grabplatten der Familie von Davier zu finden, die bis 1883 das Rittergut besaß.

Der Heimat- und Backofenverein Garitz bäckt jährlich mehrmals mit dem aus dem 14. Jahrhundert stammenden und neu sanierten Dorfbackofen Brot und Kuchen. Zu Pfingsten findet das Backofenfest statt.

Das Hotel und die Gaststätte Am Weinberg wurden 1976 eröffnet. Das Haus eignet sich für Familienfeiern, Vereinssitzungen, als Kongresszentrum und Konzerthalle. Hausschlachtewurst, gutbürgerliche Küche sowie ein umfangreiches Fisch- und Wildangebot stehen auf der Speisekarte. Das Haus Am Weinberg ist Mitglied im Naturpark Fläming e. V.

Lindau

Die ehemalige Stadt Lindau mit knapp 1000 Einwohnern ist seit 2010 Ortsteil von Zerbst und liegt im Vorfläming. Sie gehört zum Naturpark Fläming und ist über die Landstraße von Zerbst nach Loburg zu erreichen.

Die Burg Lindau wurde 1179 erstmals schriftlich erwähnt, geht aber wohl auf eine Erbauungszeit im 9. und 10. Jahrhundert zurück. Reste der Burg, die auf einem in ein Sumpfgelände reichenden Sandsporn erbaut wurde, können heute als Ruine besichtigt werden. Erhalten sind der aus Ziegelsteinen aufgeführte Bergfried, der 1863 auf Drängen des Herzogs Leopold IV. Friedrich von Anhalt (1794–1871) wieder aufgebaut wurde, und die gleichfalls aus Ziegelmauerwerk bestehende Umfassungsmauer.

Auf dem Gelände der Vorburg konnten slawische Siedlungsreste aus dem 9. und 10. Jahrhundert nachgewiesen werden. Anlässlich der 825-Jahr-Feier wurde die Vorburg in der Art eines Amphitheaters für Veranstaltungen unterschiedlicher Art hergerichtet. Sie ist im Sommer der kulturelle Mittelpunkt des Ortes.

Gastronomie

Annes Bahnhofsgaststätte und Pension
Bahnhofstraße 5
39264 Zerbst OT Lindau
Tel.: (03 92 46) 71 63 oder
(01 73) 6 26 36 85
www.anne-lindau.de
Öffnungszeiten:
Mo–Fr 10.00–13.30 Uhr und ab 18.00 Uhr, Sa ab 18.00 Uhr

Ziegenhof Warnke
Alte Sorge 3
39264 Zerbst OT Lindau
Tel.: (03 92 46) 29 98 96
www.ziegenhof-warnke.de
täglich 11.00–17.00 Uhr

Schafmilchkäserei Jaare
Wiesenweg 1
39264 Zerbst OT Lindau
Tel.: (03 92 46) 65 99 27
www.jaare.eu

Die Burgruine Lindau geht auf eine slawische Gründung zurück. Sie ist heute Kulisse für zahlreiche kulturelle Veranstaltungen.

Loburg

Storchenhof Loburg
Chausseestraße 18
39279 Möckern OT Loburg
Tel.: (03 92 45) 25 16
www.storchenhof-loburg.de
Öffnungszeiten:
täglich 10.00–17.00 Uhr
Führungen nach Vereinbarung

Loburger Brennerei GmbH
Lindauer Straße
39279 Möckern OT Loburg
Tel.: (03 92 45) 22 44
www.brennerei-loburg.de

Das etwa 2200 Einwohner zählende Loburg ist heute Ortsteil der Stadt Möckern im Jerichower Land. Etwa im 6. Jahrhundert siedelten die Liutizen im germanenfreien ostelbischen Raum. Sie sind die Gründer der Loburg, einer ursprünglich slawischen Schutzburg. Ab 929, nach den Eroberungszügen Heinrichs I., wurde die Loburg mit einer ostfränkischen Besatzung versehen. Der Ort liegt an der Straße der Romanik.

Der Vorgängerbau der Kirche St. Laurentius stammt aus ottonischer Zeit, wurde aber während des Slawenaufstandes von 983 zerstört. 1212 war die romanische Nachfolgekirche fertig. Von ihr stammt der quereckige Unterbau des Kirchturms. Die Spitzbogenfenster in der Ostwand des Altarraums sind Zeugen gotischer Bautätigkeit. Durch den großen Umbau 1569 entstand eine im Äußeren beeindruckende Renaissancekirche. Aus jener Zeit stammen die drei Spitzen des Turms. Ab 1581 wurde das Kirchenschiff zu einem Saal umgebaut, der von einem hölzernen Tonnengewölbe abgeschlossen wird. Wertvollstes Ausstattungsstück der Kirche ist die restaurierte Orgel von Andreas Kahrling, das einzige noch erklingende Instrument des barocken Orgelbaumeisters.

Unser Lieben Frauen war ursprünglich die Kirche des wüsten Dorfes Ziemitz. Mit der Aufgabe des Dorfes verfiel die im 12. Jahrhundert errichtete dreischiffige Säulenbasilika. Die Ruine mit dem Mausoleum der Familie von Wulffen im Turm wurde nach 1990 bestandssichernd saniert und gehört zur Straße der Romanik.

Von der mittelalterlichen Burg sind nur noch der wieder begehbare Bergfried und ein tonnengewölbter Keller vorhanden. Die Kernburg wurde nach dem Dreißigjährigen Krieg zur Baumaterialgewinnung abgetragen. Die übrigen Gebäude auf dem Burghof stammen aus dem 18. und 19. Jahrhundert.

Die Vogelschutzwarte Storchenhof Loburg e. V. besteht seit 1979. Sie hat inzwischen überregionale mediale Präsenz.

Zu Führungen mit Erläuterungen der Produktionsverfahren lädt die seit 1990 existierende Schnapsbrennerei Loburg ein – natürlich auch zur Verkostung der Spezialitäten des Hauses: Loburger Storchenbiss, Loburger Laurentiustropfen oder Alter Loburger.

Die ursprünglich dreischiffige Basilika der Kirche Unser Lieben Frauen, eine Ruine, gehört heute als eine Station zur Tourismusroute Straße der Romanik.

Schloss Dornburg

Dornburg war ab 1818 eine kleine anhaltische Enklave im preußischen Jerichower Land. Heute ist es ein Ortsteil der Stadt Gommern. Der romantisch im Urstromtal der Elbe gelegene Ort, etwa sechs Kilometer entfernt von Dannigkow und Leitzkau liegt im Biosphärenreservat Mittelelbe.

Anhand archäologischer Funde konnte eine slawische Besiedlung im 8. Jahrhundert nachgewiesen werden. Erstmals wurde der Ort 1155 urkundlich erwähnt. Eine askanische Burg wird am Beginn des 12. Jahrhunderts vermutet, ab 1240 werden die Grafen von Arnstein als Burgherren genannt. Die Burg wurde etwa 1300 zerstört.

Die kleinere Nachfolgeburg gehörte den Askaniern, die sie als Lehen vergaben. Sie wurde 1436 erneut zerstört, blieb Ruine und wurde danach verkauft. 1674 schließlich kam Dornburg auf dem Wege der Erbfolge in den Besitz des Fürstentums Anhalt und wurde 1698 Residenz der Nebenlinie Anhalt-Dornburg. 1747 erhielt Fürstin Johanna Elisabeth von Anhalt-Zerbst (1712–1760) Dornburg als Witwensitz. Sie war die Mutter der anhaltischen Prinzessin, die als Zarin Katharina II. die Geschicke des russischen Reiches lange Zeit bestimmte. Mit dem Tod des kinderlosen Fürsten Friedrich August kam Dornburg bei der Aufteilung des ehemaligen Fürstentums Anhalt-Zerbst an Anhalt-Köthen.

1750 brannte das Dornburger Schloss. Ein Neubau war erforderlich. Zu den unwiederbringlichen Verlusten zählten u. a. etwa 300 Gemälde und die fürstliche Bibliothek. Die Fürstin Johanna Elisabeth, Witwe des Fürsten Christian August von Anhalt-Zerbst (1690–1747), königlich-preußischer Generalfeldmarschall, Festungskommandant, Gouverneur von Stettin und zugleich regierender Fürst von Anhalt-Zerbst, beauftragte den Generalbaumeister von Nassau-Saarbrücken, Friedrich Joachim Stengel (1694–1787), mit dem Wiederaufbau.

Der war gebürtiger Zerbster. Seit 1733 stand er als Hofarchitekt in Diensten des Fürsten Karl von Nassau-Usingen (1712–1775). Er leitete den Umbau des Schlosses in Usingen und den Weiterbau des Schlosses in Biebrich. Nach der Teilung des Fürstentums 1735 erhielt Karls Bruder Wilhelm Heinrich von Nassau-Usingen die linksrheinischen Gebiete, darunter das Fürstentum Nassau-Saarbrücken. 1738 begann Stengel mit dem Bau des Saarbrücker Schlosses. 1740 zog er mit seiner Familie dorthin und baute die Stadt als Residenzstadt aus. Ab 1751 hielt er sich wegen der Arbeiten in Dornburg mehrfach in Zerbst auf. Unter seiner Leitung entstand im kleinen, ländlichen Ort einer der beeindruckendsten baro-

Stengel-Gesellschaft Dornburg (Elbe) e. V.

Am Theuberg 1b
39264 Gommern OT Dornburg
Tel.: (03 92 42) 4 23
www.stefan-schueler.de
Zweck des Vereins ist es, das Andenken an den in Zerbst geborenen Barockbaumeister Friedrich Joachim Stengel zu pflegen und dazu beizutragen, dass die in Dornburg entstandenen Bauten möglichst originaltreu erhalten bleiben und sinnvoll genutzt werden. Wer Schloss und Gärten besichtigen will, kann sich beim Verein telefonisch oder schriftlich melden.

cken dreiflügligen Schlossbauten im heutigen Sachsen-Anhalt.

Bereits 1758 aber war es mit der Dornburger Herrlichkeit vorbei. Die Fürstin Johanna Elisabeth empfing den Marquis de Fraigne und mit ihm einen Vertreter eines der Länder, mit denen Preußen Krieg führte. Er hatte die Aufgabe, die preußische Festung Magdeburg auszuspionieren. Friedrich verlangte die Herausgabe des Franzosen. Die Fürstin wie auch ihr Sohn, der regierende Fürst Friedrich August von Anhalt-Zerbst, verweigerten das. Diese Verletzung der Neutralitätspflicht Anhalts wollte Friedrich nicht hinnehmen. Mutter und Sohn verließen 1758 fluchtartig das Land. Sie starb zwei Jahre später in Paris. Friedrich August blieb Fürst, betrat aber bis zu seinem Tod 1793 in Luxemburg sein Land nicht mehr. Mit ihm erlosch die Anhalt-Zerbster Linie.

Die SA nutzte ab 1932 einen Teil des Schlosses als Sportschule zur körperlichen Ertüchtigung ihrer Mitglieder. Vom Frühjahr bis zum August 1933 war es Anstalt für politische Häftlinge. SA und SS missbrauchten die Keller für Folterungen. Bis 1935 wurde das Schloss dann von der Reichswehr genutzt. Von März bis April 1945 diente es als Außenlager des KZ Buchenwald. Nach 1945 hatte es bereits auf der Abrissliste der Sowjetischen Militäradministration gestanden, wurde aber 1967 als Magazin für das Anhaltische Staatsarchiv einer Renovierung unterzogen.

Seit der Wiedervereinigung nutzt das Landesamt für Archäologie das Schloss als Landesfunddepot. Aufwendige Sanierungsarbeiten seit dem Jahr 2000 machten aus dem Schloss wieder ein Juwel barocker Baukunst.

Die Kirche Dornburg wurde zwischen 1755 und 1758 erbaut, vermutlich auch nach Plänen des Generalbaumeisters Stengel. Der schlichte barocke Bau hat den Kirchturm ungewöhnlicherweise auf der Ostseite. Das in fünf Fensterachsen gegliederte Kirchenschiff wird im Innenraum von einem Spiegelgewölbe abgeschlossen. Der seinerzeit moderne Kirchenbau ist wohl vom damals bekannten Architekturtheoretiker Leonhard Christoph Sturm (1669–1719) beeinflusst, der in Entwürfen das ideale Verhältnis zwischen Gemeinde, Fürstenloge und Predigtstuhl für protestantische Kirchenbauten beschrieb.

Der Lutherweg in Sachsen-Anhalt

Der Lutherweg durch Sachsen-Anhalt, der nach Thüringen und Sachsen erweitert wird, führt über 410 Kilometer und 40 Stationen auf den Spuren des großen Reformators von Lutherstadt Wittenberg, dem Hauptort seines Lebens, über seinen Geburts- und Sterbeort Eisleben, beides UNESCO-Welterbestätten, zum Haus seiner Eltern und seiner Kindheit in Mansfeld. Vom Pilgern als „gutes Werk" hielt der Reformator nichts. Mit einem Bildungsweg auf den Spuren der Reformation, deren Sinn und Geschichte man sich so erlaufen kann, hätte er sich vermutlich anfreunden können.

Von Westen nach Osten führt der Lutherweg innerhalb der anhaltischen Lande zunächst nach Bernburg und dort zur St.-Marien-Kirche. Die 1228 erstmals erwähnte gotische Kirche, Station 23 auf dem Lutherpfad, erlebte 1526 die Einführung der Reformation in Anhalt durch den Lutherfreund und -förderer Fürst Wolfgang zu Anhalt. Als Nächstes gelangt der Bildungswanderer zum Bernburger Schloss, der Station 22. Das Museum dort besitzt eine der ältesten und wertvollsten Ausgaben der Werke Luthers sowie Originalreliefs protestantischer Fürsten.

Es folgen die Station 21, die Wohlsdorfer Kirche, Station 20, die Köthener Bachgedenkstätte, die St.-Jakobs-Kirche in Köthen als Station 19, in der unter dem Fürsten Wolfgang von Anhalt bereits 1533 lutherische Gottesdienste gefeiert wurden. Weil der Reformator verschiedentlich auf den Sachsenspiegel zu sprechen kam, gehört als Station Nr. 18 das Museum Sachsenspiegel in Reppichau zum Lutherpfad, Nr. 17 ist die Radfahrerkirche St. Nicolai in Steckby, Station Nr. 16 die St.-Bartholomäi-Kirche in Zerbst, der ersten lutherischen Stadt nach Wittenberg. Die Kirchen St. Nicolai und Trinitatis stellen die Station 15, das Gymnasium Francisceum im ehemaligen Franziskanerkloster die 14. Station in Zerbst dar. Das Gymnasium wurde auf Anregung Martin Luthers nach dessen Zerbster Predigten begründet.

Die St.-Marien-Kirche im Rosslauer Teil der Doppelstadt Dessau-Roßlau ist die 13. Station. Eine fast vollständige Sammlung der Schriften der Reformationszeit, das von Herzog Georg erworbene vollständige Manuskript der Luther'schen Übersetzungen des Alten Testamentes sowie die ebenfalls von ihm für die Bibliothek erworbenen mehreren hundert Lutherbriefe sind der Schatz des Palais Dietrich, das heute die Wissenschaftliche Bibliothek der Anhaltischen Landesbücherei, die Station 12, in Dessau-Roßlau enthält. Im Dessauer Teil der Doppelstadt finden sich auch die Stationen 9 bis 11, das Georgium mit einem reichen Bestand von Wer-

Lutherweg-Gesellschaft e. V.

Evangelische Landeskirche Anhalts
Dorfstraße 6
39246 Zerbst OT Garitz
Tel.: (03 92 48) 73 00
Regionaler Tourismusverband
„TourismusRegion
Wittenberg e. V."
Neustraße 13
06886 Lutherstadt Wittenberg
Tel.: (0 34 91) 40 26 10
www.lutherweg.de

ken aus der Werkstatt der Wittenberger Maler Lucas Cranach d. Ä. und d. J., die St.-Johannis-Kirche sowie der Renaissance-Flügel des ehemaligen Residenzschlosses, der Johannbau. Fürst Georg III. von Anhalt-Dessau zählte zu den engeren Freunden Luthers und Melanchthons und zu den Förderern der Reformation in Anhalt. Die 8. Station ist wieder UNESCO-Weltkulturerbe, nämlich das Dessau-Wörlitzer Gartenreich. Station 7 ist die Wörlitzer St.-Petri-Kirche am Wörlitzer Park, die ein ökumenisches Bibelzentrum, den sogenannten Bibelturm, vorzeigen kann. Mit der St.-Nicolai-Kirche in Coswig als Station Nr. 6 auf dem Lutherweg sind alle Stationen des Lutherweges in Anhalt erfasst.

„Ultreia, Ultreia, et Suseia, Deus, adjuva nos!", so heißt der alte Pilgergruß. Er bedeutet: „Vorwärts, immer weiter und aufwärts! Gott helfe uns auf unserem Weg." Mit der Ermunterung „Ultreia!" begrüßt man sich heute noch auf dem Jakobsweg nach Santiago de Compostela. Seit beinah zehn Jahrhunderten sind Menschen auf ihm unterwegs. Zwei Stationen des Weges, dessen Wegzeichen die stilisierte Muschel ist, liegen in Anhalt: die Stiftskirche St. Cyriakus in Gernrode und die katholische St.-Elisabeth-Kirche in Ballenstedt. Diese 1933 geweihte Kirche wurde im Bauhausstil errichtet.

Zu den spirituellen Reiseangeboten gehört „Mit dem Fahrrad auf Luthers Spuren".
Tel.: (0 34 91) 40 26 10
Infotelefon: (0 18 05) 37 20 00

St. Jakobus Gesellschaft Sachsen-Anhalt e. V.
Kirchplatz 3
06333 Hettstedt
Tel.: (0 34 76) 81 24 10

St. Jakobus Gesellschaft Sachsen-Anhalt e. V.
Neustädter Straße 4
39104 Magdeburg
www.jakobusweg-sachsen-anhalt.de

Philipp Melanchthon, nicht nur den Wissenschaften, sondern auch den Künsten zugewandt, vergleicht in seiner „Rhetorik“ 1531 die drei nach seiner Meinung bedeutendsten Maler seiner Zeit. Er benennt damit als Erster, was zu erkennen eigentlich erst späteren Generationen vorbehalten gewesen wäre: Dürer, Cranach und Matthias. Grünewald nannte er nur mit Vornamen.

Lucas Cranach d. Ä. (um 1475–1553) gehörte als Freund Luthers und Melanchthons in den engeren Kreis derer, die die Reformation initiierten. 1505 trat er als Lucas Maler von Cranach – gemeint ist der Ort Kronach in Franken – in den Dienst des sächsischen Kurfürsten Friedrich der Weise. Der Maler, Unternehmer und Politiker steht einer berühmten Malerwerkstatt vor, die später sein gleichnamiger Sohn (1515–1586) übernahm, betrieb in Wittenberg eine Apotheke, einen Weinausschank und arbeitete als Buch- und Papierhändler sowie als Verleger. Von 1537 bis 1544 wirkte er wiederholt als Bürgermeister. Cranachs eigentliche Leistung ist aber die eines „Malers der Reformation“, die er mit wirkmächtigen Bildern den Leuten näher gebracht hat. Auch in Anhalt hinterließ er seine Spuren.

In der gotischen Stephanikirche (Bauzeit 1406–1507) in Aschersleben stehen zwei bedeutende Seitenaltäre aus der Cranach-Werkstatt, die beide etwa 1520 gemalt wurden. Es handelt sich um einen Marien- und einen Annenaltar. In der Mitte des 16. Jahrhunderts entstand das Lehrbild „Gesetz und Gnade“. Es war dazu bestimmt, den Betrachtern den Inhalt der Luther'schen Lehre vor Augen zu führen. Das Lehrbild in Aschersleben schuf ein Schüler Cranachs nach dessen Vorlage.

Die Stadtkirche St. Nikolai in Coswig besitzt Epitaphien aus der Werkstatt Lucas Cranachs d. J.

In der Anhaltischen Gemäldegalerie im Schloss Georgium in Dessau steht einer der schönsten der von Lucas Cranach d. Ä. geschaffenen Altäre: der sogenannte Fürstenaltar. Auf dem Altarbild sieht man die Muttergottes mit der heiligen Katharina und der heiligen Barbara, die verehrt wurden vom Kurfürsten Friedrich der Weise (1463–1525) und seinem Bruder und Nachfolger Johann der Beständige (1468–1532).

In der evangelischen Johanniskirche Dessau hängen seit 1992 drei restaurierte Cranachgemälde, die aus der zerstörten Marienkirche stammen: Jesus im Garten Gethsemane (Lucas Cranach d. J., 1561), das Dessauer Abendmahl (Lucas Cranach d. J., 1565) mit den Darstellungen der wichtigsten Reformatoren um Luther und verschiedener Mitglieder des

Fürstenhauses Anhalt und Kreuzigung (Lucas Cranach d. Ä., 1523).

In der Stadtkirche St. Johann Baptist in Hoym ist das Epitaphgemälde für Hans von Thal zu sehen. Dieses mit DR signierte Gemälde für einen Hoymer Bürger, der zwischen seinem Heimatort und Quedlinburg Opfer eines Raubüberfalls geworden war, stammt aus der Cranach-Schule.

In der von 1242 bis 1280 erbauten Schlosskirche von Nienburg befindet sich ein Gemäldeepitaph für den Fürsten Joachim Ernst von Anhalt und seine Gattin Agnes von Barby. Das Epitaph zeigt die Kreuzigungsszene. Das 1570 entstandene Werk wird Lucas Cranach d. J. zugerechnet. Es gibt in der Kirche auch ein Gedächtnisbild für Fürst Georg III. von Anhalt. Dieses ist eine Kopie nach dem Bilde Georgs in der Dessauer Johanniskirche, wo er auf „Jesus im Garten Gethsemane“ zu entdecken ist.

1773 ließ Fürst Franz im Wörlitzer Park das Gotische Haus erbauen. Hier wohnte der Fürst mit seiner Zweitfrau Leopoldine Luise, geborene Schoch. Zur Kunstsammlung im Hause gehören auch einige wichtige Gemälde Lucas Cranachs d. Ä., darunter zwei Flügel eines Marienaltars von 1510/12 sowie eine gute Kopie des Dresdner Katharinenaltars.

1568 ist das Gemälde „Taufe Christi“ von Lucas Cranach d. J. signiert, das in der Kirche St. Bartholomäi in Zerbst hängt. Der Betrachter sieht es an der Chornordwand.

Im Heimatmuseum Zerbst gibt es eine Cranach-Bibel von 1541. Diese umfasst drei Bände. Die illuminierten Holzschnitte wurden in der Cranach-Werkstatt hergestellt. In der Ausstellung des Museums liegt ein Faksimile-Druck der Apokalypse. Das Original wird nur zu besonderen Anlässen gezeigt.

Als Schenkung des Deutschen Ordens erhielt die Kliekener Kreuzkirche von der Ordenskomturei Buro 1697 einen kunstvollen Altar. Der Altarschrein zeigt eine Holzschnitzarbeit aus der Zeit um 1500. Man sieht Maria mit Jesus als Kind, rechts Christophorus und links Genofeva. Die beiden Altarflügel zeigen Bilder, die Lucas Cranach d. Ä. malte. Die Altarflügel wurden 1980 aus der Kirche entwendet und tauchten 2007 in Bamberg wieder auf.

ANHALTS ZIERDEN. ANHALT-DESSAU

Er führte in der preußischen Armee den eisernen Ladestock und den Gleichschritt ein, damit man beim Vorrücken das Gewehr laden konnte. Er weckte Magdeburg aus seiner Lethargie und machte daraus die stärkste preußische Festung, eine blühende Stadt mit dem barocken Domplatz als Exerzierplatz. Er verheizte ohne Skrupel Tausende Bauernsöhne auf dem Schlachtfeld, auch manchen adligen Offizier – und er heiratete eine Dessauer Apothekerstochter. Sollte sich Europas Adel ruhig die Mäuler zerreißen, es scherte ihn nicht.

Bereits als Kind hatte er sich nichts befehlen lassen, hatte eine beinahe antiautoritäre Erziehung genossen, wenn es den Begriff damals schon gegeben hätte. Ausgerechnet er wurde alsbald in Deutschland eine Legende und trug den Namen seiner Stadt weit nach Europa: der Alte Dessauer, Fürst Leopold I. von Anhalt-Dessau, anhaltischer Landesherr und preußischer Generalfeldmarschall.

Sein Enkel, Leopold III. Friedrich Franz, späterer Herzog von Anhalt-Dessau, machte sich bei Friedrich dem Großen unbeliebt, weil er diesem nach der Schlacht von Kolin als Achtzehnjähriger die Gefolgschaft kündigte. Napoleon bewunderte ihn, weil er als absolutistischer Herrscher in seinem Denken und im großen Projekt seines Gartenreiches nicht nur ein Vertreter der Aufklärung war, sondern ihr in den Wörlitzer Anlagen auch ein Gesicht gab. Heute heißt seine von ihm geschaffene Verbindung des Schönen mit dem Nützlichen „Gartenreich Dessau-Wörlitz", ist UNESCO-Welterbe und trägt erneut den Namen der Stadt hinaus in alle Welt.

Als die Nazis die Bauhäusler um Walter Gropius aus Weimar vertrieben, breitete Dessaus Oberbürgermeister Fritz Hesse die Arme weit aus. Er wollte eine moderne Industrie- und Bildungsstadt aus Dessau machen. Nun gehört der Name „Bauhaus Dessau" ebenfalls zum UNESCO-Welterbe und ist von New York bis Shanghai ein Begriff.

Doch gibt es viel mehr zu erzählen über Dessau. Beispielsweise, dass die berühmte „Tante Ju", das ursprünglich für den Passagierverkehr gebaute Ganzmetallflugzeug JU 52, von hier kam. Oder dass ein Herr Friedrich Leopold Christoph Lutzmann einen Motor baute, dessentwegen die Gebrüder Opel seinen ganzen Betrieb kauften. Oder dass Kurt Weill, der über den Haifisch, der Zähne hat, einen Ohrwurm schrieb, der musikalisch hochbegabte Sohn des Kantors der jüdischen Gemeinde Albert Weill (1867–1950), später den Broadway eroberte. Diese Geschichten haben alle mit Dessau in Anhalt zu tun.

Das Fürstentum bestand seit 1212, das Herzogtum seit 1807. Zum Freistaat wurde Anhalt 1918. Von 1947 bis 1952 wurde das anhaltische Gebiet Teil des Landes Sachsen-Anhalt, das 1990 wieder erstand. Nach der Verwaltungsreform in der DDR hatten die anhaltischen Ländereien zu den Bezirken Halle und Magdeburg gehört. Das Territorium des Fürstentums Anhalt-Dessau unterlag je nach Teilung des Landes früher ebenfalls einer ständigen Veränderung. So war es 1396 neben den Fürstentümern Anhalt-Zerbst und Anhalt-Köthen durch Erbteilung entstanden. 1474 folgte die Erbteilung in Anhalt-Dessau und Anhalt-Köthen. 1544 entstanden drei anhaltische Fürstentümer: Anhalt-Plötzkau, Anhalt-Dessau und Anhalt-Zerbst.

1570 konnte Fürst Joachim Ernst die anhaltischen Lande wieder zusammenführen. Nach dem Erbteilungsvertrag seiner Söhne wurde 1606 Anhalt erneut aufgeteilt in Anhalt-Dessau, Anhalt-Bernburg, Anhalt-Köthen und Anhalt-Zerbst sowie 1611 durch eine Ausgliederung des Amtes Plötzkau in das Fürstentum Anhalt-Plötzkau. 1793 erlosch die Anhalt-Zerbster, 1847 die Köthener, 1863 die Bernburger Linie im Mannesstamm, sodass im selben Jahr die anhaltischen Länder noch einmal im Herzogtum Anhalt zusammengeführt werden können.

Dessau wurde Hauptstadt und das Herzogtum trat 1866 dem Norddeutschen Bund und 1871 dem Deutschen Reich bei. Neben dem Fürsten und Pfarrer Georg III., dem Gottseli-

Der von Ludwig Binder entworfene und unter Fürst Johann IV. von Anhalt erbaute Johannbau ist der erhaltene Westflügel des einstigen Residenzschlosses der Fürsten und Herzöge von Anhalt-Dessau, das im Zweiten Weltkrieg zerstört wurde.

gen, gehören zu den großen Figuren Anhalt-Dessaus natürlich Fürst Wolfgang von Anhalt-Köthen, Fürst Joachim Ernst von Anhalt, Fürst Christian von Anhalt-Bernburg, Fürst Leopold I., der Alte Dessauer, Herzog Leopold III. Friedrich Franz und Katharina die Große, die russische Zarin aus der Zerbster Linie. Nicht vergessen werden sollte das tragische Schicksal des Herzogs Joachim Ernst von Anhalt (1901–1946), eigentlich letzter Herzog von Anhalt, der freilich 1918 die Herrschaft als Minderjähriger nicht mehr antreten konnte. Stattdessen hatte sein Onkel, Prinz Aribert von Anhalt (1864–1933), für ihn die Regentschaft übernommen und in den Novemberwirren des Jahres 1918 den Thronverzicht erklären müssen. Die Familie übersiedelte nach Ballenstedt, wo das Schloss im Familienbesitz geblieben war.

Der Herzog wurde 1944 von den Nationalsozialisten verhaftet und für drei Monate in das KZ Dachau verbracht. 1945 ließ ihn die sowjetische Militäradministratur verhaften und in das sowjetische Speziallager Nr. 2 in Buchenwald bei Weimar verbringen. Hier starb er, schwer erkrankt, im Jahr 1947. Seit 1963 ist sein Sohn, Prinz Eduard, Chef des Hauses Anhalt.

In Dessau grüßten der kleine Moses Mendelssohn und der junge Kurt Weill artig die Bürger. Hugo Junkers, Walter Gropius oder Lyonel Feininger sah man auch mal beim Spazierengehen. In Dessau dockte von Zeit zu Zeit der Weltgeist an. Was schwärmten Deutschlands Dichter vom Wörlitzer Gartenreich! Auf Napoleons Frage nach einem persönlichen Wunsch antwortete ihm der Landesvater, er brauche nichts für sich, aber für sein Volk bitte er darum, dass es glimpflich behandelt werde. Er wurde nach Paris zur Jagd eingeladen. „Vater Franz" zeigte Europa, dass man sein Ländle auch mit Geist beschützen kann.

Hugo Junkers kam vom Rhein an die Elbe, um hier seinen Traum zu verwirklichen und Ganzmetallflugzeuge für den privaten Luftverkehr zu bauen. Und mit Fritz Hesse (1881–1973) gab es in den 1920er Jahren einen Bürgermeister, der der Stadt ein internationales Flair zu geben vermochte. Er holte Walter Gropius (1883–1969), Lyonel Feininger (1871–1956), Ludwig Mies van der Rohe (1886–1969), Laszlo Moholy-Nagy (1885–1946), Paul Klee (1879–1945), Wassily Kandinsky (1866–1944) und weitere Bauhaus-Meister nach Dessau. Die wiederum hatten ein buntes Studentenvölkchen aus aller Welt im Schlepptau. Da bewegte sich eine kritische Masse, die die Welt von Dessau aus hätte bewegen können.

Den Dessauer Bürgern in tiefster mitteldeutscher Provinz aber war diese Weltoffenheit unheimlich. Die Quittung: Bei einer hohen Wahlbeteiligung von 93 Prozent erhielt bei den

Landtagswahlen in Anhalt im März 1933 die NSDAP 46,1 Prozent, 1932 – im Jahr der Vertreibung des Bauhauses aus Dessau – hatten bereits mehr als 40 Prozent der Dessauer zugunsten der Nazipartei votiert. Da waren sie, die Ängste der Gegner solcher Weltoffenheit. Jetzt fanden sie ein Ventil. Wer will sie ertragen, diese babylonische Sprachverwirrung in der mitteldeutschen Provinz? Dieses seltsame bunte Volk, die öffentlich Zigaretten rauchenden Frauen, die jeglichen provinziellen moralischen Ansprüchen zuwiderlebenden Studenten.

Wie hatte noch 1925 Oberbürgermeister Fritz Hesse gehofft, als er um das Bauhaus warb: „Für die Entwicklung der Stadt Dessau könnten sich aus dieser Situation Möglichkeiten ergeben, wie sie sich ihr kaum je wieder bieten würden. Die kulturelle Blüteperiode der Residenzstadt Dessau war vor mehr als hundert Jahren mit dem Tode des Fürsten Franz zu Ende gegangen. Nur auf dem Gebiet des Theaters wurde unter den Nachfolgern des Fürsten durch die besondere Pflege der Oper die Tradition als Verpflichtung empfunden. Wenn man dem Bauhaus in den Mauern von Dessau Asyl und Arbeitsmöglichkeiten böte, könnte man dann nicht auch Stimmen anderer Künste wieder zum Klingen bringen?"

Die Idee Hesses stieß ebenso auf freudige Zustimmung wie auf heftige Ablehnung. Nach Gesprächen in Weimar, einer Exkursion des gesamten Dessauer Stadtrates mit Vertretern der anhaltischen Ministerien, von Industrie, Handwerk und Presse nach Weimar kam es am 23. März 1925 zu heftigen Diskussionen in der Dessauer Bevölkerung und schließlich zur Abstimmung im Stadtrat: 26 Stimmen pro, 15 Stimmen kontra Bauhaus.

Das Bauhaus war kein Institut mit einem festen Programm. Es war eine Idee. Gropius selbst hat diese mit großer Präzision formuliert: „Kunst und Technik – eine neue Einheit!" War Dessau also ein Irrtum? Fritz Hesse erinnerte sich: „In einem Brief vom Mai 1953 schrieb mir der siebzigjährige, in Chicago lebende Gropius darüber: ‚Wenn man zurückblickt in die Zeit des Bauhauses, kann man es kaum begreifen, dass trotz der sich auftürmenden Schwierigkeiten so viel Wirkung von ihm ausgegangen ist. In Deutschland lebend, können Sie sich kaum vorstellen, wie weltbekannt das Bauhaus geworden ist, hauptsächlich in den USA und England. In beiden Ländern sind die Systeme der Kunst- und Architekturschule nach der Bauhaus-Lehre ausgerichtet, und im öffentlichen Staatsexamen der Architekten ist die Frage ‚Was ist das Bauhaus?' obligatorisch in der Prüfung. Es war also doch der Mühe wert, obwohl weder Sie noch ich vorher gewusst haben, wie hoch und zahlreich die zu überwindenden Schwierigkeiten sein würden.'"

Fritz Hesse wurde für sein Engagement in Bezug auf das Bauhaus von den Nazis in „Schutzhaft" genommen, wurde 1945 von den Amerikanern wieder als Bürgermeister eingesetzt und 1946 von der russischen Besatzungsmacht zum Rücktritt gezwungen. Von 1952 bis zu seinem Tod 1973 lebte er in Bad Pyrmont.

Die Stadt Dessau ist seit 2007 mit der Stadt Roßlau verbunden und liegt zwischen Elbe und Mulde in einer der ursprünglichsten und schönsten Auenlandschaften hierzulande. Jeder Radfahrer auf Deutschlands belebtestem und beliebtestem Radweg, dem Elberadweg, kann das bestätigen. Große Teile dieser Auenlandschaft gehören zum UNESCO-Biosphärenreservat Mittelelbe, zu dem auch weite Teile der Parklandschaften des Gartenreiches Dessau-Wörlitz zählen. Dessau-Roßlau ist das Oberzentrum der Region und damit auch Sitz einer Reihe von Behörden und Institutionen. Auch das Umweltbundesamt hat hier seinen Sitz.

Dessaus erstmalige Erwähnung findet sich in einer Urkunde von 1213. Die Namen der Stadtteile Kühnau und Sollnitz lassen freilich auf eine frühere slawische Besiedelung schließen. Ab 1471 wurde die Stadt Residenz der Askanier. Wenig blieb aus Dessaus früher Zeit erhalten. Auf das 16. Jahrhundert gehen lediglich der Renaissancebau des Johannbaus (errichtet 1530/34), bis zur Zerstörung Dessaus 1945 der westliche Flügel des Stadtschlosses und die Marienkirche am Markt zurück.

Im 17. Jahrhundert blühten Stadt und Land nach den Wirrungen und Zerstörungen des Dreißigjährigen Krieges wirtschaftlich und kulturell wieder auf, nicht zuletzt durch die Heirat des Fürsten Johann Georg II. (1627–1693) mit der Oranier-Prinzessin Henriette Catharina von Nassau-Oranien (1637–1708). Mit der „oranischen Erbschaft" kam auch der Grundstock der heutigen Anhaltischen Gemäldegalerie ins Land mit einer beachtlichen Sammlung niederländischer und flämischer Malerei, mit Bildern von Brueghel, Rubens, van Dyck und anderen.

Unter der strengen, aber auch durchaus bürgernahen, auf Sparsamkeit und Effizienz ausgelegten Herrschaft Fürst Leopolds I., des legendären „Alten Dessauers", blühte die Residenz auf. Leopold ließ eine Reihe landwirtschaftlicher Güter und Domänen anlegen und schuf früh die wirtschaftliche Grundlage für das spätere Reformwerk seines Enkels, des Fürsten Leopold III. Friedrich Franz.

Unter „Vater Franz" wurde Dessau zu einem „Mekka der Aufklärung". Es kamen sowohl die Fürsten Deutschlands als auch die Dichter, um diese Parklandschaft, in der die Aufklärung Gestalt gewonnen hatte und in der sich in den Erdmannsdorff'schen Schlössern ein neuer Lebensstil niederschlug, in Augenschein zu nehmen. Diese Schlösser brachen radikal mit der Tradition. Es waren nicht nur die ersten klassizistischen Bauten in Deutschland, das Luisium war noch dazu der wohl schönste Bau überhaupt. Vor allem reizte der Umstand, dass diese Schlösser keine Schlösser mehr zu sein schienen, sondern eher mit vorzüglichem Geschmack, aber ohne Pomp gebaute englische Landhäuser.

Johann Bernhard Basedow (1724–1790), Theologe, Pädagoge, Schriftsteller und Philanthrop, stellte sich in Dessau die Aufgabe, das deutsche Schulwesen zu reformieren. Immerhin kann das 1774 gegründete Dessauer Philanthropinum als der früheste Versuch gelten, eine staatliche, an Naturwissenschaften und praktischem Leben orientierte Schule zu schaffen. Hier wurde der Turnunterricht als Unterrichtsfach erstmals eingeführt. Basedow verließ allerdings bereits 1776 die Schule, weil er die von ihm geplanten Reformen nicht durchgesetzt sah, regierte freilich auch nach seinem Weggang noch weiter hinein.

Im 19. Jahrhundert erlebte die Stadt durch die Industrialisierung ihren wirtschaftlichen Aufschwung. Firmen aus der Gasindustrie, der Chemie oder dem Maschinenbau siedelten sich an. Die Wärmetechnik und die Flugzeugindustrie kamen mit Hugo Junkers. Im Gefolge dieser Ansiedlungspolitik wuchs Dessau und es entstanden städtebaulich revolutionäre Siedlungen wie die Bauhaus-Siedlung Dessau-Törten. Unter den Nazis wurden die Junkerswerke enteignet, verstaatlicht und zu Rüstungszwecken genutzt. Den alliierten Bombardements fielen 84 Prozent der Innenstadt zum Opfer.

In der zweiten Hälfte des 20. Jahrhunderts wuchs Dessau zu einem großindustriellen Zentrum der DDR. Die nachziehende Bevölkerung richtete sich in modernen Plattenbauten ein. Erst nach der Wiedervereinigung konnte die Stadt ihre noch vorhandenen historischen Gebäude restaurieren, attraktive Erlebnisbereiche schaffen und miteinander verbinden. Die Meisterhäuser konnten nach und nach einer musealen Bestimmung zugeführt werden. Dessau ist Modellstadt des Projektes „Städte der Zukunft“ des Bundesamtes für Bauwesen und Raumordnung. Mit der Hochschule Anhalt ist Dessau auch wieder Hochschulstadt geworden.

Der größte Teil der ca. 77 000 Einwohner der früheren Stadt Dessau ist konfessionslos. Neben den evangelischen, katholischen und freikirchlichen Gemeinden gibt es in Dessau heute wieder eine jüdische Gemeinde mit etwa 350 Mitgliedern.

Roßlau

Gottfried Bandhauer, der große spätklassizistische Baumeister Köthens, stammt aus Roßlau und starb hier im Jahr 1837. Auf seinen Spuren kann man in Roßlau eine Reihe von Gebäuden sehen. Das 1826 errichtete Brauhaus gehört zu den interessantesten seiner Bauten, die Pylonen auf dem Alten Friedhof, die er 1822/23 errichten ließ, kennzeichnen seit 2002 seine nunmehrige Ruhestätte.

Zwischen 1993 und 1996 entstand im Ortsteil Meinsdorf nach Plänen deutscher, niederländischer, österreichischer, ungarischer, finnischer und französischer Architekten das Europadorf, das zu Einblicken in zeitgemäßes Bauen verhilft. Da verwundert es nicht, dass die Elbestadt seit 1998 Modellstadt im Landesprojekt „Ökologische Stadt – Umweltgerechter Verkehr" ist.

Roßlau wurde 1215 erstmals unter dem Namen Rozelowe erwähnt und gehörte als Lehen zum Reichsstift Quedlinburg. Es erhielt schließlich 1603 Stadtrecht. 1583 baute man von Roßlau aus eine erste Brücke über die Elbe. Das brachte der Stadt wirtschaftlichen Erfolg, aber auch mancherlei Unbill durch heranziehendes Kriegsvolk. So verteidigte der Gene-

Schiffbaumuseum Roßlau
Clara-Zetkin-Straße 30c
06862 Dessau-Roßlau
Tel.: (03 49 01) 8 48 24
Öffnungszeiten:
Di 10.00–12.00 Uhr
und 14.00–18.00 Uhr
Jeden 3. Sonntag im Monat
13.00–17.00 Uhr

Roßlau liegt an der Elbe. Bis zum 30. Juni 2007 war die Stadt eigenständig. Dann fusionierte sie nach dem Kommunalneugliederungsgesetz mit der Stadt Dessau zur Stadt Dessau-Roßlau.

Wasserburg Roßlau
Am Schlossgarten 18b
06862 Dessau-Roßlau
Förderverein „Burg Rosslau" e. V.
Tel.: (03 49 01) 8 54 41

ralissimus der katholischen Liga, Wallenstein, 1626 die Brücke gegen die Truppen des Grafen Mansfeld.

Roßlau erlebte drei große Feuersbrünste im 17. und 18. Jahrhundert. Aus diesem Grund gibt es wenig historische Bausubstanz in der Stadt. Einzig die Wasserburg, die als Witwensitz der anhaltischen Fürsten diente, kann auf ein Alter von mehr als tausend Jahren zurückblicken.

Die Elbe war natürlich immer auch ein Ort der Schifffahrt. Seit 1439 kann man Schiffsumschlag in der Elbestadt nachweisen. Um die vorige Jahrhundertwende lebte in Roßlau jede dritte Familie von der Schifffahrt. Um 1900 stand hier gar die größte Binnenwerft Europas, die Firma Sachsenberg. Die Elbe spielt auch heute noch eine große Rolle. Immerhin werden im 1936/38 gebauten und 1992 wieder eröffneten Industriehafen jährlich 300 000 Tonnen Industriegüter umgeschlagen.

Große Höhenunterschiede sind in den Elbauen nicht zu überwinden, dafür ist viel Natur zu bewundern bei gut ausgebauter Infrastruktur. Gleich drei UNESCO-Welterbestätten (Bauhaus und Meisterhäuser, Gartenreich Dessau-Wörlitz und Lutherstätten in der Lutherstadt Wittenberg) sowie das UNESCO-Biosphärenreservat Mittelelbe sind auf dem Elberadweg oder auch der Gartenreichtour Fürst Franz mit dem Fahrrad zu erkunden. Weitere Rad- und Wanderwege führen durch die Region: Europaradweg R1, Muldetal-Radweg, Bauhaustour, Rundtour Dessau-Roßlau und Lutherweg.

Funde aus dem 9. bis 13. Jahrhundert belegen eine durchgehende Besiedlung des Burgareals. 1358 wurde die Burg Roßlau erstmals schriftlich erwähnt. Der Burgverein sorgt durch Baumaßnahmen, eine Reihe von Initiativen und die überregional bekannte kulturelle Nutzung der Burg für deren Erhalt.

Das Exzenterschaufelrad auf dem Luchplatz in Dessau-Roßlau wurde vom Roßlauer Schifferverein 1847 e. V. geborgen und 1998 als Denkmal aufgestellt.

Die Wasserburg Roßlau stammt aus dem 12. Jahrhundert. Sie wurde auf Resten einer slawischen Vorgängerburg erbaut. Ursprünglich beschränkte sie sich auf einen Wohnturm, wurde aber bald und bis zum 16. Jahrhundert ausgebaut. 1836/38 wurde sie im Stil der Romantik und Neugotik umgestaltet. Die Burg und das sie umgebende Areal sind denkmalgeschützt. Zu den Veranstaltungen auf dem Burghof zählt der Mittelaltermarkt.

Das Schiffbaumuseum Roßlau vermittelt einen Eindruck von der Bedeutung der Elbe für die Stadt. In den achtziger Jahren des 19. Jahrhunderts revolutionierte die Erfindung des geteilten Schaufelrades mit Exzentersteuer, des sogenannten Roßlauer Schaufelrades, den Schiffbau. Auf mehr als 300 m² Ausstellungsfläche zeigt das Museum Exponate zum Schiffbau und zur Schifffahrt.

Das Dorf Streetz ist heute ein Ortsteil der Stadt Dessau-Roßlau. Der Ortsname entstammt dem Slawischen. Seine Ersterwähnung ist in einer Urkunde von 1363 aufgezeichnet. Die Weihe der spätromanischen Feldsteinkirche Streetz hat vor 1400 stattgefunden. Das Schiff wurde rechteckig angelegt, eingezogen sind der ebenfalls rechteckige Chor und die Apsis. Die Bronzeglocke stammt aus dem 12. Jahrhundert, die Innenausstattung im Wesentlichen aus der Zeit der Renovierung von 1805.

Auch Neeken ist heute ein Ortsteil von Dessau-Roßlau. Das Dorf gehörte zur Herrschaft der Familie von Davier und wurde im Dreißigjährigen Krieg schwer in Mitleidenschaft gezogen. Die romanische Dorfkirche stammt aus dem 13. Jahrhundert und hat durch Umbauten und Neugestaltungen ein frühbarockes Gepräge erhalten. Die Kirche ist ein langgestreckter, rechteckiger, flachgedeckter Saalbau aus Feldsteinen. Die leicht eingerückte Chorostwand wurde im

Chartercenter „MS Lutherstadt Wittenberg“

Schlossstraße 16
06886 Lutherstadt Wittenberg
Tel.: (0 34 91) 7 69 04 33
www.ms-wittenberg.de
Öffnungszeiten:
Di–Fr 10.00–17.00 Uhr
oder nach Vereinbarung

Kanu- und Paddeltouren auf der Elbe ab Coswig (Anhalt) oder Dessau-Roßlau

Tel.: (03 49 01) 59 87 00
www.elbufercamp.de
oder
Tel.: (03 49 03) 5 92 60
www.feriendorf-elbe.de

Weitere Angebote am oder auf dem Wasser

www.blauesband.de
www.naturfreude-erleben.de

Die St. Marienkirche am Markt wurde 1316 erstmals erwähnt. Die etwa tausend Jahre alte Taufglocke der Kirche ist die älteste Glocke Anhalts.

Kirche Streetz

Tel.: (03 49 01) 8 75 31
Kirchgemeinde:
Tel.: (03 49 01) 94 93 32

Kirche Neeken

Tel.: (03 49 01) 6 71 38
Kirchgemeinde:
Tel.: (03 49 01) 94 93 32

Kirche Mühlstedt

Tel.: (03 49 01) 6 78 40
Kirchgemeinde:
Tel.: (03 49 01) 94 93 32

17. Jahrhundert in Fachwerk aufgeführt. Der westliche Teil der Kirche mit seinen hochliegenden Rundbogenfenstern verweist auf die romanische Herkunft des Gebäudes, der östliche Teil mit den großen Fenstern ahmt die barocke Saalarchitektur nach. Sehenswert sind auch die Epitaphe der Familie von Davier. Die barocke Innenausstattung lässt auf ein hohes Repräsentationsbedürfnis der Patronatsfamilie schließen. Die Bronzeglocke stammt aus der ersten Hälfte des 14. Jahrhunderts.

Die früheste Erwähnung des Ortsteils Mühlstedt stammt aus einem Vertrag aus dem Jahr 1282 zwischen den Herren von Roßlau und dem Nonnenkloster Zerbst über den Verkauf des Dorfes Molenstede. Die spätromanische Feldsteinkirche von Mühlstedt hat einen quadratischen Westturm mit eingezogenem Altarhaus ohne Apsis. Der Turm erhielt 1892/93 seinen das Dorfbild prägenden Helm. Die letzte Instandsetzung der Kirche fand 1997 statt. Eine Bronzeglocke stammt vermutlich aus dem 13. Jahrhundert. Auf dem Grundstück des Pfarrhauses befindet sich der alte Taufstein der Kirche. Die Kirchweihe fand um 1280 statt.

Marktplatz mit Rathaus in Roßlau

Von 1925 bis 1932 wirkte das Bauhaus – bis 1928 unter der Leitung von Walter Gropius, danach unter Hannes Meyer und schließlich unter Ludwig Mies van der Rohe von Dessau aus. Paul Klee, Wassily Kandinsky, Lyonel Feininger, Oskar Schlemmer, Lászlo Moholy-Nagy, Marcel Breuer und Johannes Itten arbeiteten neben anderen hier. Sie schufen unter der Maxime, Kunst und Technik als Einheit zu sehen, eine moderne Industriekultur und zeitgemäße, in höchstem Maße funktionale Arbeiten. Eine Ironie der Geschichte ist es, wie die von den Nazis betriebene Schließung des Bauhauses den Bauhäuslern die künftige weltweite Bedeutung ihrer Gedanken eröffnete.

In Dessau gibt es eine Reihe Bauten, die auf das Wirken des Bauhauses zurückgehen, so das Alte Arbeitsamt, das Kornhaus, die Siedlung Törten und nicht zuletzt die von Gropius entworfenen Meisterhäuser. Das Bauhausgebäude ist heute Sitz der Stiftung Bauhaus Dessau, ebenso ein Ort der Erinnerung und Präsentation des ehemaligen Bauhauses Dessau wie auch wieder ein Ort der Gestaltung, Forschung und Lehre. Das Bauhauskolleg bietet Interessenten aus der ganzen Welt Weiterbildungsmöglichkeiten in unterschiedlichen gestalterischen Disziplinen. Die Bauhaus-Kantine dient nicht nur der Versorgung, sondern gibt auch besonderen Veranstaltungen im Hause Raum und entwickelte eine eigene Küche. Übernachten kann man im Preller-Haus.

Die Meisterhäuser entstanden als drei Doppelhäuser jeweils mit Wohnbereichen und Atelier und einem Einzelhaus für den Direktor. Das Direktorenhaus wurde im Krieg zerstört,

Bauhaus Dessau

Gropiusallee 38
06846 Dessau-Roßlau
Tel.: (03 40) 6 50 82 51
Fax (03 40) 6 50 82 26
www.bauhaus-dessau.de
Öffnungszeiten:
täglich 10.00–18.00 Uhr

Meisterhäuser

Ebertallee 63–71
06846 Dessau-Roßlau
Kontakt:
Meisterhaus Kandinsky/Klee
Ebertallee 69/71
06846 Dessau
Tel.: (03 40) 6 61 09 34
Fax (03 40) 6 11 09 35
www.meisterhaeuser.de
Öffnungszeiten:
April–September
Di–So 11.00–18.00 Uhr
Oktober–März
Di–So 11.00–17.00 Uhr

Siedlung Dessau-Törten

Gebäude Mittelring 38

Öffnungszeiten:
März–Oktober:
täglich 10.00–17.00 Uhr
November–Februar:
Mo–Fr 10.00–16.00 Uhr
Sa, So 13.00–16.00 Uhr

Gebäude Kleinring 5

Öffnungszeiten:
März–Oktober:
Di–So 10.00–18.00 Uhr
November–Februar:
Di–So 10.00–17.00 Uhr
Besichtigung nur nach telefonischer Anmeldung
(01 63) 2 59 33 93

Stahlhaus

Südstraße 5
Ausstellung zur Geschichte der Siedlung Dessau-Törten und zum Stahlhaus
Öffnungszeiten:
März–Oktober:
Di–So 10.00–18.00 Uhr
November–Februar:
Di–So 10.00–17.00 Uhr

Bauhaus aus der Luft

BAUHAUS

ebenso eine der Doppelhaushälften. Im verbliebenen Lyonel-Feininger-Haus hat heute das Kurt Weill Zentrum, das inzwischen mit einer hervorragenden wissenschaftlichen Bibliothek zum Thema Weill ausgestattet ist, seinen Sitz. Die kleine Siedlung darf als ein Höhepunkt im Schaffen von Walter Gropius betrachtet werden und ist öffentlich zugänglich.

Das historische Arbeitsamt am August-Bebel-Platz, als halbkreisförmiger Flachbau entworfen und 1928/29 von Walter Gropius gebaut, ist saniert und zu besichtigen. Direkt an der Elbe steht am Elberadweg die vom Bauhaus-Schüler Carl Fieger 1929/30 geschaffene Ausflugsgaststätte Kornhaus mit dem ihr eigenen, den Blick auf die Elbe freigebenden gläsernen Balkon und der Sommerterrasse an der Elballee. Hier saßen zuweilen auch die Bauhausmeister.

In Dessau-Süd liegt die von Walter Gropius geschaffene Siedlung Dessau-Törten, eine halb ländliche Reihenhaussiedlung. Zwei originalgetreu restaurierte Gebäude, das Gebäude Mittelring 38, Sitz des Moses-Mendelssohn-Zentrums, und das Gebäude Kleinring 5 sind im Rahmen einer Führung zu besichtigen.

Die Laubenganghäuser in der Peterholzstraße und in der Mittelbreite sind dreigeschossige Häuser mit je 18 Wohnungen. Gebaut wurden sie 1930. In der Südstraße steht das Haus Fieger, das 1927 erbaut worden ist. Hier kann im Rahmen einer Führung eine zweigeschossige Minimalwohnung auf quadratischer Grundfläche besichtigt werden. Das Konsumgebäude Am Dreieck 1 ist ein Flachbau mit viergeschossigem Hochkörper und stammt von 1928. Das Stahlhaus in der Süd-

Arbeitsamt

Das historische Arbeitsamt wird vom Amt für Ordnung und Verkehr der Stadt Dessau genutzt.
Öffnungszeiten:
Mo 8.00–12.00 Uhr,
Di 8.00–12.00 Uhr,
13.00–18.00 Uhr
Do 8.00–12.00 Uhr,
13.00–16.00 Uhr
Fr 8.00–11.00 Uhr

Bauhaus und Meisterhäuser wurden 1996 in die UNESCO-Welterbeliste aufgenommen.

Schloss Mosigkau

Knobelsdorffallee 2
06847 Dessau-Roßlau
Telefon: (03 40) 50 25 57 21

Öffnungszeiten:
April und Oktober:
Sa, So, Feiertage 10.00–17.00 Uhr
Mai–September:
Di–So und Feiertage
10.00–18.00 Uhr

GartenreichLaden im Kavaliershaus des Schlosses Mosigkau

Öffnungszeiten:
April und Oktober:
Sa, So, Feiertage 10.00–17.00 Uhr
Mai–September:
Di–Fr 10.00–17.00 Uhr
Sa, So, Feiertage 10.00–18.00 Uhr

Nur acht Kilometer südwestlich von Dessau liegt eines der wenigen erhaltenen Rokoko-Schlösser Mitteldeutschlands, Schloss Mosigkau.

straße wurde 1926/27 als Siedlungshaus aus vorgefertigten Bauteilen errichtet.

Der Vater von Adel, die Mutter Apothekerstochter, die Tochter zu allem Überfluss eine kluge Frau – mit anderen Worten: Prinzessin Anna Wilhelmine (1715-1780), achtes von zehn Kindern des Alten Dessauers, war schlichtweg unverheiratbar. Als Lieblingstochter des anhaltischen Fürsten Leopold I. erhielt sie von ihrem Vater eine großzügige Grundstücksschenkung und eine ebensolche Apanage, damit sie auf diese Weise versorgt war. Das Rokoko-Schloss Mosigkau wurde 1752/57 erbaut. Die Entwürfe werden dem Sanssouci-Architekten Georg Wenzeslaus von Knobelsdorff (1699-1753) zugerechnet. Heute zählt Mosigkau zu den wenigen Rokoko-Ensembles, die es in Mitteldeutschland noch gibt.

Das Schloss ist der architektonisch vollkommenste Rokoko-Bau in Anhalt. In den Sommermonaten säumen teilweise jahrhundertealte Kübelpflanzen den Hauptweg zum Schloss. Sie finden im Winter Aufnahme in der Orangerie, die selbst wiederum der architektonische Anziehungspunkt des Rokokogartens ist. Im Galeriesaal des Schlosses sind in originaler barocker Hängung Bilder aus der oranischen Erbschaft zu sehen, beispielsweise von Peter Paul Rubens und Anton van Dyck.

Nach dem Tod der Prinzessin wurde 1780 im Schloss ein Stift für unverheiratete adlige Damen eingerichtet. Es bestand bis 1945. Ein Besuch des Friedhofs der Stiftsdamen im Park ist sehr zu empfehlen. Im Schloss finden auch Sonderausstellungen und Konzerte statt.

Das barocke, im Klassizismus überarbeitete Schloss Großkühnau gehörte dem jüngsten Bruder des Fürsten Leopold III. Friedrich Franz von Anhalt-Dessau, Prinz Albert von Anhalt-Dessau (1750–1811). „Das Haus", wie es der Prinz nannte, zeichnete sich durch seine Schlichtheit aus. Das Schloss dient seit 1998 als Domizil der Hauptverwaltung der Kulturstiftung DessauWörlitz und ist aus diesem Grunde nicht öffentlich begehbar.

Der Kühnauer Park am Südufer des Kühnauer Sees, wobei die Inseln im See einbezogen wurden, bildet den westlichen Abschluss des Gartenreichs. Erbprinz Friedrich von Anhalt-Dessau (1769–1814) begann 1805 mit der Gestaltung des Parks, die sein Sohn Leopold IV. Friedrich vollendete. Heute ist der Teil mit den Obstanlagen und dem Weinberg, einschließlich des von Giacobo Pozzi zwischen 1820 und 1822 erbauten klassizistischen Weinbergschlösschens restauriert.

Bei der dem Schloss gegenüberstehenden Kirche, ebenfalls nach Plänen von Pozzi 1828/30 erbaut, handelt es sich um die erste neoromanisch-byzantinische Kirche in Deutschland. Die davor an dieser Stelle stehende Feldsteinkapelle aus der Zeit um 975 hatte Herzog Leopold III. Friedrich Franz abreißen lassen. Aus dieser Kirche stammt eines der ältesten Glockengeläute Deutschlands. Beide Glocken wurden um 1050 gegossen. Der Park ist ganzjährig frei zugänglich.

Prinz Johann Georg von Anhalt-Dessau (1748–1811), jüngerer Bruder des Herzogs Franz und älterer Bruder des

Gastronomie

Das Café „Schloss Mosigkau"
befindet sich im ehemaligen
Wirtschaftsgebäude im Ehrenhof
des Schlosses.
Öffnungszeiten:
bis zum 31. Oktober:
Sa, So, Feiertage 11.00–17.00 Uhr
Geöffnet auch 24., 25., 26. und
31. Dezember sowie 1. Januar
Für Feiern aller Art ist nach
Voranmeldung auch während der
Winterzeit geöffnet.
Café „Schloss Mosigkau"
Knobelsdorffallee 2–3
06847 Dessau-Roßlau
OT Mosigkau
Tel.: (03 40) 5 02 50 71
www.gartenreich–gastronomie.de

Schloss Großkühnau

Kulturstiftung Dessau-Wörlitz
Schloss Großkühnau
06846 Dessau-Roßlau
Tel.: (03 40) 6 46 15-0

Naturschutzstation „Weinberghaus" Landschaftspark Großkühnau

Tel.: (03 40) 61 95 12
und 2 04 14 83
Öffnungszeiten:
Do 9.00–11.30 Uhr und
12.30–16.00 Uhr
Jeden letzten Sa im Monat
14.00–17.00 Uhr
Jeden ersten So im Monat
9.00–12.00 Uhr
Vorträge und Führungen nach
telefonischer Absprache

Anhaltische Gemäldegalerie
Schloss Georgium
Puschkinallee 100
06846 Dessau-Roßlau
Tel.: (03 40) 61 38 74 und
66 12 60 00
www.georgium.de
Öffnungszeiten:
Schloss: Di–So, Feiertage, außer
24., 25. und 31. Dezember
10.00–17.00 Uhr
Grafische Sammlung:
Mo–Do nach Voranmeldung
Kunstbibliothek:
Mi 10.00–17.00 Uhr
Park: Ganzjährig frei zugänglich.
Sonderausstellungen finden in der Orangerie oder im Fremdenhaus statt. Im Schloss Georgium gehören Vorträge und Kammerkonzerte zum Angebot.

Der neben den Wörlitzer Anlagen kunsthistorisch bedeutendste Landschaftspark im englischen Stil des Gartenreichs Dessau-Wörlitz ist das Georgium in Dessau. Es ist nach seinem Schöpfer benannt, dem Prinzen Johann Georg, dem jüngeren Bruder des Fürsten Franz.

Prinzen Albert Friedrich, schuf sich in der Nähe Dessaus sein Reich. Er beauftragte um 1780 Friedrich Wilhelm von Erdmannsdorff mit dem Bau eines klassizistischen Landhauses, wo bisher ein Auenbruchwald gestanden hatte.

Im Schloss Georgium – nun heißt das Landhaus doch Schloss – ist die Anhaltische Gemäldegalerie zu Hause. Die reiche Sammlung beinhaltet viele Werke altdeutscher, vor allem aber niederländischer Meister. Zur Anhaltischen Gemäldegalerie gehört auch eine großartige Sammlung früher Originalgrafiken von Albrecht Dürer, beispielsweise seine „Melencolia“, sowie Grafiken des Wittenberger Meisters Lucas Cranach d. Ä.

Die Werke im Georgium haben eine spektakuläre Geschichte. Sie waren im Zweiten Weltkrieg ausgelagert. Die Kunstwerke wurden von der US-Army in Bernburg im Kalibergwerk entdeckt und etliche auch entwendet. Sie tauchten später auf dem amerikanischen Kunstmarkt wieder auf. Im Juli 1945 wurde der Gesamtbestand von der Roten Armee beschlagnahmt und abtransportiert. 1958/59 gab die Sowjetunion 600 der 800 Gemälde sowie 1000 Handzeichnungen und 10 000 Druckgrafiken von 17 000 grafischen Blättern wieder zurück, die heute im Wesentlichen den Bestand der Anhaltischen Gemäldegalerie ausmachen.

Der von Prinz Johann Georg angelegte Landschaftsgarten im englischen Stil stellt nach Wörlitz den eindrucksvollsten Park im Gartenreich Dessau-Wörlitz dar. Die Wörlitzer Gar-

Der zehnsäulige Monopteros im Georgium, der Ionische Tempel, ist der Schnittpunkt ganz verschiedener Sichtachsen.

tenarchitekten Johann Friedrich Eyserbeck (1734–1818) und Johann Georg Schoch d. J. (1758–1826) hatten einen wesentlichen Einfluss auf die Planungen. Eine Augenfreude sind all die klassizistischen oder auch romantisierenden Parkbauten und Skulpturen im Garten. Das sogenannte Fremdenhaus, die Römische Ruine, ein Monopteros, also ein ionischer Rundtempel, zwei Nachbildungen antiker Torbögen und ein Denkmal, das den Fürsten Franz in antiker Kleidung zeigt, gehören zum Inventar des Parks.

An den 21,3 Hektar großen Georgsgarten schließt sich der Beckerbruch an, ein 97 Hektar umfassender Auenbruchwald, der als solcher belassen wurde, aber durch die Aufstellung von Kleinarchitekturen und Denkmalen in die Landschaftsverschönerung einbezogen wurde. Der Elbpavillon und die Wallwitzburg, eine künstlich geschaffene Ruine, erlauben einen Ausblick in diese einzigartige Landschaft. Der 1894/96 angelegte Mausoleumspark grenzt unmittelbar an das Gelände.

Der Baumeister und Freund des Fürsten Franz, Friedrich Wilhelm von Erdmannsdorff (1736–1800), schuf mit dem Wörlitzer Schloss nicht nur das erste klassizistische Gebäude auf dem Kontinent, sondern 1774/78 im Auftrag des Fürsten für die Fürstin Luise auch ein Meisterwerk des Klassizismus, das Luisium im ehemaligen Vogelherd. Streng im Erdgeschoss, aber auch von heiterer Eleganz im Obergeschoss, ist die Innenarchitektur in besonderem Maße gelungen. Die kleinen Räume und Kabinette sind noch weitgehend original ausgestattet und zeigen das private Refugium einer Fürstin von feinem Geschmack.

Der kubische Baukörper wird von einem Belvedere gekrönt. Was das Äußere an Harmonie verspricht, spiegelt sich im Inneren in der anmutigen Stuckatur ebenso wider wie in

Übernachten im Georgengarten

Der Elbpavillon am Rande des Georgengartens (Georgenallee 32) kann für Übernachtungen gebucht werden. Er befindet sich in unmittelbarer Nähe des Leopold-Jachthafens und bietet Platz für zwei Personen. Der Elbpavillon gehörte früher zum von Herzog Franz ausgebauten vorbildlichen Hochwasserschutzsystem.
Tel.: (03 40) 6 46 15-0

Das Luisium erhielt seinen Namen nach seiner Bewohnerin, der Fürstin Luise, als deren privates Refugium Fürst Franz das kleine Landhaus durch Friedrich Wilhelm von Erdmannsdorff bauen ließ.

der klassizistischen Malerei. Die Deckenmalerei des Festsaals im Erdgeschoss will das Haus als einen „Tempel der weiblichen Tugenden" vorstellen. Nicht zuletzt erinnern die Innendekorationen an pompejanische Wandmalerei.

Der in die Dessauer Auenlandschaft eingebettete englische Landschaftsgarten um das Schlösschen wird durch eine Reihe ausgesprochen hübscher Gartenarchitekturen geziert, vom Schlangenhaus, von der Orangerie, von den Torhäusern und dem Ruinenbogen. Der Garten wird durch eine Hauptallee halbiert. Im früher wirtschaftlich genutzten Teil des Gartens wurde Obst- und Gemüseanbau betrieben.

Die der Fohlenaufzucht dienende, im neugotischen Stil erbaute Stuterei entstand 1779/81. Die Pferde sowie die gemischte Viehherde, die hier bis heute gehalten wird, sollen Nutzen bringen, aber auch den Eindruck einer arkadischen Umgebung vermitteln.

Vom Haus aus verläuft eine Sichtachse zur Kirche in Waldersee, in deren Turm sich die Grablege des Fürstenpaares befindet. Im Luisium verstarb der Herzog 1817, zehn Tage nach einem Reitunfall.

Johann Friedrich Eyserbeck war Hofgärtner im Gartenreich und wirkte in Wörlitz, Oranienbaum und im Luisium. Wie das Schlangenhaus wird seit 2005 auch sein Wohnhaus als Ferienwohnung der Kulturstiftung DessauWörlitz vermietet. Das Eyserbeckhaus befindet sich auf dem Wirtschaftshof des Luisiums in Dessau-Waldersee, Am Luisium 7. Das

Restaurant und Café im Luisium

Am Luisium 15
06844 Dessau-Roßlau
OT Waldersee
Tel.: (03 40) 2 16 41 58
Öffnungszeiten:
17. März–31. Oktober:
Di–So, Feiertage 11.00–21.00 Uhr
1. November–16. März:
Fr–So, Feiertage 11.00–21.00 Uhr

Gebäude wurde 2002 nach der Hochwasserkatastrophe mit erheblichem Aufwand restauriert.

In der Orangerie des Luisiums lädt das Restaurant und Café Luisium mit 120 Sitzplätzen zum Verweilen ein. Ein Platz auf der Terrasse ist ein Genuss an sich.

Im Dienste der Kultur müsste man die Kleinstaaterei erfinden, wenn es sie nicht gegeben hätte. Ihr ist unter anderem der Reichtum an Museen und Theatern zu verdanken. Da bildet das Anhaltische Theater Dessau keine Ausnahme. Das Mehrspartentheater mit der größten Drehbühne Deutschlands hat in Dessau eine lange Geschichte. Es ging ihm seit 1774 ein Liebhabertheater voraus, das großes Aufsehen erregte.

Von einem festen Schauspielensemble weiß man bereits 1794 zu berichten. Die erste Spielstätte des Theaters war die Fürstliche Reitbahn. Auch die Anhaltische Philharmonie geht auf diese Zeit zurück. 1798 errichtete Friedrich Wilhelm von Erdmannsdorff das erste Theatergebäude. Allerdings musste der Herzog das Theater 1810 infolge der mit der französischen Besetzung und den nachfolgenden Befreiungskriegen verbundenen Belastungen aus finanziellen Gründen wieder schließen.

Übernachtungen im Eyserbeckhaus und im Schlangenhaus

Am Luisium 17
06844 Dessau-Roßlau
OT Waldersee
Tel.: (03 40) 6 46 15-0

Übernachtungen im „Gestüt"

Im Gestüt am Luisium stehen für Übernachtungen etliche Appartements zur Verfügung.
Am Luisium 17
06844 Dessau-Roßlau
OT Waldersee
Tel.: (03 40) 2 20 37 47
(01 76) 63 32 36 28
oder (01 71) 3 78 84 24
www.gestuet-am-luisium.de

Schloss Luisium

Kulturstiftung Dessau-Wörlitz
Schloss Luisium
06844 Dessau-Roßlau
Tel.: (03 40) 21 83 70
Öffnungszeiten Schloss:
April und Oktober: Sa, So,
Feiertage 10.00–17.00 Uhr
Mai–September:
Di-So 10.00–18.00 Uhr
An Feiertagen geöffnet, außer 24., 25. und 31. Dezember
Park ganzjährig frei zugänglich
Öffnungszeiten GartenreichLaden Schloss Luisium (mit Verkauf von Fürstenberg-Porzellan):
April und Oktober:
Sa, So, Feiertage 10.00–17.00 Uhr
Mai–September:
Di–Fr 10.00–17.00 Uhr,
Sa, So, Feiertage 10.00–18.00 Uhr

Anhaltisches Theater Dessau

Friedensplatz 1a
06844 Dessau-Roßlau
Kassentelefon: (03 40) 2 51 13 33
www.anhaltisches-theater.de

Puppentheater Dessau

Ferdinand-von-Schill-Straße
06844 Dessau-Roßlau
Tel.: (03 40) 21 24 01

Moses-Mendelssohn-Zentrum

Mittelring 38
06849 Dessau-Roßlau
Tel.: (03 40) 8 50 11 99
Öffnungszeiten:
März–Oktober:
täglich 10.00–17.00 Uhr
November–Februar:
Mo–Fr 10.00–16.00 Uhr,
Sa, So 13.00–16.00 Uhr

1938 wurde die damals größte Bühne nördlich der Alpen, das neue Theater, nach drei Jahren Bauzeit mit 1250 Sitzplätzen fertiggestellt. Der Segen von Goebbels und Hitler half nicht. Bei den Bombardements der Stadt im Zweiten Weltkrieg wurde das Theater fast vollständig zerstört. Unverdrossen haben die Dessauer ihr Theater wieder aufgebaut. Es bietet heute Schauspiel, Musiktheater (Oper, Operette, Musical), Ballett, Konzerte (Anhaltische Philharmonie) und Puppentheater. Mit einer Gesamtbühnenfläche von 1450 m^2 ist es das größte Theater in Sachsen-Anhalt.

Das Moses-Mendelssohn-Zentrum ist einerseits Sitz der Moses-Mendelssohn-Gesellschaft Dessau, andererseits Informationszentrum mit einer Ausstellung über Leben und Werk des in Dessau geborenen aufklärerischen Philosophen, der vor allem in Berlin wirkte. Bibliothek und Archiv der Gesellschaft sind öffentlich zugänglich und nutzbar.

Die heutige moderne öffentliche Bibliothek vereint die 1898 gegründete „Städtische Volksbücherei" mit der 1922 gegründeten „Anhaltischen Landesbücherei". Die Hauptbibliothek im klassizistischen Palais Waldersee präsentiert ihr Angebot als größte Bibliothek in der Region im Stadtzentrum. Die Wissenschaftliche Bibliothek im Palais Dietrich, vormals das Domizil des Philanthropinums, der von Fürst Franz gegründeten Schule im Sinne der Aufklärung, liegt ebenfalls im Stadtzentrum. Zu ihrem Bestand gehören Regionalliteratur, die historischen Sammlungen, die Georgsbibliothek sowie eine Sammlung Künstlerbücher. Die Bibliotheken laden auch zu Lesungen, Vorträgen oder Ausstellungen ein.

Palais Waldersee

Seit 2005 befindet sich das Museum für Stadtgeschichte in einem der interessantesten Häuser Dessaus, dem Johannbau, einst Westflügel des im Zweiten Weltkrieg ansonsten zerstörten Dessauer Residenzschlosses. Im Mittelpunkt steht die Ausstellung „Schauplatz vernünftiger Menschen – Kultur und Geschichte in Anhalt-Dessau". Da werden 800 Jahre Anhalt beleuchtet, wird über berühmte Persönlichkeiten Anhalts und seine Geschichte reflektiert. Außerdem gibt es Veranstaltungen, Vorträge und museumspädagogische Aktionen.

Das familienfreundliche Museum für Naturkunde und Vorgeschichte im Stadtzentrum zeigt Ausstellungen und Sammlungen zu den Themen Erdgeschichte, Ökologie, Mensch und Umwelt. Im frisch sanierten Turm des Naturkundemuseums gibt es die Dauerausstellung „Gang durch die Erdgeschichte" zu besichtigen.

Seit der Fertigstellung des Turms der Marienkirche im Jahr 1554 steht die Kirche auf einem Hügel an prominenter Stelle zwischen Marktplatz und Residenzschloss, von dem nur der Johannbau geblieben ist. Der spätgotische Baukörper der Kirche zeigt bereits viele Stilmerkmale der Frührenaissance. Die Kirche ist trotz ihres dafür eigentlich zu südlichen Standorts ein sehr beachtliches Bauwerk norddeutscher Backsteingotik. Am Gründonnerstag 1534 wurde in dieser Kirche das erste Abendmahl in beiderlei Gestalt gereicht. Damit beginnt die Geschichte der Reformation in Dessau. Zu

Anhaltische Landesbücherei Hauptbibliothek

Zerbster Straße 10
06844 Dessau-Roßlau
Tel.: (03 40) 2 04 20 48
www.bibliothek.dessau.de
Öffnungszeiten:
Mo, Di, Do, Fr 10.00–18.00 Uhr
Sa 10.00–13.00 Uhr

Anhaltische Landesbücherei Wissenschaftliche Bibliothek

Zerbster Straße 35
06844 Dessau-Roßlau
Tel.: (03 40) 21 47 34
Öffnungszeiten:
Mo, Di, Do, Fr 10.00–12.00 Uhr
und 13.00–18.00 Uhr

Marienkirche

Am Schlossplatz
06844 Dessau-Roßlau
Tel.: (03 40) 2 04 14 42
Öffnungszeiten:
Besichtigungen im Rahmen von Stadtführungen.
Amt für Kultur
Tel.: (03 40) 2 04 23 41

Museum für Stadtgeschichte Dessau

Johannbau
Am Schlossplatz 3a
06844 Dessau-Roßlau
Tel.: (03 40) 2 20 96 12
www.stadtgeschichte.dessau.de
Öffnungszeiten:
Di–Do, Sa, So, Feiertage
10.00–17.00 Uhr
Postanschrift:
Museum für Stadtgeschichte
Dessau
Törtener Straße 44
06842 Dessau-Roßlau

Museum für Naturkunde und Vorgeschichte

Askanische Straße 30–32
06842 Dessau-Roßlau
Tel.: (03 40) 21 48 24
www.naturkunde.dessau.de
Öffnungszeiten:
Di–Fr 9.00–17.00 Uhr
So, Feiertage 10.00–17.00 Uhr
Turmausstellung nur So und an
Feiertage 14.00–16.00 Uhr

St. Johannis und St. Marien

Evangelische Kirchengemeinde
St. Johannis und St. Marien
Johannisstraße 11
06844 Dessau-Roßlau
Tel.: (01 74) 5 11 85 81
Öffnungszeiten:
Ostern–Oktober:
täglich 11.00–12.00 Uhr
und 15.00–17.00 Uhr
Turmbesteigungen
Sa 15.00–17.00 Uhr
Besichtigungen und Führungen
nach Vereinbarung

den prominenten Predigern in der Kirche gehörte Martin Luther.

Im Zweiten Weltkrieg wurde das Gebäude zerstört und erst in den Jahren von 1990 bis 1998 wieder aufgebaut. Die Kirche dient heute als Veranstaltungsort für Vorträge, Theater, Konzerte – und nicht zuletzt gibt sie auch den Rahmen für kirchliche Veranstaltungen.

Der erste protestantische Kirchenneubau für die lutherischen Christen in Dessau wurde 1702 eingeweiht, inzwischen waren die anhaltischen Fürstenhäuser mehrheitlich reformiert. Die St.-Johannis-Kirche wurde nach Plänen des niederländischen Baumeisters Cornelis Ryckwaert errichtet. Wie die Marienkirche fiel auch die Johanniskirche den Bombardements auf Dessau im Zweiten Weltkrieg zum Opfer. Die Kirche wurde allerdings schon 1955 wieder aufgebaut. Die restaurierten Cranach-Gemälde „Christus am Ölberg“, das Abendmahls- und das Kreuzigungsgemälde, die bis zur Zerstörung zum Inventar der Marienkirche gehörten, hängen heute in der Johanniskirche.

1787/89 schuf Friedrich Wilhelm von Erdmannsdorff den Neuen Begräbnisplatz in Dessau, heute Historischer Friedhof I genannt. Der Haupteingang befindet sich in der Chaponstraße. 1787 lag der Platz am Askanischen Tor außerhalb der Stadt. „Tod ist nicht Tod, ist nur Veredlung sterblicher Natur“, steht über dem Eingangsportal. Die streng symmetrisch angelegte Anlage zeigt eine quadratische Grundfläche mit einem auf das Mittelrondell zulaufenden Wegekreuz. Der Friedhof, auch das war eine anhaltische Besonderheit der Zeit, stand allen christlichen Konfessionen offen. Friedrich Hölderlin schrieb über die Anlage: „Es liegt wirklich recht viel Menschlichkeit und Schönheit in der Idee, die da ausgeführt ist.“ Erdmannsdorff selber liegt hier begraben, das Dessauer Stadtoriginal Hobusch, ein Eulenspiegel seiner Zeit, ebenso wie der Dichter Wilhelm Müller, der Verfasser der „Winterreise“.

Die Industrie- und Luftfahrtgeschichte der Region Dessau wird im Technikmuseum „Hugo Junkers“ mit Hilfe von Schautafeln, aber vor allem auch einmaligen Exponaten bis in die DDR-Zeit präsentiert. Der Förderverein des Museums hat viele Aufbaustunden absolviert, um die technischen Geräte wieder in einen guten Zustand zu bringen. So wurde beispielsweise die hier aufgebaute JU 52 vom Grund eines norwegischen Fjords geborgen, wo sie seit dem Zweiten Weltkrieg lag. Zu den bemerkenswerten technischen Denkmalen, die man hier sehen kann, zählt auch der Junkers Windkanal von 1933/34.

Das Technikmuseum verfügt inzwischen auch über ein hervorragend geführtes großes Archiv zur Luftfahrt, insbesondere in Bezug auf die Leistungen von Hugo Junkers, den Luftfahrtpionier, der, 1859 in Rheydt im Rheinland geboren, 1888 nach Dessau kam, seine ersten Ganzmetallflugzeuge hier baute und schließlich von den Nazis – und zwar auf Betreiben Hermann Görings persönlich – quasi enteignet wurde. Das Archiv steht interessierten Personen bei der Erstellung wissenschaftlicher Arbeiten zur Verfügung. Das Museum gibt auch Auskunft über das Wirken der von 1946 bis 1954 in die damalige Sowjetunion deportierten Ingenieure der Firma Junkers und bietet Informationen über den Flugzeugbau in der DDR von 1954 bis zur Einstellung der Flugzeugproduktion 1961.

In unmittelbarer Umgebung des Museums sind auch das Junkers-Verwaltungshochhaus von 1934/36, die Flugzeugkompensierscheibe von 1935 und die Start- und Landebahn des ehemaligen Junkers-Werkflugplatzes zu sehen. Das Museumsgebäude, eine Werkhalle aus den 1950er Jahren, steht auch für Kongresse, Messen oder Events zur Verfügung.

Technikmuseum Hugo Junkers
Kühnauer Straße 161a
06846 Dessau-Roßlau
Tel.: (03 40) 6 61 19 82
www.technikmuseum-dessau.de
Öffnungszeiten:
Mo–So 10.00–17.00 Uhr

Das Technikmuseum Hugo Junkers widmet sich den Leistungen des Dessauer Luftfahrtpioniers und Erfinders.

Oranienbaum

Der Name bezieht sich auf Wilhelm von Oranien. Der Ort liegt zwischen Gräfenhainichen, der Geburtsstadt des großen evangelischen Liederdichters Paul Gerhardt (1607–1676), und Dessau. Heute ist er ein Ortsteil der Stadt Oranienbaum-Wörlitz im Biosphärenreservat Mittelelbe, etwa 6 Kilometer südlich der Elbe und 12 Kilometer östlich von Dessau, weil nach der Idee des Fürsten Franz kein Park länger als eine halbe Reitstunde vom anderen entfernt sein sollte. Oranienbaum ist Teil der deutsch-niederländischen Ferienstraße „Oranierroute". Schloss Oranienbaum gilt als eines der vier Mutterhäuser des niederländischen Königshauses. Auch deshalb erhielt Oranienbaum 2004 und 2012 Staatsbesuch. Beatrix, Königin der Niederlande, kam auf den Spuren der Oranier-Prinzessin Henriette Catharina nach Oranienbaum. Es heißt, sie erkundige sich regelmäßig, wie es am Schloss und im Ort vorangehe.

Die Prinzessin und spätere Fürstin Henriette Catharina erhielt den Ort Nischwitz 1660 als Morgengabe von ihrem Gemahl, dem Fürsten Johann Georg II. von Anhalt-Dessau, und benannte ihn 1673 in Oranienbaum um. Ähnlich verfuhren die drei anderen nach Deutschland verheirateten Schwestern der Fürstin mit Schloss Oranienburg in Brandenburg,

Blick über die mitteldeutsche Stadt Oranienbaum, die nach niederländisch-barockem Vorbild erbaut worden ist.

Schloss Oranienstein bei Diez und Schloss Oranienhof in der Nähe Bad Kreuznachs. Letzteres existiert jedoch nicht mehr.

Nischwitz wurde 1179 in einer Urkunde als Besitz des Klosters Nienburg (Saale) erstmals erwähnt, war aber bereits um 1500 wüst. Die Prinzessin ließ hier zunächst eine Glashütte errichten. Dann beauftragte sie ab 1683 den niederländischen Architekten Cornelis Ryckwaert mit der Gestaltung Oranienbaums zu einem barocken Ensemble aus Stadt, Schloss und Park.

Ursprünglich entsprachen die Quartiere der Stadt der Breite von Schloss und Garten. Die auf das Schloss zuführende Straßenachse öffnet sich im Mittelpunkt einer Querstraße zu einem großen quadratischen, mit doppelten Lindenreihen bepflanzten Marktplatz. Am südlichen Ende der Querstraße steht seit 1712 die reformierte Stadtkirche. Die lutherischen Gläubigen erhielten ihre Kirche erst 1752 am Rande des Parks. Inzwischen ist diese zum Wohnhaus umgebaut. Oranienbaum ist ein in Mitteldeutschland seltenes Beispiel einer planmäßigen, in fürstlichem Auftrag entstandenen Barockanlage. Schloss und Stadt sind einander zugewandt und füreinander offen.

1695 bekam Oranienbaum Marktrecht. Nachdem die Fürstin bereits 1693 ein Brauhaus errichten lassen hatte, zählte der Ort 1709 bereits zwölf berechtigte Brauhäuser. Oranienbaum hatte auch in der Folge Zulauf. 1810 ließ die Fürstin Luise hier eine Arbeitsschule für arme Mädchen einrichten. 1864 wurde die Likörfabrik Friedrich gegründet, die Likör aus Orangenblüten herstellte. Die Firma existierte bis 1950. Seit 1693 der erste Tabak in Oranienbaum angebaut

Die restaurierte fünfgeschossige Pagode ist nach Voranmeldung für das Publikum begehbar.

Eines der Mutterhäuser des Hauses Oranje: das Oranienbaumer Schloss

Stadtkirche Oranienbaum

Pfarramt Oranienbaum
Brauerstraße 26
06785 Oranienbaum-Wörlitz
OT Oranienbaum
Tel.: (03 49 04) 2 05 12
oder (03 49 04) 2 17 43
www.kirchen-in-oranienbaum.de
Öffnungszeiten:
Ostern–September:
Sa, So 14.00–17.00 Uhr
Gottesdienst So 10.00 Uhr
Offene Kirchen: Ostern–Oktober

wurde, hielt sich der Tabakanbau ebenso wie die Verarbeitung am Ort. Erst 1968 wurde der letzte tabakverarbeitende Betrieb geschlossen. 1900 erhielt Oranienbaum die Bezeichnung „Luftkurort".

Die Oranienbaumer Stadtkirche ist ein barocker Zentralbau mit elliptischem Grundriss. Das Gebäude mit dem mächtigen Mansardwalmdach, auf dem als Laterne der Glockenturm aufgesetzt wurde, ist der Blickfang in der südlichen Sichtachse vom Markt aus. Eingeweiht wurde die Kirche 1712 durch den „Alten Dessauer" Fürst Leopold I. Der Baustil entspricht einer reformiert-calvinistischen Predigerkirche, wie man sie in Holland und Frankreich findet.

Entsprechend ist das Innere der Kirche auf das Hören des Gotteswortes ausgerichtet und enthält kaum Schmuck. Der Altar, ein hölzerner Abendmahlstisch, ist ebenso wie die Taufkanne und der Abendmahlskelch eine Stiftung der Fürstin Henriette Catharina, der Mutter des alten Dessauers. Beeindruckend sind die elf Meter hohen, aus einem Stück gehauenen Eichensäulen, die das Dach tragen. Die Kirche wurde 1994 saniert. In ihr befindet sich eine kleine Dauerausstellung über Kirche und Stadt, über die Stadtgründerin und das fürstliche Witwenhaus am Markt. Auf der Kirchenempore sind Kunstausstellungen zu sehen.

Auf dem historischen Marktplatz mit vier Quartieren steht das Wahrzeichen der Stadt, der schmiedeeiserne Oran-

Zum Sommersitz der Henriette Catharina, Gemahlin des Fürsten Johann Georg II. von Anhalt-Dessau, gehörte auch der barocke Schlossgarten, den Fürst Franz später in die Landesverschönerung einbezog. Ein Anziehungspunkt des barocken Gartens ist der Delphinbrunnen.

genbaum in einer Sandsteinvase, den die Stadt auch im Wappen führt. Die Orange ist das Symbol der Oranier. Verbunden mit dem Goldenen Zeitalter der Niederlande erreichten auch Anhalt-Dessau mannigfache Impulse für Wirtschaft und Kultur.

Baumeister Cornelis Ryckwaert brachte eine in jeder Hinsicht moderne Bauauffassung aus seiner Heimat mit. Sein Schloss war nicht mehr abgeschlossen wie eine Burg. Es entstand eine zur Stadt hin offene Dreiflügelanlage. Schloss und Schlossgarten gehören heute zu den „Gartenträumen – Historische Parks in Sachsen-Anhalt".

Sehenswert ist der Sommerspeisesaal mit seinen niederländischen Wandfliesen, die biblische Geschichten erzählen. Ebenso sind der Ledertapetensaal oder das Chinesische Zimmer zu empfehlen.

1812/14 errichtete der Erdmannsdorff folgende Architekt des Fürsten Franz, Carlo Ignazio Pozzi (1786–1842), eine der

Stadtfeste

- Oranienbaumer Orangenfest im Mai
- Kleines Fest im großen Park
- Internationales Kleinkunstfestival im Schlosspark im Juni
- Adventsmarkt rund um die Stadtkirche im Dezember

Stadtinformation Oranienbaum

Schlossstraße 17
06785 Oranienbaum-Wörlitz
OT Oranienbaum
Tel.: (03 49 04) 2 25 20
www.oranienbaum.de
Öffnungszeiten:
Januar und Februar:
Do 10.00–15.00 Uhr
März:
Di, Do 10.00–15.00 Uhr
April–Mitte Oktober:
Mo–Sa 10.00–15.00 Uhr
Mitte Oktober–4. Advent:
Di, Do 10.00–15.00 Uhr
An Feiertagen ist geöffnet.

Ein Stück Holland in Mitteldeutschland: Die aus dem Hause Nassau-Oranien stammende Prinzessin Henriette Catharina trug maßgeblich dazu bei, dem Ensemble über den Ortsnamen, der an die Herkunft der Prinzessin erinnert, hinaus ein holländisches Gepräge zu geben.

Schloss Oranienbaum

Öffnungszeiten:
April und Oktober:
Sa, So, Feiertage 10.00–17.00 Uhr
Mai–September:
Di–So 10.00–18.00 Uhr,
an Feiertagen geöffnet
Der Park ist ganzjährig zugänglich.
Die Pagode ist nur im Rahmen von Führungen zu besichtigen.

GartenträumeLaden Oranienbaum

Verkauf von Wedgwood-Porzellan und niederländischer Keramik
Öffnungszeiten:
April und Oktober:
Sa, So, Feiertage 10.00–17.00 Uhr
Mai–September:
Di–Fr 10:00–17:00 Uhr
Sa, So, Feiertage 10.00–18.00 Uhr

längsten Orangerien Europas. Sie misst 175 Meter. Immerhin zierten damals im Sommer 550 Orangenbäume den Park. Die mussten im Winter unterkommen. Die Orangenzucht ist heute wiederbelebt.

Eine ganz besondere Attraktion wartet hier auf Entdeckung: der einzige chinesische Garten Deutschlands, der die Zeiten überdauert hat. Die Pagode im anglo-chinesischen Garten des Parks erstrahlt nach umfänglicher Restaurierung in neuem Glanz. Mit diesem Garten, ebenfalls einer Reminiszenz an die England-Aufenthalte des Fürsten, hat Fürst Franz dem Park ein Kleinod geschenkt, das den erlesenen Geschmack seines Schöpfers bezeugt. Fürst Franz bezog sich bei diesem Garten auf die in England gesehenen Arbeiten des Gartengestalters Sir William Chambers (1723–1796). Das kleine chinesische Teehaus als zweites architektonisches Ereignis in diesem Teil des Gartens setzt, gemeinsam mit der fünfgeschossigen Pagode, die besonderen gestalterischen Akzente im durch Bodenerhebungen modellierten Terrain des Parks, der in verspielter Art mit Wasserläufen und Schlängelwegen, Inseln und Brücken gegliedert ist.

Der Oranienbaumer Ortsteil Goltewitz gehörte seit 1815 zu Preußen und kam erst 1942 wieder zu Anhalt. Kapen heißt der zweite Ortsteil Oranienbaums. 1902 wurde hier, am Weg von Vockerode zum Forsthaus Kapen, ein Jagdhaus angelegt, das Kapenschlösschen. Nach 1918 hatte das Gelände um das Jagdschlösschen ebenso wie dieses selbst ein wechselvolles Schicksal.

1935 diente das Gelände als Truppenübungsplatz. Gleichzeitig wurde hier im Wald eine Heeresmunitionsanstalt gegründet, der 1936 der Aufbau einer Chemiefabrik für Rüstungsgüter folgte. 1945 übernahm die Rote Armee die Kasernen und den Truppenübungsplatz. Das Chemiewerk wurde weiter zur Konfektionierung von Sprengstoffen und Zubehör genutzt. Hier wurden auch die Selbstschussanlagen produziert, die an der innerdeutschen Grenze zur Verwendung kamen. Das Kapenschlösschen selbst war Sitz der Staatssicherheit. 1991 zogen die sowjetischen Truppen aus Sachsen-Anhalt ab. Auf dem Gelände des Chemiewerkes entstand der Gewerbepark DESSORA. Die Kapenmühle und das Forsthaus sind Sitz der Verwaltung des Biosphärenreservates Mittelelbe. Das Schlösschen wurde 1993 restauriert. 2008 entstand hier der 118 Hektar große erste Friedwald Sachsen-Anhalts.

Wörlitz

„Das Schöne zu dem Guten!" – Christian Eger beschreibt in seinem Vorwort zum von ihm herausgegebenen Matthisson-Buch „Wörlitzer Blätter" diese Zeile aus dem „Opferlied" des Dichters als „Matthissons Wörlitzformel": „Das Schöne empfindet Matthisson als ein Kunstschönes im gesellschaftlich Guten des großen Gartens." Und er zitiert Friedrich von Matthisson (1761–1831) weiter mit einem Satz, in dem dieser tatsächlich eine der schönsten – und wahrhaftigsten – Beschreibungen dieses natürlichen Kunstwerkes liefert: Nie habe er diesen „Feengarten" verlassen, „ohne die beglückende Stille des Geistes, welche, nach Horazens Ausdruck, Bitterkeiten durch sanftes Lächeln mildert, und die Mutter der ächten Lebensweisheit ist."

Man mag von Matthisson als Dichter wenig oder viel halten, seine Zeitgenossen Schiller, Wieland und Bürger lobten seine Kunst in höchsten Tönen, heute klingt sie gar zu ziseliert, um noch lebendig zu sein. Aber hier hat der Vorleser der Fürstin Luise von Anhalt-Dessau (1750–1811) aus der Hohenzollern-Linie derer von Brandenburg-Schwedt, ihr „Lector und Reisegeschäftsführer" über lange Jahre und damit wie kein anderer deutscher Dichter Wörlitz und dem

Bedarf es der Worte mehr? „Wörlitz ist der schönste Orth, den ich in Deutschland kenne."
Elisa von der Recke, 1786

Fürstenhaus verbunden, eine Innensicht der Landschaft gegeben, wie sie der Betrachter heute noch empfinden wird.

Daran, wie der Park und die Stadt Wörlitz zueinandergesetzt sind, erweist sich bereits die Philosophie der Fürst Franz'schen Landesverschönerung. Man merkt fast nicht, wo eins ins andere übergeht, der Park in Landwirtschaft und umgekehrt. Wegen der vielen Zugänge, die von der Stadt in den Park führen, ist der Besuch praktisch unvermeidlich – und so soll es aus Bildungs- und Erholungsgründen für die Landeskinder ja auch sein. Erdmannsdorff hat im Verein mit seinem Freund und Fürsten dem Park eine unaufgeregte, unaufdringliche und selbstverständliche Offenheit gegeben, die für das Land beispielhaft werden sollte.

Parklandschaft und landwirtschaftliche Nutzfläche sollten unmerklich ineinander übergehen, und ganz so geht auch bis heute das Landstädtchen nahezu unmerklich in den Park über. Dieser Eindruck wird durch die geschickte Platzierung

Kirche St. Petri
Pfarramt Wörlitz
Kirchgasse 34
06785 Oranienbaum-Wörlitz
OT Wörlitz
Tel.: (03 49 05) 2 05 08
www.gartenreichkirchen.de
oder
Tel.: (03 49 05) 2 00 93
www.bibelturm.de
Öffnungszeiten:
Sonntag vor Ostern–Mitte Oktober:
Di–So 11.00–17.00 Uhr
So 12.00–17.00 Uhr
Führungen zum Bibelturm und durch die St.-Petri-Kirche
Gottesdienst So 10.30 Uhr

der zum Park gehörigen Architekturen erreicht. Da kann man auf einem Spaziergang vom historischen Rathaus kommend den Markt und die Brauerei, das ehemalige Mustergut, das Zeremonienhaus des Jüdischen Friedhofs oder die Synagoge in Augenschein nehmen, den historischen Gasthof Zum Eichenkranz zu einer Rast nutzen, die historischen Gebäude des christlichen Friedhofs beschauen und an das Grab des Dichters Friedrich von Matthisson treten.

Hier wohnten vor mehr als tausend Jahren „die Leute aus dem Dorf des Vrgol", die aus Vrgolici, wie die Ortschaft während der Besiedlung durch die Slawen geheißen haben könnte. 1440 spricht man erstmals von der Stadt Wörlitz. Etwa 1800 Einwohner lebten 1843 in dem kleinen Ackerbauernstädtchen mit seinem berühmten Park vor der Haustür. Etliche Stadtbrände vernichteten so gut wie jede mittelalterliche Bausubstanz. Die ältesten Fachwerkhäuser des heutigen Wörlitz stammen aus dem frühen 18. Jahrhundert.

Die Kirche St. Petri mit Bibelturm steht unweit des Wörlitzer Schlosses auf der Linie, die Park und Stadt zusammenführt. Die vormalige romanische Kirche wurde 1196–1201 gebaut und noch von Albrecht dem Bären zur Unterstützung der Christianisierung im ehemals slawisch-heidnischen Gebiet gestiftet. Martin Luther hat hier 1534 vor den anhaltischen Fürsten gepredigt, als in Anhalt-Dessau die Reformation eingeführt wurde. 1804/09 ließ Fürst Franz sie samt Turm neogotisch umbauen und erweitern. Heute ist der Turm mit seinen 66 Metern das höchste Bauwerk in Wörlitz. Der weit ins Land reichende Blick vom Turm auf die Landschaft der Aufklärung ist unbeschreiblich reizvoll. Dessau, sogar die Lutherstadt Wittenberg oder der Petersberg bei Halle sind zu erblicken.

Bis 1987 war die Türmerwohnung noch bewohnt. Seit 1994 beherbergt sie wechselnde Ausstellungen zur Bibel. Seit 2009 bietet die Ausstellung „Zwischen Himmel und Erde"

Rathaus Wörlitz

Erdmannsdorffstraße 87
06785 Oranienbaum-Wörlitz
OT Wörlitz
Tel.: (03 49 05) 402-0

Der Südsee-Pavillon auf dem Eisenhart beherbergt die otaheitische Sammlung, die Johann Reinhold Forster 1775 dem Fürsten Franz schenkte.

Gastronomie in Wörlitz

Ringhotel „Zum Stein" Wörlitz
Erdmannsdorffstraße 228
06785 Oranienbaum-Wörlitz
OT Wörlitz
Tel.: (03 49 05) 50-0
www.hotel-zum-stein.de

Landhaus „Wörlitzer Hof"
Markt 96
06786 Oranienbaum-Wörlitz
OT Wörlitz
Tel.: (03 49 05) 411-0
www.woerlitzer-hof.de

Parkhotel Wörlitz
Erdmannsdorffstraße 62
06785 Oranienbaum-Wörlitz
OT Wörlitz
Tel.: (03 49 05) 2 03 22
www.parkhotel-woerlitz.de

Gasthaus und Pension
„Zum Hauenden Schwein"
Erdmannsdorffstraße 69
06785 Oranienbaum-Wörlitz
OT Wörlitz
Tel.: (03 49 05) 2 23 38

Restaurant Gastwirtschaft im Küchengebäude
Am Wörlitzer Schloss
06786 Oranienbaum-Wörlitz,
OT Wörlitz
Tel.: (03 49 05) 2 23 38
www.bruhnke-woerlitz.de

religiöse, naturwissenschaftliche und philosophische Himmelsperspektiven.

Der Gedanke der Toleranz bestimmt die Aufklärung. In diesem Sinne war der anhaltische Fürst Franz ein Kind seiner Zeit. Er folgte dem Toleranzgedanken auch in Bezug auf die Religionen. Die Synagoge sollte unweit der christlichen Kirche stehen, denn beide Religionen hatten seiner Meinung nach ihre Berechtigung. 1787/90 ließ er für die jüdische Bevölkerung von Wörlitz und Oranienbaum am Ende der Amtsgasse eine Synagoge errichten. Vom Park aus entstand nun ein Blick, der die Sicht auf beide Gebäude ermöglicht. Der „Toleranzblick" vom Wallsitz über die Goldene Urne auf das friedliche Nebeneinander von Kirche und Synagoge eröffnet eine aufgeklärte Blickweise entsprechend dem Stück „Nathan der Weise". Lessing war neben Winckelmann der Lieblingsschriftsteller des Gartengestalters. Das Vorbild der von Erdmannsdorff als Rundtempel entworfenen Synagoge ist der Herkules-Victor-Tempel in Rom.

Die Synagoge steht heute auch als Denkmal gegen die Barbarei des Faschismus – also wieder als ein Ruf nach Engagement für Toleranz: Die Inneneinrichtung fiel dem Wüten

Auf einem kleinen Hügel am Ende der Amtsgasse ließ Fürst Franz 1787/90 nach dem Vorbild des Herkules-Viktor-Tempels am Tiber in Rom die Wörlitzer Synagoge nach einem Entwurf von Erdmannsdorff erbauen.

Blick aus dem Park zum Bibelturm der Wörlitzer St.-Petri-Kirche

des braunen Mobs in der Reichskristallnacht zum Opfer. Dass die Synagoge als Gebäude noch steht, ist dem beherzten Eingreifen des Großvaters des Kabarettisten und Schauspielers Dieter Hallervorden, Hans Hallervorden (1872–1968), zu verdanken. Der Enkel erzählte die Geschichte der „Jüdischen Allgemeinen".

Demnach sah Hans Hallervorden, damals Gartendirektor von Wörlitz, auf seinem abendlichen Rundgang durch den Park um 23.00 Uhr Licht in der Synagoge. Am Tag zuvor hatte die Dessauer Synagoge gebrannt. Hallervorden ahnte sofort, was die „braunen Wölfe" vorhatten. Er sah Holzspäne auf den Treppen, Benzinkanister und zwei Leute, die sich in der Synagoge zu schaffen machten. Hallervorden schrie die Leute an, hielt dann geistesgegenwärtig von außen die Tür zu, bald unterstützt von einer mutigen Frau aus der Nachbarschaft. Die beiden Schergen boten alle Kraft auf, das Gebäude zu verlassen und flohen, ohne die Synagoge in Brand gesetzt zu haben. Kurze Zeit später wurde der Gartendirektor Hallervorden auf Betreiben der Nazis entlassen.

„Ich bin stolz, dass der Name Hallervorden nicht immer nur mit dem lustigen Komiker Didi, sondern vor allem auch mit meinem Großvater Hans verbunden sein wird", sagt Dieter Hallervorden. Er beschreibt seinen Großvater als einen „vom Toleranzgedanken beseelten, geradlinigen Mann, mit stets aufrechtem Gang". Diese Geschichte ist es wert, sich ihrer beim Besuch der Wörlitzer Synagoge zu erinnern.

Wörlitzer Synagoge
Wörlitz Information
Förstergasse 26
06875 Oranienbaum-Wörlitz
OT Wörlitz
Tel.: (03 49 05) 3 10 09
Öffnungszeiten:
April und Oktober:
täglich 10.00–17.00 Uhr
Mai–September:
täglich 10.00–18.00 Uhr

Fahrradverleih H. Graul

06786 Oranienbaum-Wörlitz
OT Wörlitz
Tel.: (03 49 05) 2 21 17
www.radfahren-in-anhalt.de

Pferdehof „Zur Elbaue"

Tel.: (03 49 05) 2 00 48
oder 2 04 10
www.pferdehof-zur-elbaue.de

„... eine Anlage, die allgemeinen Beyfall fand und dem Geschmacke eine bessere Richtung gab. Diese Anlage ist das Schloß und der Garten zu Wörlitz."
Joseph Friedrich von Racknitz, 1796

Heute zeigt die Synagoge Wörlitz die Ausstellung „Einblicke – Jüdische Geschichte in Anhalt", die von der Kulturstiftung DessauWörlitz gemeinsam mit der Moses-Mendelssohn-Gesellschaft Dessau e. V. erarbeitet wurde.

Der langgestreckte Markt der Stadt erinnert in seiner Anlage nicht zufällig an den römischen Circus. So wird das Bildungsprogramm des Parks auf die Stadt übertragen und es entstehen die oben beschriebenen Zusammenhänge. Diesem Programm dient auch der Rathausbau, der wie die Parkarchitekturen eine Schöpfung Friedrich Wilhelm von Erdmannsdorffs ist.

Die Kulturlandschaft Gartenreich Dessau-Wörlitz liegt eingebettet in das Biosphärenreservat Flusslandschaft Mittelelbe und ist seit 1988 dessen Bestandteil. Hier gibt es eine Reihe ausgewiesener Wander- und Radwanderwege: den Wildebergweg (9 km), den Förster-Wöpke-Weg (17 km) oder die Gartenreichtour Fürst Franz (68 km).

Der Pferdehof Zur Elbaue bietet Kutsch- und Kremserfahrten, Reitstunden, Hochzeitskutschen, Ponyreiten und Trekkingferien an. Er befindet sich hinter dem Großparkplatz an der Rousseau-Insel. Kutschfahrten durch den Park finden aus landschaftsschonenden Gründen nicht statt.

Die Eisenbahn zwischen Dessau und Wörlitz verkehrt im Saisonbetrieb. Es gibt Haltepunkte im UNESCO-Biosphärenreservat Mittelelbe. Von diesen Haltepunkten aus sind der Naturlehrpfad und das Informationszentrum erreichbar.

Die Wörlitzer Anlagen

Die Zeit war reif. Die beschnittene, streng reglementierte Natur der barocken Gärten passte nicht mehr ins aufkommende Weltbild der Aufklärung. Die französischen Gärten wurden als Ausdruck absolutistischer Willkür gesehen. Horace Walpole, aber auch schon Pope, Addison, Shenstone, Bridgeman, Brown, Kent, Chambers und viele andere schufen in den englischen Gärten dem neuen Lebensgefühl einen überzeugenden Ausdruck. Statt gestutzter Bäume wuchsen jetzt schattenspendende Baumgruppen in freier Entfaltung. Statt streng abgemessener Beete und entsprechender Einfassungen breiteten sich vor dem Betrachter weite Wiesen aus.

Fürst Franz und sein Begleiter Friedrich Wilhelm von Erdmannsdorff waren davon tief beeindruckt, fuhren vielfach nach England und Italien, wo sie sich von Ideen der Moderne und Antike inspirieren ließen. Als erster Landesherr machte er sich daran, ab 1764 sein Land im Geiste der neuen Zeit umzugestalten. Auf diese Weise wurde Anhalt auch zu einem Gegenentwurf zum benachbarten Militärstaat Preußen. Schließlich hatte der junge Fürst nach den Schlachten von Prag und Kolin den preußischen Militärdienst quittiert. Wörlitz entstand also als Ergebnis der neuen Denkrichtung des 18. Jahrhunderts. Dennoch verstand sich auch Fürst Franz als absolutistischer Herrscher, nur räumte er der Vernunft einen größeren Spielraum ein.

„Nie verließ ich den Garten zu Wörlitz, ohne die beglückende Stille des Geistes, welche, nach Horazens Ausdruck, Bitterkeiten durch sanftes Lächeln mildert, und die Mutter der ächten Lebensweisheit ist."
Friedrich von Matthisson, 1795

Museum Schloss Wörlitz

Öffnungszeiten:
April und Oktober:
Di–So, Feiertage 10.00–17.00 Uhr
Mai–September:
Di–So, Feiertage 10.00–18.00 Uhr,
Mo nach Vereinbarung
Besichtigung nur mit Führung,
Dauer: ca. eine Stunde
Beginn der letzten Führung eine Stunde vor Schließung des Museums

Gegenüber der Rousseau-Insel, am Eingang von Park und Stadt, steht der vormalige Gasthof Eichenkranz. 1785/87 ließ Fürst Franz genau hier den Großen Gasthof bauen, wahrscheinlich nach Plänen Erdmannsdorffs. Schönheit und Bedeutung der Wörlitzer Anlagen hatten sich in Europa herumgesprochen. Gäste strömten aus aller Herren Länder herbei. Bald reichte das Schloss von Oranienbaum, bis dahin das Gästehaus des Fürsten Franz, nicht mehr aus.

Der Eichenkranz bot seinen Gästen nicht nur eine Unterbringung. Er war seiner Aussicht und seiner modern möblierten Zimmer wegen bald so berühmt wie der Park, dessen Gästen er zum Aufenthalt diente. Die Räume wurden nach großen Kulturmetropolen benannt. Sie hießen Amsterdam, Herculaneum, London, Paris, Petersburg, Konstantinopel und so weiter. Das Haus beherbergte das Who's who wichtiger Künstler des 18. und des beginnenden 19. Jahrhunderts. Tieck, Hölderlin, Novalis, Jean Paul oder Theodor Körner weilten hier. Natürlich logierte auch Schinkel im Haus.

Über lange Jahre verfiel dieses Kleinod der Geisteswelt, bis die Freunde des Dessau-Wörlitzer Gartenreichs sich seiner annahmen. Seit 2012 ist es wieder zu einem würdigen Entree für den Park geworden.

Wollte man seinen Schöpfern gerecht werden, müsste man das Wörlitzer Schloss der modernen Ästhetik folgend ein Landhaus nennen. Es ist die steingewordene Absage an die „Franzoserei", an den alten Pomp, dem auch Deutschlands Adel frönte. Das Landhaus gehörte in besonderer Weise zum Programm des Fürsten Franz. England, das war ihm auf seinen Reisen dorthin deutlich geworden, würde das alte Europa überflügeln.

Schlichtheit und Klarheit des Entwurfs, wie sie der Bau ausstrahlt und wie sie seinem Schöpfer Friedrich Wilhelm von Erdmannsdorff zu verdanken sind, sind schwer zu übertreffen. Das Wörlitzer Landhaus ist das erste klassizistische Schloss auf europäischem Festland und als solches eine Provokation. Errichtet wurde es zwischen 1769 und 1773 für das jung vermählte Fürstenpaar. Erdmannsdorff hat das Haus nicht nur schlicht gehalten, sondern auch mit den technischen Neuerungen versehen, die man zur Zeit des Baus in wohl keinem Schloss auf dem Festland fand: gusseiserne Öfen, Wandklappbetten, Eisschrank, ein Bad, eine Pumpe. Die technischen Innovationen erleichterten der Dienerschaft die Arbeit und schufen die Voraussetzungen für mehr Hygiene.

Der Schlichtheit widersprach es nicht, wie das Haus mit zeitgenössischen Kunstwerken, einer Antikensammlung und Gemälden alter Meister ausgestattet worden ist. Die noch aus dem 18. Jahrhundert stammende originale Einrichtung wurde vorwiegend von einheimischen Handwerkern gefertigt.

Eine erwähnenswerte Besonderheit, die gleichfalls dem Programm des Fürsten entsprach, ist die von Anfang an gepflegte Öffnung des Gebäudes. Wie es auch heute noch als Museum zur Geschmacksbildung beiträgt, so war das Haus schon zu Lebzeiten des Fürsten öffentlich begehbar. Ansonsten diente es der Repräsentation. Dem entspricht auch die Aufteilung im Hauptstockwerk des Hauses: Um den Lichthof gruppieren sich Vorhalle, zwei Säle und zehn Räume.

Das Küchen- und Wirtschaftsgebäude des Wörlitzer Schlosses entstand 1770/72 nach Entwürfen Erdmannsdorffs. Der Funktionsbau mit Wohnstuben, Fremdenzimmern, Küche, Waschhaus und Wirtschaftsräumen ist unterirdisch mit dem Landhaus verbunden. Die Anlage ist schlicht gehalten. Lediglich zum Schloss hin ist sie durch die klassizistische Fassade des Sommersaals verblendet. Nach bis 2000 erfolgter Restaurierung sind der GartenreichLaden und eine Gastwirtschaft im Gebäude untergebracht, Letztere in der ehemaligen Küche. Zum Abschluss der Schlossführung werden heute die

GartenreichLaden im Küchengebäude

Öffnungszeiten:
20. März–30. April:
täglich 10.00–17.00 Uhr
Mai–Oktober:
täglich 10.00–18.00 Uhr

Die Ausstattung des „Wörlitzer Schloss" genannten englischen Landhauses stammt im Original noch aus dem 18. Jahrhundert. Von April bis Oktober ist es für Besucher geöffnet.

Gotisches Haus

Öffnungszeiten:
Besichtigung nur mit Führung
April und Oktober:
Sa, So, Feiertage 12.00–17.00 Uhr
Mai–September:
Di–So, Feiertage 11.00–18.00 Uhr
Beginn der letzten Führung eine Stunde vor Schließung des Museums, Führungsdauer eine Stunde

Das Gotisches Haus war Gärtnerwohnung und Fürstensitz. Das Haus zählt zu den frühesten und besterhaltenen neogotischen Gebäuden auf dem europäischen Kontinent.

Gäste durch den unterirdischen Gang in das Küchengebäude geführt, das sich zum Kirchhof hin öffnet.

Das Graue Haus gegenüber dem Küchengebäude gehört zum neogotischen Ensemble um den Friedhof. Fürstin Luise von Anhalt-Dessau ließ sich ihr „Graues Kloster", wie sie es nannte, wohl nach einem Vorbild gestalten, das sie auf ihrer Englandreise 1775 in Sussex gesehen hatte. Ihr privates Refugium in Wörlitz, das sie von 1790 bis 1811 bewohnte, richtete sie ein, weil sie dem ständigen Besuch von Gästen und Bürgern im stets geöffneten Schloss Wörlitz zu entkommen suchte. Deshalb stellt das Ensemble um das Graue Haus den einzigen Bereich im Park dar, der Besuchern grundsätzlich verwehrt blieb. Das Graue Haus beherbergt heute eine Ausstellung zum Leben der Fürstin und späteren Herzogin von Anhalt. Es wurde bis 2008 restauriert.

In Schochs Garten, der Fläche vom nördlichen Wörlitzer See bis zum Elbdeich, im Osten begrenzt durch den Weidenheger, im Westen durch die Coswiger Straße, steht ein Gebäude, mit dem Erdmannsdorff und sein Fürst zum zweiten Mal kontinentale Architekturgeschichte geschrieben haben: das Gotische Haus. Wie auch das neogotische Ensemble gegenüber dem Küchengarten, ist das Gotische Haus Ausdruck des fürstlichen Bekenntnisses zu Tradition und Geschichte. Es wurde zwischen 1773 und 1813 nach Entwürfen und Vorgaben von Georg Christoph Hesekiel (1732–1818), Erdmannsdorff und des Fürsten Franz selbst errichtet und verhalf dem neogotischen Stil in Mitteleuropa zum Durchbruch.

Das Haus hat „zwei Gesichter". Für die vom Wasser her sichtbare Seite diente die venezianische Kirche Madonna dell'Orto als Vorbild. Die später errichtete Gartenseite ist im Stil Lübecker Backsteingotik ausgeführt. Als Vorbild diente hier Horace Walpoles Strawberry Hill. Der englische Schriftsteller, für manche der Erfinder des Schauerromans, ließ nach 1747 sein Landhaus in Twickenham an der Themse in mehreren Bauphasen in ein gotisches Schloss umbauen. Mit diesem bizarren Bau, der unendlich verwinkelt war, begründete der 4. Earl of Orford den neogotischen Stil und mit seinem Buch „Über die englische Gartenkunst" wirkte er auf den englischen Landschaftsgarten.

Fürst Franz hatte sich auf seiner Englandreise von Strawberry Hill offenbar so sehr beeindrucken lassen, dass er letztlich im Haus in Schochs Garten sein Refugium fand. Der Garten ist benannt nach seinem Gärtner Johann Leopold Ludwig Schoch d. Ä. (1728–1793), dem Vater seiner in morganatischer Ehe angetrauten Leopoldine Luise Schoch, der späteren Frau von Beringer. Im Baumgarten am Gotischen Haus betrieb Fürst Franz Landwirtschaft und Viehzucht sowie die pomologischen Studien, deren Ergebnisse dann im Baumgarten realisiert wurden.

Der 1790 von Erdmannsdorff errichtete Neue Turm im Nordwesten des Gebäudes wurde nach dem Vorbild eines Erkers am Breslauer Rathaus entworfen, ist also ein europäi-

„Das Gartenreich Dessau-Wörlitz ist eine der sinnbildlichsten und repräsentativsten gestalteten Landschaften Europas." UNESCO-Weltkulturerbekomitee, 2000

Fähren in Wörlitz

Amtsfähre Fahrzeiten:
März und November:
Sa, So 12.00–17.00 Uhr
April und Oktober:
täglich 11.00–17.00 Uhr
Mai–September:
täglich 10.00–18.30 Uhr

Roseninselfähren Fahrzeiten:
April und Oktober:
täglich 11.00–17.00 Uhr
Mai–September:
täglich 10.00–18.00 Uhr

Teelaubenfähre Fahrzeiten:
Mai–September:
täglich 10.00–18.00 Uhr

Kulturstiftung Dessau-Wörlitz
Museum Schloss Oranienbaum
Tel.: (03 49 04) 2 02 59

sches Gebäude. Die differenzierte Fassadenausbildung hat nicht allein einen spielerischen Effekt, sie ist vielmehr unter gartenkünstlerischen Gesichtspunkten entstanden. So werden in den Blickbeziehungen des Gartens völlig unterschiedliche Bilder möglich. Seine Sammlungen, beispielsweise die Schweizer Glasgemälde aus dem 15. bis 17. Jahrhundert oder die deutscher, niederländischer und italienischer Malerei des 16. bis 18. Jahrhunderts, fanden hier ihren Platz. Möblierung und Raumgestaltung sind neugotisch gehalten. Als ein privates Refugium stand das Gotische Haus für Publikumsbesuch nicht zur Verfügung.

Auch der Floratempel westlich des Gartens hat ein englisches Vorbild: William Chambers Casinobau in Wilson. Das englische Vorbild des vom Fürsten Franz als Musikpavillon genutzten Baus wiederum folgt einem viel älteren Vorbild: dem Clitumnus-Tempel bei Spoleto. Durch die Tür des Tempels ist das Gotische Haus zu sehen. Aus dem Obergeschoss blickt man auf das dem Priapos geweihte phallische Beet. Der Maler Johann Fischer (1717–1801) aus Berlin schuf die Genien, Floramotive und Blumendarstellungen der Wedgwoodgefäße, die im Obergeschoss zu betrachten sind. Als plastischer Schmuck des Tempels dient die Statue der Namensgeberin Flora, der römischen Göttin der Blumen. Auch der Floratempel ist ganzjährig frei zu besichtigen.

Die Insel Stein ist südöstlicher Schwerpunkt der Wörlitzer Anlagen. Das Gesamtbauwerk liegt im Wörlitzer See. Die Gegend ist dem Golf von Neapel nachempfunden. Die Wasser schlagen an die Grotte, was ein Gefühl romantischer Stunden vermittelt. Darüber türmt sich das mit Basalt, einem Stein vulkanischen Ursprungs, verkleidete Bauwerk. Die Gesamtanlage, die Grotten, Nischen und Felseneingänge, das Kolumbarium, das Amphitheater, die Villa Hamilton entstammen der Erinnerung des Fürsten und seines Baumeisters Erdmannsdorff an seine Italienreise, auf der beide auch bei Lord William Douglas Hamilton (1730–1803) zu Gast waren, dem englischen Botschafter im Königreich Neapel und Begründer der Vulkanologie. Die Villa am Fuß des künstlichen Vulkans auf der Insel Stein ist der Villa Hamiltons in Neapel nachempfunden. Die Reise nach Wörlitz lohnte sich allein schon, um diese Villa mit ihren drei entzückenden Innenräumen zu besuchen. Mit Hamilton verband den Fürsten eine lebenslange Freundschaft.

Der Vulkan, eine Nachbildung des Vesuvs, auf den zu steigen damals für einen Italienreisenden mindestens so wichtig war wie Italiens Kunstschätze zu sehen, kann vermittels pyrotechnischer Vorrichtungen und Wasserpumpen tatsächlich zum Leben erweckt werden als feuerspeiender Berg mit Theaterdonner. Zur Zeit des Fürsten Franz war die Insel

Vulkan, antikes Theater, italienische Grotten, die Villa Hamilton: Die Insel Stein ist wie der gesamte Wörlitzer Park Teil eines groß angelegten Bildungsprogramms.

eine Bildungsgroßleistung, brachte sie doch eine Erinnerung an seine Reisen mit und stellte sie vor allem auch denen vor, die nie in der Lage wären, sich eine Reise nach Italien leisten zu können. Die Pyramidenpappelallee und die Grotte der Egeria legen zusätzlich italienisches Flair über die mitteldeutsche Landschaft. Der „Stein" konnte nach umfangreichen Restaurierungsarbeiten 2005 dem Publikum wieder zugänglich gemacht werden.

17 Brücken gibt es im Wörlitzer Park. Jede ist in einem anderen Stil gebaut. So erzählen sie die Geschichte des Brückenbaus von der Furt bis zur Zeit des Fürsten. Die chinesische Brücke beispielsweise besteht aus Stufen, die bis zur Mitte flacher, zum Ende steiler werden. So versinnbildlicht sie das Leben. Die Eiserne Brücke ist die Nachbildung des damals modernsten Brückenbauwerks weltweit, der Iron Bridge in England, der ersten Eisenbrücke der Welt.

Der Wörlitzer Park zog seinerzeit viele Schriftsteller an. Johann Wolfgang von Goethe weilte wiederholt mit seinem Landesherrn hier. Novalis, Hölderlin, Tieck, Körner, Jean Paul genossen Wörlitz nicht minder. Aber nur einer wohnte und dichtete hier, las vor und ist hier auch begraben: Friedrich von Matthisson. Der Hohendodelebener Pfarrerssohn, früh Halbwaise, besuchte die Wörlitzer Anlagen zum ersten Mal mit siebzehn Jahren. Die von Fürst Franz mit Friedrich Wilhelm von Erdmannsdorff geschaffene Landschaft wurde zu seiner Bestimmung. Von 1795 bis 1811 und von 1828 bis 1831 lebte er hier.

Sechzehn Jahre diente er der Fürstin Luise als Vorleser und Begleiter auf ihren Reisen nach Italien oder in die Schweiz. Seine zweite Liebe fand er hier, Luise Schoch, eine Nichte der zweiten Frau des Fürsten, Leopoldine Luise Schoch. Der große Altersunterschied sorgte für Verwirrung, aber die Ehe wurde eine glückliche.

Insel Stein

Öffnungszeiten:
April und Oktober:
Di–So, Feiertage 10.00–17.00 Uhr
Mai–September:
Di–So, Feiertage 10.00–18.00 Uhr
Mo nach Vereinbarung
Letzter Einlass eine Stunde vor Schließung

Eulen- und Greifvögelshows

Jim Ohle
Schmiedeberger Straße 16
06773 Gräfenhainichen
OT Schköna
Tel.: (01 77) 6 20 21 40
www.falknerei-woerlitzer-park.de
Letztes Märzwochenende–zweites Novemberwochenende täglich 15.00 Uhr

Gondelrundfahrt

Tel.: (03 49 05) 2 02 05
April und Oktober:
täglich 11.00–16.00 Uhr
Mai–September:
täglich 10.00–18.00 Uhr
Beginn der letzten Gondelfahrt ca. 45 Minuten vor Schließung der Gondelstation

Die Brücken im Wörlitzer Park erzählen die Geschichte des Brückenbaus vom Baum, den man über einen Wasserlauf legte, bis zur damals modernsten englischen Eisenbrücke.

Nach dem Tod der Fürstin nahm Matthisson in Stuttgart eine Stelle an. Immer aber blieb seine Sehnsucht nach Wörlitz bestehen. Aus verwandtschaftlichen Gründen reiste er gern und wiederholt ins kleine Herzogtum. Nach dem Tod seiner zweiten Frau kehrte er wieder zurück als einsamer alter Mann.

Vom Wörlitzer Gartenreich aus gibt es interessante Tagesziele. Der Naturpark Dübener Heide zum Beispiel mit umfangreichem Wanderwegenetz bietet eine Köhlerei mit Grillmöglichkeit oder ein Moor- und Mineralbad in Bad Schmiedeberg.

Fünf riesige Braunkohlenbagger bilden in der stählernen Baggerstadt Ferropolis eine Riesenkulisse für Rockkonzerte, Opern oder House-Festivals. Wenn nichts dergleichen los ist, kann immer noch das Schienenfahrzeugmuseum besucht und eine Fahrt mit der Draisine unternommen werden.

Nur dreißig Kilometer entfernt ist in Jessnitz der größte und älteste noch erhaltene historische Irrgarten Deutschlands zu besichtigen. Die Anlage zählt zu den „Gartenträumen – Historische Parks in Sachsen-Anhalt".

Noch vor einiger Zeit hieß es von Bitterfeld, dass das Leben dort sehr bitter fällt. Heute ist es Gastgeber von Motorboot-Weltmeisterschaften und Hafenstadt mit Strandpromenade, Pegelturm und Yachthafen an der Goitzsche, einem ehemaligen Braunkohlentagebau, sowie dem weltweit größten Landschaftskunstprojekt auf der Halbinsel Pouch, einem ebenfalls zu den „Gartenträumen" zählenden modernen Park. Im Ortsteil Pouch ist die gläserne Werkstatt des dort ansässigen Faltbootbauers zu besichtigen. In den Ortsteilen Mühlbeck und Friedersdorf der Gemeinde Muldestausee können Büchernarren in Antiquariaten stöbern. In Wolfen steht Filmfreaks das Industrie- und Filmmuseum offen.

Wörlitz-Information

Förstergasse 26
06785 Oranienbaum-Wörlitz
OT Wörlitz
Tel.: (03 49 05) 3 10 09
oder 1 94 33
www.anhalt-dessau-wittenberg.de
www.sachsen-anhalt-tourismus.de
www.luther-bauhaus-gartenreich.de
Öffnungszeiten:
März–Oktober:
täglich 9.00–18.00 Uhr
November–Februar:
täglich 9.00–16.00 Uhr

Vockerode

Vockerode, ursprünglich ein Fischerdorf am südlichen Elbufer, acht Kilometer von Wörlitz, vier Kilometer von Dessau entfernt, ist Ortsteil der Stadt Oranienbaum-Wörlitz. Erstmals erwähnt wurde der Ort 1400 als Vogkenrode. Es wurde von flämischen Siedlern gegründet. Seit 1594 ist das Fischereigewerbe in Vockerode nachgewiesen. Die ursprüngliche Fährstelle, die das Dorf besaß, erübrigte sich nach dem Bau der Autobahnbrücke im Jahr 1937. In diesem auch das Ortsbild prägenden Jahr begann der Bau des Großkraftwerkes. Die vier imposanten Schornsteine des nach 60 Jahren stillgelegten Kraftwerks fungierten seitdem als Landmarken. Sie wurden 2001 gesprengt.

Nach nur einem Jahr Bauzeit war 1938 das Großkraftwerk in Betrieb genommen worden, allerdings wurde es erst 1942 tatsächlich fertiggestellt. 1945 demontierte man das Werk in der Folge von Reparationsleistungen aus dem Zweiten Weltkrieg. Ins Jahr 1953 datiert der Beginn des Wiederaufbaus der Anlage. 1959 wurde das Kraftwerk mit 12 Dampfkesseln und 12 Turbinen (der doppelten Anzahl gegenüber 1942) in Betrieb genommen und 1994 stillgelegt. Das Kraftwerk lieferte einst Strom und Fernwärme für den Großraum Berlin. Zusätzlich sorgte es für den Betrieb der größten Gewächshausanlage der DDR.

Aus Sicherheitsgründen sind Besuche grundsätzlich nur im Rahmen einer Führung möglich. Der Rundgang dauert zwei Stunden. Gezeigt wird das ehemalige Kraftwerksgelände, der Feuerraum eines Dampfkessels kann begangen werden und man erhält einen Panoramablick über das Dessau-Wörlitzer Gartenreich. Das Kraftwerk bietet auch Betätigungsfelder für Künstler unterschiedlicher Genres.

Das evangelische Gotteshaus der Dorfkirche Vockerode wurde 1809/12 im Auftrag des Fürsten Leopold III. Friedrich Franz vom Baumeister Carlo Ignazio Pozzi erbaut. Die Kirche wird zu den schönsten neugotischen Bauten im Gartenreich gezählt. Die Baukosten hatte der Fürst übernommen. Der Eindruck, das Gebäude strebe himmelwärts, ergibt sich aus den hohen, spitzbogigen (gotischen) Maßwerkfenstern, den beiden spitzen Türmen und dem hohen Kirchendach. 1992 wurde das Kirchengebäude saniert. Das Kircheninnere ist in hellen Farben gehalten und macht einen schlichten, dem äußeren Stil der Kirche angepassten Eindruck.

Kraftwerksdenkmal Vockerode

Tel.: (03 49 05) 5 24 73
oder (03 49 05) 5 22 44
Führungszeiten:
Mo–Do 10.00, 12.00 und 14.00 Uhr, Fr 10.00 Uhr
Sa, So, Feiertage nach Voranmeldung
Schülerführungen ab 4. Schuljahr werden gern angeboten.

Draisine-Fahrten ab Vockerode

Die Trasse der ehemaligen Grubenbahn wird heute für touristische Draisinen-Fahrten genutzt.
Tel.: (03 49 53) 2 58 91
www.fbe-bahn.de

Coswig

Kluge Freunde sagen gern kluge Sätze. Fürst Wolfgang der Bekenner hatte kluge Freunde in seiner Nähe: den Martinus Luther und den Philipp Melanchthon. Man besuchte sich, unterstützte sich mit Rat und auch mit Tat. Melanchthon, der viel in Reformationsdingen unterwegs gewesen war, sagte diesen Coswig gegenüber freundlichen und klugen Satz, mit dem die Stadt noch heute wirbt: „Coswig liegt hoch in gesunder Luft und unten fließt die Elbe vorbei; im Sommer hat es eine große Lust der Schiffe halben, so aus Böhmen und Meißen herunter kommen und alle vorübergehen und allda anhalten müssen; gegenüber im Wörlitzer Winkel ist ein schöner Vogelgesang, herrliche Jagd, Fischereien und andere Nutzung, welches alles ich dergestalt an keinem andern Orte beim Rhein so nahe beisammen wüßte."

Recht hat er. Coswig in Anhalt ist zwar weniger bekannt als Coswig in Sachsen. Aber es ist das „Tor zum Fläming", zu jener wunderschönen, sich bis Berlin erstreckenden, dünn besiedelten Waldlandschaft, die zu Rad- und Fußwanderungen einlädt. Die Stadt liegt eingebettet in das UNESCO-Biosphärenreservat Mittelelbe. Wasserwanderern bietet sich der Fluss geradezu an. Das Gartenreich des Fürsten Franz beginnt gleich auf der anderen Seite des Flusses. Die Lutherstadt Wittenberg und die Bauhausstadt Dessau sind nicht weit.

Fürst Wolfgang der Bekenner, Freund Luthers und Förderer der Reformation, eröffnete 1555 seinem Vetter, dem Fürs-

Schloss Coswig

ten Joachim I. von Anhalt-Dessau, dass er in Coswig seinen Alterssitz bauen wolle. Die Stadt war seines Eintretens für die Protestanten wegen 1547 gegen Ende des Schmalkaldischen Krieges von kaiserlichen Truppen eingenommen worden. Die Burg wurde niedergebrannt. Insofern war der Entschluss des Fürsten, hier seinen Alterssitz zu nehmen, ein wichtiges Signal für den Wiederaufbau und die Zukunft der Stadt. Der Bau war für seine Zeit ungewöhnlich schlicht gehalten. Ein Alterssitz eben. Der Fürst wollte nicht mehr repräsentieren.

Schloss Coswig
Schlossstraße 44–46
06869 Coswig
www.inarcadia.eu

Das änderte sich, als an Fürst Johann VI. von Anhalt-Zerbst (1621–1667), der als „der Wohlgestaltete" Mitglied der Fruchtbringenden Gesellschaft in Köthen war, kurz vor seinem Tod durch Erbschaft die Herrschaft Jever fiel. Der Coswiger Witwensitz entsprach nicht dem Repräsentationsbedürfnis der Fürstin Sophie Auguste von Anhalt-Zerbst (1630–1680), einer geborenen von Holstein-Gottorf, Schwester der schwedischen Königin und Tante der beiden künftigen Könige des nordischen Nachbarn. Die Fürstin, die vorerst für den noch unmündigen Erben regierte, gab den barocken Neubau des Coswiger Schlosses in Auftrag. Die fürstliche Kasse war durch die Jever-Erbschaft zu nicht unerheblichen zusätzlichen Einnahmen gekommen. 1670 begann der Bau des Nordflügels als Corps de Logis. Fürst Carl Wilhelm (1652–1718) ließ die Anlage insgesamt überplanen und als frühbarockes Bauwerk realisieren. Es entstand ein völlig neues Schloss. Lediglich die Kellergewölbe des Vorgängerbaus behielt man bei. Ein im letzten Drittel des 17. Jahrhunderts in Anhalt wohlbekannter Name für zeitgemäßes Bauen tauchte auch in Coswig auf: Cornelis Ryckwaert. Er baute die drei elbseitigen Flügel des Schlosses.

Seit dem 13. Jahrhundert ist nachweisbar, dass Coswig als Witwensitz der Askanier diente. Von Mai bis September 1764 erkor der letzte Fürst von Anhalt-Zerbst, Friedrich August, kurz nach seiner Vermählung mit Prinzessin Friederike Sophie Auguste von Anhalt-Bernburg (1744–1827) Coswig als Residenz. Dann freilich mussten beide das Land einer Spionageaffäre wegen verlassen. Auch seine Schwester, die russische Zarin Katharina die Große, konnte Friedrich August nicht bewegen, sein Land vor seinem Tod noch einmal zu betreten. Die Fürstin kehrte 1793 zurück und verwaltete in russischem Auftrag Jever, das als „Kunkellehen" an die russische Zarin Katharina gefallen war.

Bis 1807 pendelte der Hofstaat zwischen Jever und Coswig. Dann fiel Jever mit Ostfriesland an die Niederlande. Friederike Sophie Auguste von Anhalt-Zerbst blieb Coswig. Mit ihrem Tod endete 1827 Coswigs Tradition als Witwensitz und Residenz der Askanier. Ihre Regentschaft und ihr Wesen genossen viel Anerkennung unter den Coswigern, offenbar auch ihrer Mildtätigkeit wegen. 28 Angehörige der Familie von Anhalt fanden in Coswig ihre letzte Ruhe.

Das heutige Schloss mutet noch barock an. Im Innern aber hat es durch verschiedene Nachnutzungen erheblich gelitten. Mit dem Tod der Fürstin Friederike Sophie Auguste von Anhalt-Zerbst endete 1827 das „Goldene Zeitalter" der Stadt erst einmal. Das Schloss wurde geräumt, die Ausstattung entsprechend der Erbschaft aufgeteilt. Es folgten Nutzungen als Militärlazarett und im Deutsch-Französischen Krieg schließlich als Kriegsgefangenenlager. Ab 1873 unterhielt das Fürstentum Anhalt im Schloss eine Strafanstalt. Mit dem Einbau der Zellen wurde die frühere Raumstruktur zerstört. Der Südflügel wurde abgetragen und stattdessen eine Gefängnisabteilung für Frauen errichtet. Wachtürme wurden gebaut. In der Zeit des Nationalsozialismus kam eine politische Abteilung hinzu.

1957 erst wurde das Gefängnis geschlossen, das mit bis zu dreifacher Überbelegung menschenunwürdig geführt worden war. Das gilt für alle Systeme, in denen das Schloss als Strafanstalt genutzt wurde. Bis in die 1950er Jahre fanden hier auch Hinrichtungen mit dem Fallbeil statt.

Es folgte eine Nutzung als Zentralarchiv der DDR. In dieser Zeit erhielt die Schlosskapelle eine Zwischendecke, um den Raum für die aufzustellenden Aktenregale zu optimieren. Bis 1998 diente das Schloss noch als Bundesarchiv. Seit 2006 befindet es sich in privater Hand. Unter dem Motto „Et in Arcadia ego" – „Auch ich bin in Arkadien" – will es die Mailänderin Magnolia Albertazzi wieder in einen paradiesischen Zustand versetzen, eingebunden in ein kreatives Netzwerk beispielhaft restaurierter Schlösser in Europa, die zu Veranstaltungs- und Kulturstandorten wurden, wo Musiker, Sänger, Maler und Literaten arbeiten.

Kozowic oder Cossewiz war der Ort von den Slawen genannt worden. Das bedeutet Ort der Amseln. Als Coswig im Zusammenhang mit der Burg 1187 erstmals urkundlich erwähnt wurde, gehörte die slawische Vorgeschichte des Ortes bereits der Vergangenheit an, denn nun gehörte der Ort zum Einflussgebiet der Askanier. Die erste Burg Coswigs ließ vermutlich Herzog Bernhard von Sachsen errichten, der Sohn Albrechts des Bären, der von 1170 bis 1212 regierte. Die Lage war strategisch ausgezeichnet gewählt. Hier führte eine Furt über die Elbe, die die mittelalterliche Handelsstraße von Magdeburg nach Torgau verband und weiter nach Böhmen verlief.

Als zu Beginn des 13. Jahrhunderts das askanische Herzogtum erbgeteilt wurde, geriet Coswig zu Anhalt. 1215 wurde es erstmals als Stadt, als „oppidum", erwähnt. 1272 stiftete Siegfried I. von Anhalt – verheiratet mit Katharina Birgerdot-

Elbfähre Coswig

tir, der Tochter des schwedischen Reichsverwesers Birger Jarl, und Konkurrent Rudolfs von Habsburg (1218–1291) um den Kaiserthron – das Augustiner-Nonnenkloster. Dies geschah nicht ganz uneigennützig, denn fünf seiner Töchter traten in das Kloster ein. Die Stadt wuchs. 1275 erfolgte die Ersterwähnung der Stadtmauer. Leider ist von der Mauer nichts erhalten geblieben. 1280 wurden flämische Kolonisten angesiedelt. Von 1325 stammt das Stadtsiegel. 1411 erhielt die Stadt die eigene Gerichtsbarkeit, verliehen durch die Witwe Sigismunds I. von Anhalt, die Fürstin Brigitta von Querfurt.

Bereits 1527 wurde in Coswigs ältester Kirche St. Nicolai lutherisch gepredigt. Die Reformation setzte sich schnell durch. Nach der Zerstörung der Stadt im Schmalkaldischen Krieg im Jahre 1557, unmittelbar nachdem der Reichsbann gegen Fürst Wolfgang 1552 wieder aufgehoben worden war, begann der Aufbau der Burg als einfaches Renaissanceschloss. Durch eine kluge Wirtschaftspolitik des Landesherrn konnte sich die Stadt schnell erholen. 1566 wurden erstmals eine Fähre und der Laurentiusmarkt erwähnt. Zu den Neuerungen in der Stadt gehörte die Trinkwasserleitung, die bereits im 16. Jahrhundert Coswig von Wörpen aus mit Wasser versorgte und die hygienischen Zustände entscheidend verbesserte. Doch der Aufschwung dauerte nur bis zum Ausbruch des Dreißigjährigen Krieges.

Die nahe Furt durch die Elbe zog die Heerhaufen geradezu an. Im Coswiger Schloss hatte 1631 der schwedische König Gustav II. Adolf (1594–1632) sein Hauptquartier eingerichtet. Hier schloss er mit Kurfürst Johann Georg I. von Sachsen (1585–1656) den Vertrag von Coswig, in dem sich beide gegen die katholische Liga verbündeten. Coswig erlitt im Verlauf des Krieges mehrere Plünderungen, verbunden mit Mord und Zerstörung. Etliche Missernten förderten das Elend. Die Pest ließ nicht auf sich warten. Die lutherische Fürstin Magdalena von Anhalt-Zerbst (1585–1657), geborene von Oldenburg, emigrierte der Kriegswirren wegen in ihr neutrales Heimatland. Als ihr Gemahl, der reformierte Fürst Rudolf von Anhalt-Zerbst (1576–1621), starb, war der Thronfolger erst wenige Monate alt. Mit der Volljährigkeit kehrten er und seine Mutter 1642 nach Anhalt zurück. Die Fürstinwitwe nahm nun ihren Coswiger Witwensitz ein.

Von den Zerstörungen dieses Krieges erholte sich die Stadt erst ein halbes Jahrhundert später. 1763 wurde Coswig Garnisonsstadt. 1777 siedelte sich eine jüdische Gemeinde an. Es folgten der Bau der Synagoge und die Einrichtung eines jüdischen Friedhofs. An die Wohlstandszeit schlossen sich wieder unruhige und wirtschaftlich problematische Zeiten an. Die mit Napoleon verbundenen Kriege brachten Plünderungen und mannigfache Belastungen. Als wirtschaftlich ungünstig erwiesen sich 1813 die Schließung der Universität im benachbarten Wittenberg und 1824 die Verlegung der Postroute Halle–Berlin. Erst die Gründerjahre nach 1870 gestatteten wieder einen wirtschaftlichen Aufschwung, der bis 1914 reichte. In dieser Zeit hatte sich Coswigs Ruf als Töpferstadt gefestigt. Handwerk ließ sich zwar bereits im 15. Jahrhundert nachweisen, doch kam es erst jetzt in seiner industriellen Form wirtschaftlich zur Geltung.

Ein neuerlicher Startschuss für wirtschaftlichen Aufschwung hätte der Bau der Reichsautobahn von 1935 bis 1938 sein können, der heutigen A 9. Coswig erhielt eine eigene Anschlussstelle. Der Zweite Weltkrieg begrub alle Hoffnungen. Ein Hoffnungsschimmer keimte 1945 auf: Bürgercourage ermöglichte die kampflose Übergabe der Stadt. In der DDR gehörte die Stadt zum Chemiegürtel Leuna-Wolfen-Bitterfeld-Piesteritz. Nach 1989 gerieten die Geschichte der Stadt und ihr Potenzial an historischen Orten und Gebäuden verstärkt in den Blick.

Der Vorgängerbau der heutigen Kirche St. Nicolai ist ein romanischer, der um 1170 begonnen worden war. Damit ist die Kirche das älteste Bauwerk der Stadt. 1272 wurde das von Fürst Siegfried I. von Anhalt gestiftete Augustiner-Nonnenkloster St. Nicolai Klosterkirche. Es erfolgte ein erster Umbau. Aus dieser Zeit gibt es noch das Portal an der Nordseite, den heutigen Haupteingang, einen Rest des Chorgestühls und vier gotische Glasfenster im neuen Bleiglasfenster in der Vierung. 1527 wurde aus der Klosterkirche wieder eine Stadtkirche.

1564 wurden die Doppelemporen in Schiff und Chor eingebaut. 1687 ersetzten barocke Neuaufbauten an Altar und Kanzel die Zerstörungen des von der Reformation ausgelösten Bildersturms.

Drei Werke Lucas Cranachs d. J. haben die Zeiten überdauert, darunter ein Abendmahlsbild. Auch das Epitaph des Hauptmanns von Pogk stammt vom jüngeren Cranach. 1701 wurde der Taufstein, dessen Schale von zwei Engeln getragen wird, vom Schweizer Stuckateur Giovanno Simonetti geschaffen. Die Coswiger nennen ihre Stadtkirche die Kirche mit den vielen Türen. Die Fürsten und wohlhabende Bürger der Stadt hatten eigene Kirchenlogen. Sie hielten sich etwas darauf zugute, eigene Ein- und Ausgänge zu haben.

Der Turm, in dem sich früher eine Türmerstube befand, hat eine Höhe von 52 Metern und ermöglicht Blicke auf die Schönheit der umliegenden Landschaft, auf die Stadt inmitten des Biosphärenreservates, auf das Gartenreich und den Naturpark Fläming. Im Turm finden jährlich Ausstellungen statt.

Von 1272 bis 1527 gehörte der Bereich des heutigen Klosterhofs zum Augustiner-Nonnenkloster, das unmittelbar an die Kirche St. Nicolai grenzte. Heute dient der Klosterhof als Veranstaltungsort für das Laurentiusfest oder die Sommermusiktage und beherbergt ein Heimatmuseum. Dieses präsentiert Sammlungen zur Heimatgeschichte und zur Archäologie, besitzt eine kleine Kunstsammlung und arbeitet auf museumspädagogischem Gebiet. Hier werden thematische Stadtführungen oder Führungen zur Kommende des Deutschen Ritterordens in Buro/Coswig angeboten.

Das zweigeschossige Simonetti Haus wurde 1699 in der Zerbster Vorstadt Coswigs errichtet. Der heute äußerlich eher unscheinbare ehemalige Adelssitz birgt einen Schatz: Die Stuckdecken mit Motiven aus der griechischen Mythologie

St.-Nicolai-Kirche

Schlossstraße 58
06869 Coswig
Tel.: (03 49 03) 6 29 38
Öffnungszeiten:
Mai–Oktober:
Mo–Fr 9.00–14.30 Uhr und nach Vereinbarung

St.-Nicolai-Kirche in Coswig

Klosterhof

Tel.: (01 76) 68 25 96 00
www.museum-coswig.de
Öffnungszeiten:
Mo–Fr 10.00–18.00 Uhr
Sa, So 12.00–16.00 Uhr
Feiertags geschlossen
Auf Anfrage Sonderöffnungszeiten

sind weltweit einzigartig. Auch sie stammen vom Schweizer Stuckateur Giovanni Simonetti, dessen hervorragende Arbeiten auch in Magdeburg oder Zerbst zu bewundern sind. Der aus Graubünden stammende Simonetti war in Böhmen, Schlesien, Brandenburg und Anhalt tätig.

Das Rathaus wurde 1490 erstmals erwähnt. Nach der Zerstörung der Stadt 1547 im Schmalkaldischen Krieg konnte das Rathaus bis 1560 als Renaissancegebäude wieder aufgebaut werden. Zwischen 1887 und 1912 erweiterte man es umfassend. Der Marktplatz wurde 1941 zu einem großen Löschwasserbecken umfunktioniert. Es bestand bis 1998. Das Coswiger Löschwasserbecken schrieb Filmgeschichte. In dieses Becken warf Manfred Krug als Balla im legendären DEFA-Film „Spur der Steine“ den Volkspolizisten. Seit 2000 ist dem Platz seine ursprüngliche Bestimmung als Marktplatz zurückgegeben.

Der neue Binnen- und Touristhafen war vormals Standort der Coswiger Farbenwerke. Nach umfassenden Dekontaminierungsmaßnahmen ist der Hafen mit seiner gemütlichen Bar ein beliebtes Ziel für Wasserwanderer am „Blauen Band“ in Sachsen-Anhalt geworden. Die Marina bietet auch einen Caravan-Stellplatz und einen Zeltplatz mit wundervoller Aussicht auf Elbe und Schloss.

Seit 1566 ist eine Kahnfähre nachweisbar. Ab Pfingsten 1864 werden die Passagiere mit einem der umweltfreundlichsten Verkehrsmittel, das je erfunden wurde, übergesetzt: mit der Gierfähre. Diese motorlose Fähre nutzt die Kraft der Strömung. Ein Ende eines 250 Meter langen Drahtseils ist am Bug, das andere am Heck befestigt. Durch Seilwinden wird die Länge der Enden zueinander verändert. Damit erfolgt eine Schrägstellung der Fähre. Der so entstehende Wasserdruck drängt die Fähre zum Ufer. Sie verkehrt täglich außer in den Monaten Januar und Februar und bei Hochwasser.

Die Schifferstiege oder Treidelstege führten einst beidseits der Elbe am Ufer von Hamburg bis Böhmen. Die Treidler nutzten sie, um die Lastkähne stromaufwärts zu ziehen. Urkundlich erwähnt wird der Treidelpfad an der Elbe erstmals 1343. Der Coswiger Abschnitt führt unterhalb der Elbstraße und der Zerbster Straße zum Schloss, wo er sich dann bis zur Fähre fortsetzt. Er dient heute vor allem als Spazier- und Flanierweg. Vom Elberadweg führt er über die weiße Brücke zur Coswiger Marina. Der „Coswiger Treidel Trunk“ ist ein beliebtes Mitbringsel.

1280 wurde gemeinsam mit einer Obermühle außerhalb des Stadttores die Niedermühle als Klostermühle erwähnt. Mit der Aufhebung des Klosters in der Reformationszeit wurde die Mühle privatisiert. Die Müllerfamilie Koch erwarb sie 1619 und bewirtschaftet sie seither in der 13. Generation.

Simonetti Haus

Zerbster Straße 40
06869 Coswig
Tel.: (03 49 03) 49 92 23
www.simonettihaus.de
Öffnungszeiten:
Tag der offenen Tür von März bis November an jedem letzten Sonntag im Monat, am städtischen Treidelfest (2. Wochenende im Juni), am Tag des Denkmals und am städtischen Weihnachtsmarkt (2. Advent) 10.00–18.00 Uhr
Das Simonetti Haus ist auch zu Kulturveranstaltungen geöffnet.

Die ehemals oberschlächtige Wassermühle, die heute mit Elektromotoren angetrieben wird, erhielt um 1700 ein Fachwerkgebäude und wurde nach dem Elbehochwasser 2002 saniert. Die überwiegend aus dem Jahr 1911 stammende Einrichtung mit Schrotgang, Mahlgang, Walzenstuhl, Quetschstuhl, Mischbehälter, Reinigungszylinder, Elevatoren und Transmissionen ist weitgehend erhalten.

Auch interessante Persönlichkeiten hatten in Coswig ihre Heimat. Der 1842 hier geborene und 1918 in Berlin verstorbene Philosoph Hermann Cohen gilt als einer der wichtigsten Vertreter jüdischer Philosophie im 20. Jahrhundert. Sein Vater Gerson Cohen war der in Coswig äußerst beliebte Kantor der jüdischen Gemeinde. Mit seiner Schrift „Kants Theorie der Erfahrung" machte sich der Philosoph einen Namen, habilitierte in Marburg und wurde 1876 an die dortige Universität berufen. Hier begründete Cohen die Marburger Schule des Neukantianismus. Einer seiner namhaftesten Schüler war Ernst Cassirer. Nach seiner Emeritierung 1912 zog Cohen nach Berlin und unterrichtete an der Hochschule für die Wissenschaft des Judentums. 1919 erschien sein Buch „Religion der Vernunft aus den Quellen des Judentums".

Der 1929 in Honolulu verstorbene Chef der Royal Hawaiian Brass Band hieß Heinrich August Wilhelm Berger und wurde 1844 in Berlin geboren. Er war in Coswig in sehr einfachen Verhältnissen aufgewachsen und hatte nach einer

Marina Coswig
Elbstraße 22
06869 Coswig
Tel.: (01 72) 4 92 75 29
www.marina-coswig.de

Blick auf den „Ort der Amseln", wie die Übersetzung von Coswig heißt.

chlößchen

25 68
urant.de

Mo–So 11.00–22.00 Uhr

Hotel & Restaurant „Zur Fichtenbreite“

Fichtenbreite 5
06869 Coswig
Tel.: (03 49 03) 47 42 90
www.hotel-fichtenbreite-hubertusberg.de
Öffnungszeiten:
März–September:
Mo–Sa 6.30–10.00 Uhr, 17.00–22.00 Uhr
So und feiertags 8.00–10.30 Uhr, 17.00–22.00 Uhr
Oktober–April:
Mo–Sa 6.30–10.00 Uhr, 17.00–21.30 Uhr
So 8.00–11.00 Uhr

Ausflugsgaststätte Hubertusberg

Hubertusberg 1
06869 Coswig
Tel.: (03 49 03) 6 27 33
www.hotel-fichtenbreite-hubertusberg.de
Öffnungszeiten:
Sa, So, feiertags ab 11.30 Uhr

Feriendorf und Paddelabenteuer

Ziekoer Landstraße 4
06869 Coswig
Tel.: (03 49 03) 5 92 60
www.feriendorf-elbe.de

Ausbildung zum Militärmusiker in Berlin gedient. 1872 war der hawaiianische König Kamehameha V. (1830–1872) bei Kaiser Wilhelm I. mit der Bitte um die Entsendung eines exzellenten Militärmusikers vorstellig geworden. Der Kaiser entsprach der Bitte und die Wahl fiel auf Heinrich Berger. Der formte in kurzer Zeit aus der Royal Hawaiian Band eine Formation, die viel zur Verbreitung dieser Musik in Europa beitrug. Mit der folgenden Kalakaua-Dynastie, insbesondere mit der letzten Königin Liliuokalani (1838–1917), war er verbunden und arrangierte viele ihrer Kompositionen für die Band, darunter das bekannte „Aloa he“, das später auch von Elvis Presley gesungen wurde.

Berger blieb bis 1915 Kapellmeister der nach dem Sturz der Monarchie und der amerikanischen Annexion 1898 zur Stadt Honolulu gehörenden Formation. Von ihm stammt auch die Nationalhymne Hawaiis, die immer noch als „State Song“ des Bundesstaates nach dem Erklingen der amerikanischen Nationalhymne auf Hawaii gesungen wird. Die Königin nannte Berger „Vater der hawaiianischen Musik“. Die Musikschule Coswigs trägt heute seinen Namen.

Das familiengeführte Restaurant Liebchens Waldschlösschen besteht als Ausflugslokal bereits seit 1889 und konnte 1989 vom jetzigen Besitzer wieder eröffnet werden. Hier werden die Gäste von Modelleisenbahnen bedient. Ein Biergarten mit Saal erfreut im Sommer das Publikum. Am See darf auch geangelt werden. Im Hotelshop sind Eisenbahnmodelle verschiedener Markenhersteller und traditionelle Anker-Steinbaukästen aus Rudolstadt erhältlich.

Die Arche Noah besteht aus einem Tiergarten, in dem vom Aussterben bedrohte Haustierrassen gehalten werden. Dazu gehören Jakobsschafe aus dem Orient, Zackelschafe aus Ungarn, Juan-Fernandez-Ziegen aus Chile, Kaschmirziegen aus Tibet, Thüringer Waldziegen oder Girgentana-Ziegen aus Sizilien.

1566 wurde der Laurentiusmarkt erstmals erwähnt. Seit 1993 gibt es ihn wieder. Das historische Spektakel, bei dem auch die sogenannten Laurentiustaler geprägt werden, findet alljährlich am zweiten Augustwochenende statt.

Alljährlich am zweiten Septemberwochenende ist an ungewöhnlichen Orten wie dem Dachboden des Klosterhofs, dem Kirchturm oder der Schlosskapelle die Nach(t)lesung zu erleben.

Bis zur Erfindung der Dampfschifffahrt musste flussaufwärts getreidelt werden. Das Treidelfest im Juni erinnert an diese schwere Arbeit. Eine besondere Attraktion ist das Schautreideln mit einem Kaffenkahn, der ca. fünf Tonnen wiegt und durch Bomätscher, wie man die Treidler in Sachsen nannte, gezogen werden muss.

Touristinformation Coswig

Am Markt 1
06869 Coswig
www.coswiganhalt.de
Öffnungszeiten:
Mo–Fr 9.00–18.00 Uhr
Sa 9.00–12.00 Uhr

Hundeluft

Das Dorf Hundeluft im Südwesten des Flämings liegt im Tal der Rossel und ist ein Ortsteil der Stadt Coswig. Die erste urkundliche Erwähnung der Burg stammt von 1280. 1307 wurde das Dorf ersterwähnt. 1414 fand auf der Burg die Raubritterwirtschaft durch deren anhaltische Eroberung ein Ende. Die folgenden Jahrhunderte sind gekennzeichnet von Pest, Kriegszerstörungen und mehrmaligem Verkauf unter den anhaltischen Fürsten. Ruhe kehrte erst ein, als Fürst Johann August von Anhalt-Zerbst den Ort erwarb. Lediglich Mauerreste erinnern an den Sitz des Raubrittergeschlechtes derer von Walwitz. Auf dem Ruinengelände vergegenwärtigt ein Modell der alten Burg die vergangene Pracht. Der artesische Brunnen auf dem Gelände sprudelt noch immer.

1943 wurde das Konstruktionsbüro der Junkers Flugzeug- und Motorenwerke nach Hundeluft verlegt. 1946 ermordeten marodierende sowjetische Soldaten sieben Einwohner des kleines Ortes.

Den Bau der Sankt-Bonifatius-Kirche in den Jahren 1742/46 veranlasste der Anhalt-Zerbster Fürst Johann August. Die barocke Kirche ist als achtseitige Rotunde mit Mansarddach gebaut worden. Der quadratische Turm ist im oberen Teil achteckig weitergeführt. Eine welsche Haube mit Zwiebellaterne bildet den Abschluss. In der Wetterfahne ist der anhaltische Bär zu sehen. Im Inneren der Kirche findet der Besucher das für die Barockzeit typische Spiegelgewölbe. Die umlaufende Empore wurde 1966 restauriert.

Der seltsame Ortsname nimmt Bezug auf das Gelände, in dem die Siedlung entstanden ist: dem früheren Hundeauslauf der Burgherren. Aus Hundelauf wurde Hundeluft.

Die bereits verfallende Schmiede wurde auf Initiative der Mitglieder des Heimatvereins „Hundelufter Findlinge e. V.“ saniert. Sie dient heute als Vereinshaus. Der Verein betreibt auch das mittelalterliche Backhaus im Ort.

Anfang Mai jeden Jahres findet in Hundeluft das Stationärmotortreffen auf dem Gelände der alten Burg statt. Unter Stationärmotoren sind solche zu verstehen, die zum Antrieb landwirtschaftlicher Standgeräte, verwendet werden, beispielsweise Dreschmaschinen. Die Vorführung betriebsbereiter Stationärmotoren gehört zum Programm jedes Treffens, ebenso die Wahl des am besten restaurierten Stationärmotors durch alle Teilnehmer.

Sankt-Bonifatius-Kirche

Tel.: (03 49 03) 6 26 45
Öffnungszeiten:
Sa, So 10.00–16.00 Uhr

Burgruine Hundeluft

Roßlauer Straße 1
06862 Coswig OT Hundeluft

Gaststätte „Zum Erlengrund“

Roßlauer Straße 70
06862 Coswig OT Hundeluft
Tel.: (03 49 07) 2 02 76
www.zumerlengrund.de
Öffnungszeiten:
Di–So ab 11.00 Uhr

Hundelufter Stationärmotortreffen

Alte Burgruine
Rossluaer Straße 1
06862 Coswig OT Hundeluft
www.hundeluft.de

Thießen

Kupferhammer Thießen

Am Kupferhammer 43
06868 Coswig OT Thießen
Tel.: (03 49 07) 2 04 40
www.kupferhammer-thiessen.de
Führungen nach Absprache
Öffnungszeiten:
Mi–So ab 12.00 Uhr

Forellenhof Thießen KG

Mönchholz 3
06868 Coswig OT Thießen
Tel.: (03 49 07) 2 04 55
www.forellenhof-thiessen.de
Öffnungszeiten:
Mo–So 8.00–18.00 Uhr

Die Ortschaft Thießen liegt ebenfalls am Südrand des Flämings im Tal der Rossel und ist ein Ortsteil der Stadt Coswig. Der dortige Kupferhammer steht seit 1958 unter Denkmalschutz. 1603 wurde im Totenregister der Thießener Kirchgemeinde erstmals ein Kupferschmiedegeselle erwähnt. In der Vierseitenhofanlage produzierte man also mindestens seit dem Beginn des 17. Jahrhunderts Waschkessel oder Destilliergeräte. Völlig eingestellt wurde die Arbeit erst 1974. Ab 1983 konnte der Kupferhammer umfassend restauriert werden. Er wird von einem mittelschlächtig betriebenen Wasserrad angehoben, um dann mit einem Eigengewicht von mehreren Zentnern auf den Amboss zu fallen. So kann das Kupfer bearbeitet werden. Die Wasserzufuhr regelt die Schlaggeschwindigkeit, die bis zu 120 Schlägen pro Minuten beträgt.

Zum Gelände des Kupferhammers gehört ein Park, durch den die Rossel fließt, die oberhalb des Kupferhammers zu einem Teich angestaut ist. Die Bäume des Parks dienten ausschließlich der Holzgewinnung für Reparaturen an der Hammeranlage, während die sich anschließenden Wiesenflächen für das Futter der Nutztiere sorgten.

Die Hammerschänke bietet saisonale Spezialitäten der Region und täglich frisch gebackenen Kuchen an. Das Gemüse stammt aus dem eigenen Garten oder zumindest aus der Region wie auch das Fleisch. Zwei Gaststuben bieten 30 Personen Platz. Der gemütliche Biergarten mit Blick auf den Vierseitenhof lädt im Sommer zum Verweilen ein. Zwei Doppelzimmer stehen für Übernachtungen bereit.

Der Forellenhof lädt zum Angeln ein. Im Teich schwimmen Forellen, Karpfen, Aale, Zander, Welse u. a. Natürlich ist auch Nachtangeln möglich.

Naturpark Fläming

Der Fläming ist eine in der Saalekaltzeit (vor 300 000 bis 130 000 Jahren) geformte Landschaft, die sich als dreißig bis fünfzig Kilometer breiter Höhenrücken von Magdeburg über mehr als einhundert Kilometer bis zur Dahme erstreckt. Ihren Namen erhielt die Gegend von den Flamen, die auf Einladung Albrechts des Bären im neu gewonnenen Land der Slawen siedeln durften. Zwar kamen auch Holländer, Friesen und Westfalen – aber Namensgeber blieben die Flamen.

Albrechts Politik zielte darauf ab, mit den Zwischensiedlungen der christlichen Neusiedler den heidnischen Slawen die Möglichkeit zu einheitlichem Handeln zu nehmen. Das war eine Lehre aus dem großen Slawenaufstand. Der dünnbesiedelte Landstrich ist heute mit seiner überwiegend forst- und landwirtschaftlichen Struktur ein ideales Urlaubsgebiet für Ruhesuchende oder sportlich Aktive.

Der Naturpark Hoher Fläming/Brandenburg und seit 2005 auch der Naturpark Fläming/Sachsen-Anhalt bieten eine ganze Anzahl an Wander- und Nordic-Walking-Möglichkeiten, halten Reit- und Radwege vor. Diese Landschaft hat ihren ganz eigenen Charme. Besonders für junge Leute stellt der Flaeming-Skate, einer der längsten Rundkurse seiner Art, eine Herausforderung dar.

Der Naturpark Fläming/Sachsen-Anhalt erstreckt sich über eine Fläche von 82 425 Hektar. Die Trägerschaft hat der 2003 gegründete Verein Naturpark Fläming e. V. übernommen. Folgende Biotypen kann man u. a. hier sehen: Trockenrasen und Heiden in der Woltersdorfer Heide, Erlen- und Eschenwälder am Olbitzbach oder am Grieboer Bach, Nass-, Feucht- und Frischwiesen, Hainsimsen-Buchenwald bei Göritz, trockene Eichenwälder am Apollensberg.

In der Rossel kann man den Fischotter beobachten. Fledermausarten wie die Mopsfledermaus am Zerbster Schloss und in Coswig, den Biber beispielsweise im Grieboer Bach, den Schwarzstorch bei Nuthe, die Rotbauchunke an den oberen Nutheläufen, Ziegenmelker und Bekassine und im Flüsschen das Bachneunauge.

Naturparkinfozentrum Jeber-Bergfrieden

Geschäftsstelle des Naturpark Fläming e. V.
Rotdornstraße 12
06868 Coswig OT Jeber-Bergfrieden
Tel.: (03 49 07) 3 07 45
www.naturpark-flaeming.de
Öffnungszeiten:
Mo–Fr 9.00–16.00 Uhr

Klieken

Kirche Klieken
Kontakt über
Evangelisches Pfarramt Coswig
Schlossstraße 58
06869 Coswig
Tel.: (03 49 03) 6 29 38
www.kirche-coswig.de

Auch Klieken gehört zur Stadt Coswig. Die kleine Gemeinde liegt am Rande der Kliekener Aue an der Elbe. Die barocke Fachwerkkirche entstand im 17. Jahrhundert, da aber noch ohne Turm. Der folgte erst 1784. Zwischen 1850 und 1900 wurde der nördliche Anbau errichtet. Kunstgeschichtlich herausragend ist der Marien-Altar. Der Altarschrein ist eine Arbeit aus dem 15. Jahrhundert. Die Altarflügel mit Gemälden von Lucas Cranach d. Ä. könnten inzwischen einen Krimi erzählen.

Sie wurden 1980 aus der Kirche gestohlen, eher zufällig 2007 in Bamberg wieder entdeckt und sollen nun nach aufwendiger Restaurierung der Kirche der Kirchgemeinde zurückgegeben werden. Die Flügel der Altarbilder zeigen außen die Verkündigung Marias, innen Joachim und Anna unter der Goldenen Pforte mit dem knienden Stifter des Altars und die Geburt Marias. Der Altar war im Jahr 1697 ein Geschenk des Deutschen Ritterordens an die Kliekener Kirche.

Komturei Buro

Buro ist heute ein Ortsteil von Klieken. Die ersten Erwähnungen des Dorfes stammen aus den Jahren 1258 und 1259. Die damaligen Brüder des Fürstenhauses Anhalt stifteten das Dorf dem Deutschen Ritterorden. Der schuf hier seine Kommende St. Elisabeth, die von 1258 bis 1809 Bestand hatte. Bereits vor 1250 wurde die Kirche als romanische Saalkirche aus Feldstein mit Chor und halbrunder Apsis, aber ohne Turm errichtet. Um 1258 wurde ein erstes gotisches Ordensgebäude, gleichfalls aus Feldstein, an die Kirche angebaut. Später wurde die Komturei erweitert. Nach einem Brand nahm man nach 1520 größere bauliche Veränderungen im Renaissancestil vor. Das vormalige Fachwerkobergeschoss des Nordflügels wurde massiv gebaut und mit reich ausgemalten Erkern nach Westen ausgestattet. Nach Süden erhielt das Obergeschoss hohe Dachaufbauten und einen Aborterker. Die Stockwerke erreichten die Burgherren über einen turmartigen Wendelstein im Inneneck der Flügel.

Der Buroer Komtur Hans von Lattorf war hier vermutlich Mitte des 16. Jahrhunderts der erste Lutheraner. Sein Nachfolger Henning von Britzke erließ als Statthalter der Ballei Sachsen die neuen Ordensstatuten, die der künftigen Mehrkonfessionalität des Ordens Rechnung trugen und bis 1809 galten. Auch Britzke war Lutheraner. Sein Epitaph befindet sich in der Kirche der Komturei Bergen bei Wanzleben in der Magdeburger Börde.

Die Komturei St. Elisabeth Buro, eine ehemalige Komturei des Deutschen Ritterordens

Komturei Buro

06869 Coswig OT Buro
Tel.: (01 76) 68 25 96 00
www.komturei-buro.de
Öffnungszeiten:
Mai–September:
Sa, So 13.00–16.00 Uhr
Führungen möglich

1637, mitten im Dreißigjährigen Krieg, befand sich Buro in elendem Zustand. Dem Komturgebäude fehlte teilweise das Dach, nur die knappe Hälfte der 17 Häuser war noch bewohnt. Im 18. Jahrhundert erholte sich die Komturei wirtschaftlich wieder. Neben Arbeiten an der Gesamtanlage konnte die Kirche zwischen 1697 bis 1727 umfangreich im Barockstil modernisiert werden. Der Kirchturm wurde errichtet und nach dem Abbruch des Wendelsteins eine Freitreppe eingebaut. Am Nordflügel diente nun auf der Westseite eine Galerie der Erschließung der Räume. Ein Lustgarten wurde angelegt, der Südflügel erhielt mit einer doppelarmigen Freitreppe einen repräsentativen Zugang. Im Rokoko wurde die Kirche um 4,60 Meter in Richtung Osten verlängert, um Platz für den Einbau einer Orgel zu schaffen. Nach 1809 fiel die Komturei als Domäne an das Herzogtum, nach 1918 an den Staat Anhalt.

Ab 1945 zogen Flüchtlingsfamilien in das ehemalige Ordensgebäude. Das Neue Haus von 1595 und der Ostflügel wurden zur Baumaterialgewinnung abgerissen. Der letzte Domänenpächter Philipp Bennecke verstarb 1946 in einem NKWD-Lager. Das ehemalige Ordensgebäude verfiel zusehends, weil jeglicher Instandsetzungswille fehlte. Ab 1984 stand das Gebäude leer.

Die Innenausstattung der Kirche stammt aus dem barocken Umbau. Die westliche Wand wurde von der Komtursloge eingenommen, die mit Butzenscheiben verglast ist. Die

Die Kirche ist als ein massiver Feldsteinbau errichtet. Eindrucksvoll ist die mit bleiverglasten Butzenscheiben ausgestattete Komtursloge, die sich über die gesamte westliche Wand des Kirchenschiffs erstreckt.

Loge ist nur von der Komturei her betretbar. Altar, Kanzel und Komturslоge scheinen aus der gleichen Werkstatt zu stammen. Der Altar, der seit zwanzig Jahren nicht mehr in Gebrauch ist, soll restauriert werden, sodass er wieder im Kirchenschiff aufgestellt werden kann. Dort sind drei Epitaphe angebracht: Das älteste Epitaph ist für Hans von Lattorf, Komtur von Buro und Komtur von Aken. Der Taufengel wurde 1945 verbrannt. Turm und Kirchendach konnten 1993 saniert werden.

Die Komturei enthält im Osten der Eingangshalle die zweiflügelige Tür zur Komturslоge in der Kirche. Hier befindet sich auch die Jagdtrophäensammlung. Der Gartensaal ist mit einer textilen Wandbespannung versehen. Zum Garten hin öffnet den Saal ein Erker. Rittersaal und Eingangshalle dienen heute als Ausstellungsräume zur Geschichte des Deutschen Ritterordens. Bemerkenswert ist die Schwarzküche, die sich über zwei Stockwerke erstreckt und den größten Raum der Komturei darstellt. Der Kaminschlot der Feuerstelle nimmt eine Grundfläche von zwei mal drei Metern ein.

Der ursprünglich barocke Garten wurde ab 1811 zu einem englischen Landschaftsgarten umgestaltet. Nach 1945 verkam der Park. Er wurde teilweise zur landwirtschaftlichen Nutzung freigegeben. Nach 1989 wurde er privatisiert und ist seither für die Öffentlichkeit nicht mehr zugänglich. Zur Komturei gehört nur noch ein Garten von 600 m^2, der 2007 neu angelegt wurde. Er ist kreuzförmig aufgeteilt. Die Viertelung ergab die Möglichkeit thematischer Gartenarbeit. So zeigt ein Teil mit Heilkräutern und Gewürzpflanzen klösterliche Gartenelemente. Im Mariengarten befinden sich Symbolpflanzen der Schutzpatronin des Deutschen Ordens. Der Staudengarten bildet den dritten Teil, ein Garten mit alten anhaltischen Nutzpflanzen den vierten. Außerdem enthält der Garten eine kleine Sammlung historischer und englischer Rosen.

Die Komturei hat seit 1258 Brau- und Brennrechte. 2009 ist diese Tradition wieder aufgelebt. Die erste Spirituose ist nach der Patronin, der heiligen Elisabeth von Thüringen, benannt, ein Likör ohne künstliche Zusatzstoffe und aus rein biologischen Bestandteilen von 28 Kräutern.

Ragösen

Dorfkirche Ragösen
Evangelische Kirchengemeinde Ragösen
Dorfstraße 2
06869 Coswig OT Zieko
Tel.: (03 49 03) 6 26 45
www.kirchenkreis-zerbst.de

Gaststätte und Pension Rosenhof Ragösen
Dorfstraße 10
06869 Coswig OT Ragösen
Tel.: (03 49 07) 2 04 36
www.rosenhof-ragoesen.de
Öffnungszeiten:
Mo–So 11.00–23.00 Uhr
Angebote: Museumsscheune, freitags Backhaus, Herrenzimmer, Jägerzimmer

Ebenfalls ein Ortsteil der Stadt Coswig, liegt der Ort Ragösen am Südwestrand des Fläming im Tal der oberen Nuthe. Das Gotteshaus des Ortes ist eine der typischen kleinen romanischen Feldsteinkirchen, die um 1200 von den ins eroberte slawische Land eindringenden Siedlern erbaut wurden. Die romanische Priesterpforte ist verschlossen, aber noch gut erkennbar. Die Gemeindepforte ist in ihrer ursprünglichen Form erhalten. Die Glocke aus dem 13. und der Taufstein aus dem 14. Jahrhundert stellen das älteste Inventar der Kirche dar.

Der hölzerne Kanzelfuß, vermutlich aus dem 16. Jahrhundert, wird „Ragöser Jüngling" genannt. Der Knabe ist als geschnitzte Halbfigur dargestellt mit allerhand Blumen und Früchten. In Ragösen erzählt man sich von jeher, dass es sich um eine heidnische Figur handle, die einem Fruchtbarkeitsritus zuzuordnen sei. Sie wurde seinerzeit in die Kirche übernommen, weil man nicht von ihrer Verehrung habe lassen wollen. So herrschte bis ins 19. Jahrhundert die Sitte, dass jedes Kind, das die Kirche zum ersten Mal betrat, der Figur einen Kuss geben musste.

Serno

Kirche von Serno
Evangelische Epiphaniasgemeinde Weiden
Dorfstraße 2
06869 Coswig OT Zieko
Tel.: (03 49 03) 6 26 45
www.epiphaniasgemeinde.de

Auch Serno ist ein Ortsteil der Stadt Coswig. Die Gemarkung Serno ist zu achtzig Prozent von Wald bedeckt. Die Gemeinde gehört zum Hohen Fläming.

Die 1829/30 im Auftrag des Herzogs Alexius Friedrich Christian von Anhalt-Bernburg errichtete Kirche von Serno enthält ein ungewöhnliches Baudenkmal, das sich aber mit der Geschichte des Ortes gut erklären lässt: das Stabgeläute. Anstatt einer Glocke, die sich die arme Gemeinde aus Teerschwelern, Köhlern und Gutsarbeitern nicht leisten konnte, wurde ein kostengünstigeres Stabgeläute angeschafft.

Der Coswiger Bauingenieur Hennig konstruierte das technische Wunderwerk. Drei in einem Winkel von 50 Grad gebogene Doppelstäbe aus Stahl werden, einer Spieluhr ähnlich, von drei Hämmern aus Buchenholz angeschlagen. So entstand aus der Not eine einzigartige Problemlösung. Insgesamt sind wohl drei dieser Geläute hergestellt worden. Das Sernoer Geläute ist aber das einzige, das noch in Betrieb ist. Auf Wunsch wird es vor Ort gern vorgeführt.

GARTENTRÄUME IN ANHALT

Im denkmalpflegerisch-touristischen Netzwerk „Gartenträume – Historische Parks in Sachsen-Anhalt e. V." sind aus den mehr als tausend denkmalgeschützten Gärten und Parks in Sachsen-Anhalt 43 besonders repräsentative aus verschiedenen Epochen der Gartenkunstgeschichte zusammengefasst, die einen interessanten Einblick in die Gartenkunst des Landes geben. Gerade in Anhalt findet man dazu international bedeutsame Beispiele, vor allem im UNESCO-Welterbe Gartenreich Dessau-Wörlitz.

Dem bedeutendsten Alterswerk Peter Joseph Lennés begegnet man in dem in großen Teilen von ihm gestalteten Schlosspark Ballenstedt. Die italienischen Einflüsse in Ballenstedt, aber auch auf der Roseburg bei Rieder, um etliches später, sind unübersehbar. In Oranienbaum begegnet man dem Einfluss der Niederlande. In den Gärten des Fürsten Franz von Anhalt-Dessau wird man Erfahrungen seiner Reisen nach England, Frankreich und Italien finden. Moderne, aber die Tradition einbeziehende urbane Parks sind in der Folge der 3. Landesgartenschau des Landes Sachsen-Anhalt 2010 in Aschersleben zu finden. Nicht zu vergessen ist der Köthener Schlosspark, der mitten in der Stadt liegt.

Gärtner sind weise Leute. Von Karl Förster stammt das Motto: „Wer Träume verwirklichen will, muss wacher sein und tiefer träumen als andere." Wer sich auf den Weg macht, die anhaltischen Gärten zu entdecken, begegnet den Gedanken der Aufklärung innerhalb der Wörlitzer Anlagen und der entzückenden Pagode im anglo-chinoisen Teil des Oranienbaumer Parks, insgesamt kann er die Bemühungen des Fürsten Franz um Landesverschönerung nachvollziehen. Für dieses hohe Ziel ließ der Fürst den preußischen Friedrich im Stich und hielt sich von den kriegerischen Allüren seines dominanten Nachbarn fern. In seinem kleinen Anhalt-Dessau mit Wörlitz schuf Franz ein Gesamtkunstwerk. Wenn es denn einen Philosophen auf dem Thron gegeben hat, gebührt wohl dem anhaltischen Franz diese Ehre. Das UNESCO-Welterbekomitee begründete die Aufnahme der Kulturlandschaft Gartenreich Dessau-Wörlitz so: Es ist „ein herausragendes Beispiel für die Umsetzung philosophischer Prinzipien der Aufklärung in einer Landschaftsgestaltung, die Kunst, Erziehung und Wirtschaft harmonisch miteinander verbindet." Von Franz lernte auch ein wörlitzverliebter Goethe, der versuchte, dem gärtnerischen Vorbild im Weimarer Ilmpark nachzueifern.

Noch im 11. Jahrhundert eine Burg der Askanier, später Kollegiatstift und Benediktinerkloster, Grablege Albrechts des Bären, wurde das vom Fürsten Wolfgang von Anhalt, den seine Zeitgenossen den „Bekenner" nannten, 1525 säkularisierte Kloster Ballenstedt schließlich von ihm als Residenz ausgebaut. Im 18. Jahrhundert erfolgte der spätbarocke Umbau, sichtbar im Bemühen, das Schloss zur Stadt hin zu öffnen. Ein schönes Ergebnis dieser Bemühungen ist die beeindruckende Kastanienallee, welche die Ballenstedter Altstadt mit Schloss und Schlosspark verbindet.

Der 29 Hektar umfassende Schlosspark ist ein Juwel mitteldeutscher Parkkunst. Nachdem er 1765 im englischen Landschaftsstil geschaffen worden war, erhielt 1858 Peter Joseph Lenné den Auftrag, den 12 Hektar großen Bereich nördlich des Schlosses zu überplanen. Er ließ das Gelände terrassieren und die eindrucksvolle Wasserachse mit der Drachenfontäne bauen, die seit 2006 nach aufwendigen Restaurierungsarbeiten wieder die Parkbesucher erfreut. Der Park mit seinen wunderbaren Blicken ist auch heute noch ein „Seelenfänger".

Herausragendes künstlerisches Kleinod des Schlossparks ist die von Gottfried Schadow um 1840 geschaffene Skulptur des gusseisernen Löwen. Der Musikpavillon und weitere Bassins folgten. Mit der Vergrößerung des Schwanenteichs 1863 waren die Arbeiten abgeschlossen. Der von Lenné gestaltete Teil des Parks erinnert an die Gärten italienischer Villen.

Wer einen heiteren Erholungs- und Bildungsort besichtigen möchte, kann das unweit Ballenstedts in Rieder auf der Roseburg tun. Der Berliner Architekt Ernst Bernhard Sehring

Der 29 Hektar umfassende Schlosspark in Ballenstedt ist ein Juwel mitteldeutscher Parkkunst.

erwarb 1905 das Gelände rings um die bereits im 16. Jahrhundert wüst gefallene Rudolphsburg vom Prinzen Friedrich von Anhalt. Sehring, der sich mit seinen Theaterbauten, unter anderem in Berlin und Halberstadt, einen Namen gemacht hatte, plante eine neoromantische, späthistoristische Anlage, deren Ausbau 1925 abgeschlossen war. Die Roseburg sollte der Familie als Sommersitz und zur Unterbringung der Sehring'schen Kunstsammlung dienen. Die Burg verfügt über einen Wohnturm, über ein Torhaus und einen Wachturm mit aufsteigendem Wehrgang. 1600 Meter Steinmauer umfassen die Vorburg. Das Mausoleum dient als Aussichtsturm und ermöglicht weite Blicke in die Harzlandschaft. Eine hundert Meter lange terrassierte Wasserachse, die per Münzwurf in Gang gesetzt werden kann, bildet die optische Mitte des mit aus Beton gegossenen Skulpturen bestückten Parks. Das Vorbild der Wasserachse ist im Garten der Villa d'Este in Tivoli zu finden. Die Puttenallee hat gleichfalls italienische Entsprechungen. Während seines Studienaufenthaltes in Italien sammelte Sehring allerhand Souvenirs für den Park: Skulpturen, Mosaike, Brunnentröge, vier marmorne Porträtbüsten und eine kostbare italienische Holztür.

Mitten im Grünen Salon Aschersleben, in der Herrenbreite, erinnert der moderne, außergewöhnlich gelungene Spielplatz mit der persischen Karawanserei und dem einen Schiffsuntergang darstellenden Klettergerüst an die Reisen des vor der 3. Landesgartenschau Sachsen-Anhalts 2010 in seiner Geburtsstadt fast vergessenen barocken Universalgelehrten Adam Olearius. Der frühere Schieß- und Exerzierplatz wurde zum Park der jungen Familien. Vier Aschersleber Schulen teilen sich den kleinen, aber feinen Bestehornpark als einen besonderen Schulhof, auf dessen Flüsterolearien man Platz nehmen und dem Schulfunk lauschen kann. Hier ist auch der moderne Anbau der ehemaligen Bestehornschen Papierfabrik, der sogenannte Riegel, wo die vom Maler Neo Rauch seiner Heimatstadt geschenkte Sammlung seines grafischen Werks präsentiert wird. Der Betrachter der „Aschersleber Kartoffel" lernt im Vorübergehen anhand der drei Tonnen schweren Bronzeskulptur, wie unsere Erde, richtig vermessen, wirklich aussieht: eher wie eine Kartoffel. Der Berliner Bildhauer Oliver Störmer schuf das Werk gemeinsam mit dem Deutschen GeoForschungsZentrum Potsdam als eine Erinnerung an den Gottorfer Globus des Olearius. Das Rosarium, entworfen 1938, entstand unter der Patenschaft des Sangerhäuser Europa-Rosariums anlässlich der Gartenbauausstellung neu: ein kleiner erholsamer, von feinen Düften durchzogener Ort inmitten der Aschersleber Parks. Reizvoll sind die von überall möglichen Blicke aus den Parks in die zu großen Teilen sanierte Altstadt.

Schloss und Schlosspark liegen eingebettet in die Bürgerstadt Köthen. Bis ans Ende des 18. Jahrhunderts galt der Schlosspark als der schönste in Anhalt. Er war berühmt für seine Oliven- und Granatapfelbäume, Pflanzen, die Fürst Ludwig von Anhalt von seinen Reisen in mediterrane Regionen mitgebracht hatte. Die wichtigste Sprachgesellschaft des Barock, die „Fruchtbringende Gesellschaft", hatte im Schlosspark ihren Sitz. Im 19. Jahrhundert wurde der Park zum englischen Landschaftsgarten umgeformt. Diesem Eindruck wird er auch heute wieder gerecht. Im Schloss kann man im Schlossapothekengewölbe auf den Spuren Samuel Hahnemanns, in der Sammlung Naumann auf denen des berühmten Ornithologen, im Heimatmuseum und im prächtigen Spiegelsaal auf denen des großen Komponisten Bach wandeln. Im ehemaligen Marstall, im modernen Johann-Sebastian-Bach-Saal, kann man Bach-Interpreten lauschen.

Schloss und Schlossgarten in Dessau-Mosigkau bilden eines der wenigen erhalten gebliebenen Rokoko-Ensembles. Die Anlage ließ der Alte Dessauer für seine unverheiratet gebliebene Lieblingstochter Anna Wilhelmine von Anhalt-Dessau herrichten. Nicht hübsch genug, aber zu klug und überdies mit dem Makel einer Mesalliance der Eltern behaftet, sollte sie wenigstens mit einer fürstlichen Apanage entschädigt sein. „Mosigkau ist der architektonisch vollkommenste Bau aus dem Rokokozeitalter in Anhalt", schrieb 1929 Ludwig Grote über das Schloss. Im Rokoko beliebte gartenbauliche Elemente wie das Gartenlabyrinth oder die Kegelbahnen sind bis heute erhalten geblieben. 1777 ließ die Tante des Fürsten Franz die Englische Partie anlegen. Das Chinesische Haus, in dem seit 1774 die Prinzessin, später die Stiftsdamen ihren Tee einnahmen, gehört zu den Kleinoden des Parks. Das Lustschloss, eine dreiflügelige barocke Schlossanlage, enthält heute die aus der oranischen Erbschaft stammende umfangreiche Sammlung vor allem niederländischer Malerei, unter anderem von Rubens, van Dyck und Brueghel. Das berühmteste Gemälde der Sammlung ist wohl van Dycks Bildnis Wilhelms II. von Oranien als Knabe. Besucher sollten auch auf dem Friedhof der Stiftsdamen verweilen, einem sehr harmonischen Ort der Stille und der Meditation.

Die erste neoromanische Kirche Deutschlands wurde in Großkühnau gebaut. Die Entwürfe stammten von Herzog Leopold IV. Friedrich, dem Enkel des Fürsten Franz, und seinem Baumeister Carlo Ignazio Pozzi. Der Großkühnauer Park ist der jüngste Park des Gartenreichs. Seinen gestalterischen Höhepunkt setzte der im Volksmund seiner Liebe zur Natur wegen „Busch-Polte" genannte Herzog mit dem von Pozzi entworfenen Weinberghaus. Das in seinen italisierenden Formen als Blickpunkt gebaute Häuschen diente als Teestube.

Die Kirche schloss die Gestaltung der Landschaft am Kühnauer See ab. Das Schloss dient heute als Sitz der Kulturstiftung DessauWörlitz.

„Hans-Jürge“ nannte das Anhalter Volk den Bruder des Fürsten Franz, Prinz Johann Georg von Anhalt-Dessau. Er galt als gescheiter, liebenswürdiger, hochgebildeter Mann. 1779 quittierte er den Dienst als preußischer Offizier. Der Feldweg von Dessau zur Elbe hieß seit jeher Fürstenweg. Des Prinzen Idee, einen Park zu schaffen, dessen Zugang der Fürstenweg sein sollte, wurde von Friedrich Wilhelm von Erdmannsdorff und den Gärtnern Johann George Schoch und Johann Friedrich Eyserbeck aufgenommen und umgesetzt. Hier sollten Tradition und Moderne in eins gefügt werden.

Der besondere Reiz des Parks besteht darin, wie man hier noch die Suche nach Neuem ausmachen kann. Das eierschalenweiße Schloss Georgium wurde im Stil eines englischen Landhauses gebaut und bei Hofe auch Landhaus genannt. Die beiden Flügel sind Anbauten von 1893, haben also mit der ursprünglichen Idee eleganter Schlichtheit wenig zu tun. Das Schloss beherbergt heute die Anhaltische Gemäldegalerie. Im

Schloss Mosigkau gilt als Juwel der Zeit des Rokoko.

Fremdenhaus, der Eremitage, kann man die Grafiksammlung bewundern.

Der Landschaftspark enthält neben architektonischen Kostbarkeiten wie dem Ionischen Tempel, den acht ionischen Säulen als Trümmer eines alten Tempels, dem Elbpavillon und dem 43 Meter hohen Mausoleum der Herzöge von Anhalt auch einen respektablen Altbaumbestand mit Eichen, Linden, Hainbuchen und Eschen. Er verblüfft immer wieder mit sich öffnenden Plätzen und überraschenden Sichten. Der Beckerbruch ist noch nahezu in seiner ursprünglichen Art belassen. Als Auenwaldpark angelegt, zeichnet er sich durch kleine Wiesen, Gewässer, Dämme, Hügel und einfache Wegenetze als vollkommen natürliche Landschaft aus, an die sich der Streitheger mit Elbe und Leopoldshafen anschließt.

Schloss Luisium, das vollendetste Werk des Klassizismus, war ein Geschenk des Fürsten Franz an seine Frau, die Fürstin Luise Henriette Wilhelmine von Anhalt-Dessau, eine Hohenzollerin, anlässlich ihres 30. Geburtstags im Jahr 1780. Erdmannsdorff hatte es entworfen. Das inzwischen restaurierte Schlösschen ist ganz im Stile eines Landhauses gebaut. Es ist an Schlichtheit kaum zu übertreffen. Als die Fürstin hier einzog, war es wohl einer der modernsten Schlossbauten Deutschlands, fast eher ein Bürgerhaus. Der Baukörper strebt nach oben zum Belvedere. Das Innere gestaltete Erdmannsdorff zu einem Tempel der Tugend. Im Grafischen Kabinett bezog er sämtliche zur Verfügung stehenden Wände einschließlich der Türblätter und der Decke ein, um die umfangreiche Sammlung auch zeigen zu können.

Faszinierend sind die Blicke aus dem Luisium: Nach Norden führen drei Alleen, alte Jagdschneisen, die im großen, eingezäunten Tiergarten vor dem Schloss mündeten. Am Ende des Blickfeldes steht ein Ruinenbogen, der den Rahmen für eine Sandsteinplastik bildet. Von der Südseite blickt man über die weiße, hölzerne Bogenbrücke zu den Gestütsgebäuden. Der Garten, die englische Anlage und das vollendete kleine Schloss dienten der Fürstin als Lebensort. Hier empfing sie ihre Gäste und pflegte geistigen Austausch.

Im naturbelassenen Landschaftsgarten Sieglitzer Berg bei Vockerode verblüffen Parkarchitekturen wie das unvermutet auftauchende, mittelalterlich anmutende, 1763 erbaute Walltor. Die stark waldartige, höhenexponierte Lage des Areals ermöglicht weite Blicke in die Elbauenlandschaft. Der belgische Offizier, Diplomat in österreichischen Diensten und Schriftsteller Charles Joseph Fürst de Ligne (1735–1814) fand angesichts des Sieglitzer Berges folgende Formel: „Es ist die reizendste Wildnis, die ich kenne."

Fürst Franz hatte 1777 entschieden, auf den Höhen einen Landschaftspark anzulegen. Er entfernte sich jedoch von diesem Gedanken und ließ etwas Neues entstehen: einen 23 Hektar großen Waldgarten, der als Wildgatter diente, mit drei offenen Toren, dem 1780 im Barockstil errichteten Dessauer Tor, dem südlichen Klassischen Tor und dem östlichen Walltor. Der auf dem Elbdeich erbaute Dianentempel diente dem Hochwasserschutz, war aber zugleich – in der Formensprache eines dorischen Tempels – für Badeaufenthalte des Fürsten vorgesehen. Warmes Wasser bezog man aus dem Heizhaus und der Küche. Der Tempel verfügte außer der Badestube über einen Saal mit Kamin, ein Kabinett, ein Schlafzimmer mit Alkoven und eine kleine Küche. Die Inschrift über dem Portikus lautete: „DER BESSERUNG".

Im Wörlitzer Park

„Hier ists ietzt unendlich schön. Mich hats gestern Abend wie wir durch die Seen Canäle und Wäldgen schlichen sehr gerührt wie die Götter dem Fürsten erlaubt haben einen Traum um sich herum zu schaffen", schrieb Goethe 1778.

Die Wörlitzer Anlagen als frühestes Zeugnis eines kontinentalen Landschaftsgartens im englischen Stil ergeben mit ihren Gärten, Landhäusern, Spaziermöglichkeiten zwischen all den antiken, die Ästhetik schulenden Skulpturen, der kleinen Geschichte des Brückenbaus, der man im Park begegnet, und den vielfältigen Bauwerken einen kompletten Erfahrungsbericht der Grande Tour des Fürsten durch Frankreich und Italien, aber auch seines Englandaufenthaltes. „Das Nützliche mit dem Schönen verbinden", war sein Motto. Was man an den Wörlitzer Anlagen mit dem Wörlitzer Schloss, dem Gotischen Haus und der Insel Stein erfahren kann, ist Disziplin, die sich mit Fantasie verband. Hier wird keine der hochmodernen englischen Gartentheorien kopiert, hier werden Gartengestaltung, Bauwerke und bildende Kunst zu einem Gesamtkunstwerk verbunden, das am Ende den englischen Landschaftsgarten auf eine neue, interessante Stufe hebt. Wörlitz war für die damalige Zeit revolutionär. Ludwig Trauzettel bemerkte, dass hier der Garten „zum Erholungs- und Bildungsort, zum Muster, Vorbild und Museum" wurde.

Als 1660 die Oranierprinzessin Henriette Catharina von Nassau-Oranien gerade ein Jahr mit dem Fürsten Johann Georg II. von Anhalt-Dessau verheiratet war, erhielt sie Nischwitz als Morgengabe. Ein paar etwa 1645 erbaute Häuschen standen auf dem wüsten Ort. Sie engagierte den holländischen Baumeister Cornelis Ryckwaert, der ihr Schloss und Stadt im barocken Stil und in holländischer Art baute. Bereits 1763 wurde Nischwitz in Oranienbaum umbenannt, das heute eines der ganz wenigen erhaltenen barocken Ensembles in Mitteleuropa ist. Die auf das Schloss führende Straßenachse öffnet sich im Mittelpunkt einer Querstraße zu einem großen quadratischen, mit doppelten Lindenreihen bepflanzten Marktplatz.

Auf Veranlassung des Fürsten Franz wurde ein Chinesischer Garten mit Teehaus und Pagode geschaffen, wie sie seinerzeit in England Mode waren. Das durch manche Bodenerhebung modellierte Terrain wurde mit Wasserläufen, einem Teich, Inseln, kleinen Brücken und Schlängelwegen gegliedert. In Oranienbaum ist Deutschland ein kleines bisschen holländisch. Marnix Krop, holländischer Botschafter in Deutschland, behauptet, holländisches Denken wie Design entstehe da, wo der unbändige holländische Freiheitswille auf die freiwillige Einsicht zur Ordnung stoße. In Oranienbaum beispielsweise.

UNESCO-BIOSPHÄREN-RESERVAT MITTELELBE

Ein Biosphärenreservat ist kein Totalreservat, das als Genreserve völlig unbeeinflusst vom Menschen gelassen werden muss. Solche Gebiete gibt es innerhalb eines Biosphärenreservates auch, aber sie sind vergleichsweise klein. Bei einem Biosphärenreservat geht es um das Verhältnis von Mensch, Flora und Fauna, um einen dauerhaften umweltgerechten Umgang mit natürlichen Ressourcen. Das setzt umweltgerechte Landwirtschaft, naturnahen Tourismus sowie die Koexistenz von Mensch und Natur zu beiderseitigem Vorteil voraus. Derzeit gibt es weltweit 580 Biosphärenreservate in mehr als hundert Staaten. Eines davon ist das UNESCO-Biosphärenreservat Mittelelbe beidseits der Elbe.

Die Anerkennung seitens der UNESCO galt der länderübergreifenden Flusslandschaft mit Flächen in Sachsen-Anhalt, Brandenburg, Mecklenburg-Vorpommern, Niedersachsen und Schleswig-Holstein. 400 Flusskilometer der Elbe erhielten so einen besonderen Schutzstatus. Es entstand eines der größten Biosphärenreservate Europas.

Genau genommen, hatte Fürst Franz die Idee des Biosphärenreservates in einigen Punkten vorweggenommen. Die Gärten und Architekturen im Gartenreich wurden durch bepflanzte Deichanlagen (aus Gründen des Hochwasserschutzes), Alleen, Solitäreichen, Wiesen und Obstpflanzungen miteinander verbunden. Seit 1988 ist das Gartenreich des Fürsten Bestandteil des Weltnetzes der Biosphärenreservate. Seit im Jahr 2000 die 143 Quadratkilometer des Gartenreichs UNESCO-Weltkulturerbe geworden sind, ergänzen sich hier die Ideen des Biosphärenreservates und des Gartenreichs auf einzigartige Weise.

1979 wies die UNESCO das Naturschutzgebiet Steckby-Lödderitzer Forst neben dem thüringischen Vessertal als eines der ersten beiden Biosphärenreservate Deutschlands aus. Durch Einbeziehung weiterer Gebiete einschließlich der von Fürst Franz geschaffenen Kulturlandschaft wurde 1990 das Biosphärenreservat Mittlere Elbe geschaffen.

Damit gehören 43 000 Hektar beidseits des Flusses, vor allem die Auenwälder im anhaltischen Bereich, zum Bioreservat. 2006 wurde es auf 125 743 Hektar erweitert. Es geht auch auf das vorausschauende Denken des Fürsten Franz zurück, wenn die Elbe gerade im anhaltischen Raum naturbelassen blieb. Insgesamt sind etwa 80 Prozent der Elbauenwälder auf dem Gebiet Sachsen-Anhalts zu finden. Dass es heute in der Elbe wieder einen erholten Biberbesatz gibt, gehört zu den großen Leistungen der vergangenen Jahre. In-

Informationszentrum Biosphärenreservat „Mittlere Elbe“

Oranienbaumer Landstraße
Tel.: (03 49 04) 4 06 10

Biosphärenreservatsverwaltung Mittlere Elbe

Auenhaus
Postfach 1382
06813 Dessau-Roßlau
Tel.: (03 49 04) 4 21 10

Informationszentrum „Auenhaus“

Tel.: (03 40) 2 20 61 41
Öffnungszeiten:
Mai–Oktober:
Mo–Fr 10.00–17.00 Uhr
Sa, So und Feiertage
11.00–17.00 Uhr
November–April:
Mo–Fr 10.00–16.00 Uhr
Eintritt frei, Führungen anmelden

Was man im Biosphärenreservat noch erleben kann

Trekkingtouren auf Alpakas

Ab Vockerode
Tel.: (03 49 05) 2 13 72
oder (01 77) 5 70 94 33

Draisine-Fahrten ab Vockerode

Tel.: (03 49 53) 2 58 91
www.fbe-bahn.de

Auenhaus und Biberfreianlage

Tel.: (03 49 04) 4 06 10
www.mittelelbe.com
www.gartenreich.com
Öffnungszeiten:
Mai–Oktober:
Mo–Fr 10.00–17.00 Uhr
Sa, So, Feiertage 11.00–17.00 Uhr
November–April:
Mo–Fr 10.00–16.00 Uhr
Karfreitag, Ostern:
11.00–17.00 Uhr
Weitere Öffnungszeiten für Besuchergruppen nach Vereinbarung

zwischen wurde der Elbbiber sogar in rückgebaute Flüsse Deutschlands „exportiert".

Auenpfade sind gut beschilderte Wege, auf denen über die Besonderheiten einer Region, über die typischen Arten des betreffenden Naturraums, über die Funktionen des Biosphärenreservates, über Geschichte und Nutzung des Gebietes informiert wird. Wandernd erfährt man mehr über eine Landschaft als bei jeder anderen Fortbewegungsart. Die Auenpfade ergänzen das touristische Spektrum ihrer Region, bieten Bildungsangebote und dienen gleichzeitig der Besucherlenkung zum Schutz sensibler Naturräume.

Das Informationszentrum Auenhaus und Biberfreianlage steht an der Landstraße zwischen Dessau und Oranienbaum. Die Ausstellung im Pavillon informiert über die Möglichkeiten und Besonderheiten des Schutzgebietes. Im Freigelände sind ein Kräuter- und ein Gemüsegarten zu besichtigen. Ein Lehr- und Erlebnispfad führt an Sprunggruben, Taststrecken und einem Kiefernlabyrinth vorbei zur Biberfreianlage. Diese ermöglicht direkte Blicke in „Bibers Wohnstube".

Zwischen der A 9, Abfahrt Coswig, und Roßlau, südlich von Klieken, befinden sich am Auenpfad „Kliekener Aue" zwei Beobachtungstürme, die einen Blick über das Altwasser Alte Elbe bieten. Dieses Gewässer ist ganzjährig Lebens- und Nahrungsgebiet für Wasservögel. Die Gegend zählt auch zu

Elbauenlandschaft aus der Luft bei Dessau

Fahrgastschiff auf der Elbe

den Rast- und Überwinterungsgebieten verschiedener Enten- und Sägerarten.

Südlich an der Straße von Coswig nach Griebo erhält der Betrachter am Elbhochufer einen Ausblick über das Elbtal mit dem mäandernden Flusslauf. Im Blick sind die Auenwaldgebiete im Bereich Teufelshorn und die Auenwiesen.

Der Beobachtungsturm Kühnauer Aue ist nördlich des Dessauer Ortsteils Großkühnau am Auenpfad „Kühnauer See" zu finden. Vom Turm hat der Betrachter Über- und Einblicke in einen Ausschnitt der Elbaue mit dem Unterbruch, mit Wiesen und Auenwäldern. Der Kühnauer See, an dem der Park liegt, ist Rast- und Überwinterungsgewässer für Wasservögel.

Bedeutsam ist der Aussichtspunkt an der Nordwestseite des Neolith-Teiches. Der Teich ist eines der wichtigsten Durchzugs-, Rast- und Überwinterungsgewässer im Biosphärenreservat. Bis zu 40 000 Saat- und Blessgänse übernachten hier zwischen September und Dezember. Auch seltene Gäste wie die Kurzschnabelgans wurden hier schon gesehen. Der Teich und seine Ufer sind auch als Brutgewässer für Rothalstaucher oder Löffelenten interessant.

Die Martin-Luther-Universität Halle-Wittenberg unterbreitete den Vorschlag, im Biosphärengarten „einen Schutzgarten für bedrohte Arten der typischen Lebensräume der Mittleren Elbe" einzurichten. Der Schutzgarten besteht aus zwei Teilflächen: einem 100 m^2 großen Areal für Pflanzen trockener Standorte und einem 500 m^2 großen Areal für

Solitäreichen im Biosphärenreservat

Arten der wechselfeuchten Standorte. Derzeit werden hier 21 Arten der Roten Liste Sachsen-Anhalt, die mit den Kategorien „Verschollen bzw. Ausgestorben“, „Vom Aussterben bedroht“ und „Stark gefährdet“ beschrieben sind, gärtnerisch kultiviert.

Oder-Hochwasser 1997, Elbe-Hochwasser 2002, Alpenvorland-Hochwasser 2005: Was sind die Ursachen? Wie ist ein besserer Schutz möglich? Die Wanderausstellung „Naturereignis Hochwasser“ gibt mit 28 Tafeln und zwei Aktionsmodellen Antworten und will einer Versachlichung des Themas dienen.

Die Ausstellung „Naturschutzgebiete in Anhalt“ ist ein Beitrag des Biosphärenreservates zum Jubiläum Anhalt 800. Die Leistungen, die aus Anhalt zum Thema Naturschutz kommen, können sich sehen lassen. Übrigens: Der erste Hinweis, sich nachhaltig gegenüber der Natur zu verhalten, steht in den Wörlitzer Anlagen. Fürst Franz ließ den sogenannten Warn-Altar aufstellen, das weltweit erste Umwelt-Denkmal: „Wanderer, achte Natur und Kunst und schone ihre Werke“.

Mehr als 3500 Kilometer führt der Europaradwanderweg R1 von Westen kommend quer durch Deutschland nach Osten. Der Weg tangiert in Dessau Anhalt. Hier berührt er in Kleinkühnau, am Dessauer Leopoldshafen und in Oranienbaum den Elberadweg und kleine lokaltouristische Radwege.

Insgesamt 860 Kilometer verläuft der Elberadweg entlang des Flusses, von Spindlermühle in Tschechien bis Cuxhaven. Zu den reizvollsten Abschnitten des besonders für Familienfahrten mit Kindern ab 12 Jahren geeigneten Radweges zählen die anhaltischen. In Dessau laden die UNESCO-Welterbestätten Bauhaus und die Meisterhäuser, Gartenreich Dessau-Wörlitz mit seinen Museen und Schlössern zum Besuch ein.

Besonders beeindruckend ist es natürlich, durch ursprüngliche Naturlandschaften zu radeln, wie sie im UNESCO-Biosphärenreservat „Mittelelbe“ zu erleben sind: Sachsen-Anhalt verfügt über etwa 80 Prozent des Auenwaldgebietes entlang der Elbe. Ein gehöriger Teil davon fällt auf Anhalt ab. Ein besonderer Anziehungspunkt ist die Biberfreianlage bei Oranienbaum. Hier können die Besucher einer Biberfamilie in die „Wohnstube“ schauen und sie bei ihrem Tagwerk beobachten. Von den 8000 in Deutschland beheimateten Bibern leben allein 1200 im Biosphärenreservat. Seltene Tiere wie der Schwarzstorch sind hier zu sehen. Der Abschnitt zwischen Dessau und Magdeburg gehört im wahren Sinne des Wortes aus ganz natürlichen Gründen zu den schönsten Radstrecken Deutschlands.

Aber er hat noch mehr zu bieten: Mitten im Biosphärenreservat liegt Wörlitz, die Gartenlandschaft der Aufklärung, mit der sich zwei Freunde unsterblich machten: Fürst Leopold III. Friedrich Franz, den seine Untertanen „Vater Franz“ nannten, und Friedrich Wilhelm von Erdmannsdorff, der Schöpfer des ersten klassizistischen Baus in Deutschland, des im Stil eines englischen Landhauses errichteten Wörlitzer Schlosses.

Ein schönes Erlebnis ist das Übersetzen über die Elbe mit der Gierfähre, die mit einer ebenso alten wie genialen Technik betrieben wird. Die älteste davon ist auf 1864 datiert und wird im anhaltischen Coswig genutzt. „Gieren“ ist ein seemännischer Begriff. Er bezeichnet das Abweichen von der Strömung. Statt der Muskelkraft des Fährmanns wird die Strömung des Flusses genutzt. Die Fähre bedient sich der Veränderung des Anstellwinkels zur Fortbewegung und überquert umweltfreundlich die 125 Meter Strombreite in etwa fünf Minuten.

Auskünfte, über Radwege, Wander- und Wasserwanderwege: www.radtouren-sachsen-anhalt.de

Nicht weit von Barby kommt man in den Geburtsort des Mannes, der deutsche Rechtsgeschichte geschrieben hat: Eike von Repgow. „Wer zuerst kommt, mahlt zuerst." Dieses geflügelte Wort stammt aus dem „Sachsenspiegel" und viele andere auch. Nicht vergessen sollte man auch einen Besuch der St.-Nicolai-Kirche in Steckby bei Zerbst, der ersten Radfahrerkirche Anhalts, einer um 1200 erbauten Feldsteinkirche.

Die „Gartenreichtour Fürst Franz" führt als 65 Kilometer langer Rundkurs über Dessau mit den Schlössern und Schlossparks Mosigkau, Großkühnau, Georgium und Luisium über Vockerode mit seinem auch stillgelegt immer noch beeindruckenden Industriebau des Kraftwerks in das berückend schöne Gesamtkunstwerk Wörlitz. Von Wörlitz aus geht es zu Schloss und Schlosspark Oranienbaum mit dem Pagodenturm, dem chinesischen Teehäuschen und dem fürstlichen Sommerspeisezimmer mit den Delfter Fliesen im Keller. Die Tour endet wieder in Dessau-Mosigkau. Von hier aus ist der Dessauer Hauptbahnhof gut erreichbar.

Die Landschaft zwischen Elbe und Mulde mit ihren Auenwäldern und den aus „landschaftsverschönernden" Gründen verwirklichten Parks ist in hohem Maße besuchenswert. Benannt ist die Route nach dem „Schöpfer" des Gartenreichs, dem Fürsten Leopold III. Friedrich Franz, der sich nicht auf dem Schlachtfeld, sondern in Feld und Flur seines Landes seinen guten Namen verdiente.

An der Kapenmühle und der Biberfreianlage in der Nähe des Auenhauses kann man auf die Themenroute „Tiere in der Elbaue" wechseln. Der Rundkurs führt über 16 Kilometer in Form einer Acht vom Auenhaus durch die Landschaft der Kliekener Aue über die Lehrpfade „Kapenniederung", „Obstpfad" und „Klieken". Über die „Gartenreichtour Fürst Franz" oder die Bauhaustour gelangt man wieder zu den überregionalen Radwegen wie dem Elberadweg und dem Europaradweg Nr. 1.

Auf den 17 Kilometern der Bauhaus-Route kommt man zum Bauhaus selbst, zu den Meisterhäusern, zur Siedlung Törten, zum Alten Arbeitsamt und zum Kornhaus. Dort trifft die Route wieder auf den Elberadweg.

Auf den 437 Kilometern des Saale-Radwanderweges gelangt man zu Ufern mit Weinanbau, Burgen und Streuobstwiesen, fährt durch die hochmittelalterliche Herrschaftslandschaft um Naumburg, bis die Saale schließlich bei Barby in die Elbe mündet. Der Blick vom Ufer der Saale bei Bernburg hinauf zum Schloss, zur „Krone Anhalts", und zum Eulenspiegelturm wird unvergesslich bleiben. Im nahen Nienburg erfolgt die nächste Begegnung mit der Straße der Romanik. Gehört in Bernburg das Schloss dazu, ist es in Nienburg die Klosterkirche.

ANHALTS „AUSWÄRTIGE“ GEBIETE

Wenn von Anhalt erzählt wird, erklingt nicht nur das Hohe Lied einer Kulturlandschaft, da wird unter der Hand auch vom Segen der Kleinstaaterei gesprochen. Ohne diese wäre die Gegend heute um etliche touristische Ziele ärmer, hätten viele Künstler jener Zeit weniger Aufträge erhalten. Gewiss wären auch Titanen wie Johann Sebastian Bach davon betroffen gewesen. Dass er ein großartiger Musiker und Komponist war, wusste man auch damals schon. Die Nachwelt aber vergaß ihn erst einmal. Dass er allerdings die Bedeutung hatte, die ihm heute zugemessen wird, ahnte man auch seinerzeit in Köthen nicht.

Zur Kleinstaaterei gehört aber auch, dass es immer wieder in der Geschichte des 18. und des 19. Jahrhunderts Enklaven in angrenzenden Staaten gab, oder gar, wie im Falle Köthens, weit weg in russischen Weiten. Sie stammten aus Käufen, Verkäufen, Schenkungen, Erbschaften oder Mitgiften. Davon soll abschließend die Rede sein.

Das Land Norkitten die Dessauischen Lande

„Obwohl nach den Pestjahren Menschen mit neuen Ansichten über Wirtschaften und Lebensführung aus dem Westen ins Land kamen, fing eine neue Zeit in unserem Kirchspiel erst mit den Jahren 1721–1726 an. Damals kaufte Fürst Leopold von Anhalt-Dessau auf Zureden von König Friedrich Wilhelm I. die später sogenannten Dessauischen Lande. (Dies war im Puschdorfer Kirchspiel der übliche Ausdruck. Rechtlich waren die Dessauischen Lande nicht Eigentum des Landes Anhalt, sondern Privatbesitz des Herzoghauses. Die Güter waren zur Herrschaft Norkitten zusammengefasst, für die die Herzöge von Anhalt bis 1918 Sitz und Stimme im Preußischen Herrenhaus hatten.)“ Dies schrieb Walter Grunert in seinem Artikel „Das Kirchspiel Puschdorf“, erschienen im Jahrbuch der Albertus-Universität zu Königsberg von 1968.

Gemeint ist ein etwa dreißig Kilometer langer Streifen südlich des Pregels bei Insterburg. „Es lebt im Volk unbeirrt der Glaube, der König habe dieses Gebiet seinem Getreuen, dem Alten Dessauer, geschenkt, damit er das Land mit seinen erfahrenen mitteldeutschen Menschen bessere. Das stimmt aber nicht; der Dessauer hat regelrecht gekauft.“

Fürst Leopold kaufte sich in die Herrschaft ein, indem er marode und hoch verschuldete Güter erwarb, meist für nur wenig mehr als ein Vergeltsgott. Der Fürst ließ die erworbenen Güter in Ordnung bringen und verpachtete sie dann zumeist an Interessenten aus seinen Stammlanden. Der Alte Dessauer ließ es sich nicht nehmen, alljährlich nach seinen ostpreußischen Besitzungen zu sehen. Dabei kümmerte er sich offenbar auch um die Lebensbedingungen der ostpreußischen Bauern. Die Schulen im Land ließ er fördern. Gemeinhin galten die Norkittener Lande als mustergültig.

Im Volksglauben umrankte den Alten Dessauer ein ganzer Sagenkranz, in dem zum Beispiel davon gesprochen wird, dass er an mehreren Orten gleichzeitig erscheinen konnte. Sohn Fürst Leopold II. Maximilian und Enkel Fürst Leopold III. Friedrich Franz waren gleichermaßen beliebt. Von „Vater Franz" ist zu hören, dass er oftmals längere Zeit in Ostpreußen weilte. Doch das Erreichte zerrann immer wieder in den Kriegszeiten. Die Herrschaft Norkitten blieb bis 1944/45 im Privatbesitz des Hauses Anhalt.

Wer heute in diese Gegend reisen will, macht sich auf den Weg nach Tschernjachowsk, das bis 1946 auch in russischem Besitz noch Insterburg hieß. Die Bezirksstadt liegt in der russischen Exklave Kaliningrad, 28 Kilometer von dieser Stadt entfernt.

Zu den bedeutenden Persönlichkeiten der Stadt gehört der deutsche Schriftsteller Ernst Wichert (1831–1902). Sicher muss man neben dem 1936 geborenen mehrfachen deutschen Minister Jürgen Schmude auch den 1934 geborenen Ingo Insterburg nennen, der als Komödiant und Musiker die 1970er Jahre mitgeprägt hat. Die Pfarrwitwe Anna Beilstein starb im Jahr 1689. Sie ging als Ännchen von Tharau ins deutsche Liedgut ein. Simon Dach verfasste den Text anlässlich der ersten Hochzeit der Pfarrerstochter von Tharau.

Die Herrschaft Pleß in Schlesien

Das Herzogtum Pleß liegt im oberschlesischen Hügelland, die Stadt Pleß, heute Pszczyna, an einem Nebenfluss der Weichsel, am Plessebach, etwa 35 Kilometer südlich von Katowice. Das Plesser Land gehörte seit 1742 zu Preußen. Die Standesherrschaft hatte der Reichsgraf von Promnitz inne. Johann Erdmann II. Reichsgraf von Promnitz (1709–1785) verstarb ohne Nachkommen. Die Herrschaft ging an seinen Neffen, den Fürsten Friedrich Erdmann von Anhalt-Köthen-Pleß (1731–1797).

Was tat ein anhaltischer Fürst in einer neuen Besitzung? Er ließ bauen. Tatsächlich entwickelte sich bald eine rege Bautätigkeit im Plesser Land. Die Fürstenresidenz wurde vollendet, das Schlösschen Ludwikowka (Ludwigswunsch), auch das Kurbad in Czarków. Landwirtschaft und Viehzucht wurden mit Erfolg betrieben. Die Anhalter führten die Fruchtwechselwirtschaft anstelle der Dreifelderwirtschaft ein, ebenso den Raps- und den Hopfenanbau. Die Plesser Pferdezucht wurde aufgrund der Zuführung edler Rassen zu einem Begriff in Europa.

1787 glänzte Pleß mit 336 Innungsmeistern. Das Handwerk erreichte höchstes Niveau. Tuch- und Hutmacher aus dem Plesser Land erarbeiteten sich ein exzellentes Image. Die Anhalter Zeit reichte bis 1847, als der Fürst und Montanindustrielle Hans Heinrich X. Reichsgraf von Hochberg-Fürstenstein (1806–1855) als Enkel des ersten Fürsten von Anhalt-Köthen-Pleß via Erbschaft die Standesherrschaft übernahm. Die Fürsten Pleß behielten ihre Herrschaft bis 1945.

Jevers ferne Fürsten

Das Jever Bier ist noch heute sehr bekannt. Auch das Zerbster Bitterbier war zu seiner Zeit buchstäblich in aller Munde. Es war aber nicht das Bier, das beide Städte zueinanderbrachte, sondern eine Erbschaft.

Graf Anton Günther von Oldenburg und Delmenhorst (1583–1667) gelang es als beinah einzigem Fürsten des Reiches, sein Land während des Dreißigjährigen Krieges in unbedingter Neutralität zu halten und dadurch alle Kriegsleiden von ihm abzuwenden. Mit dieser diplomatischen Meisterleistung war er, der ohnehin eine gewisse Volkstümlichkeit besaß, bei seinen Untertanen sehr beliebt. Die wirtschaftlichen Erfolge im Land, auch durch Deichbau und die Erringung des Weserzolls befördert, lagen auf der Hand. Der „Pferdenarr" begründete die Oldenburger Pferdezucht, was ihm freilich auch den Spottnamen einbrachte, der „Stallmeister des Heiligen Römischen Reiches" zu sein. Im Gegensatz zu den anhaltischen Höfen war der Oldenburger kein Musenhof. Mit Musik, Literatur und Kunst hatte man es hier nicht, auch nicht mit dem Militär und dergleichen. Graf Anton Günther jedenfalls, dessen Ehe kinderlos blieb, vererbte sein Land in drei Teilen. Die Herrschaft Jever fiel im Jahr 1667 an seine Schwester, die Fürstin Magdalene von Anhalt-Zerbst.

Die Zerbster Fürsten selbst weilten selten in Jever. Sie ließen das Land durch Droste (Statthalter) verwalten. Die Jeveraner nannten ihre Landesherren die „fernen Fürsten". Wenig beliebt machte sich der letzte Fürst von Anhalt-Zerbst, Friedrich August, der in Jever zwar eine Fayence-Manufaktur, doch auch fünf Kasernen bauen ließ und schließlich sogar zwei Regimenter – 600 Mann – Jeveraner und Zerbster Soldaten an England verkaufte zum Einsatz in den amerikanischen Kolonien. Das Jever Land erbte 1793 die Schwester Friedrich Augusts, die Zarin Katharina von Russland. Die Statthalterschaft für sie übernahm Fürstin Friederike Sophie Auguste von Anhalt-Zerbst, die Frau des letzten Zerbster Fürsten, die damit auch Sitz und Stimme im Deutschen Bund hatte. Sie residierte ein halbes Jahr in Jever, ein halbes Jahr in Coswig. Bis 1806 blieb Jever in Personalunion bei Russland.

Das Paradies in der Steppe – Askania Nova

Beenden wir unsere Reise, wie wir sie begonnen haben: mit einer Erinnerung an Askania Nova, Anhalts fernster Besitzung in der Ukraine. Der junge Soldat Johann Fein stammte aus dem Badischen. Er hatte im Zorn einen ihn kujonierenden Offizier niedergestochen und musste aus der Heimat fliehen. 1769 kam er nach Südrussland. Er hatte den Versprechungen der Werber Katharinas der Großen geglaubt, die in Europa Menschen davon überzeugten, sich in Russland anzusiedeln. Er baute sich hier eine neue Existenz auf.

Im Herbst 1826 bat der Köthener Herzog Ferdinand beim russischen Geschäftsträger in Leipzig um Gehör. Man hätte erfahren, Russland wolle seine Schafzucht veredeln. Köthen wäre in der Lage, Russland dabei zu unterstützen, aber es brauche für die eigene Schafzucht dringend Hilfe, sprich Land. Der Gedanke an Askania Nova war geboren.

Zwar war der Boden der Steppe 71 im Süden Russlands denkbar karg, aber dafür bekam man 48 000 Desjatinen von insgesamt 50 000 geschenkt und ein kleines Stück Steppe direkt am Schwarzen Meer, nicht mehr als 6000 Desjatinen, wurde gleich noch draufgepackt. Trotzdem entwickelte sich das Unternehmen für Anhalt-Köthen zum Zuschussgeschäft, sicher wegen der Entfernung, vor allem aber wegen der Unkenntnis über Land und Leute, die kaum zum Lernen bereit waren. Als der letzte Köthener Herzog starb und Köthen samt Kolonie an Anhalt-Dessau fiel, Anhalt-Dessau aber die Erben im Wert der halben Kolonie auszahlen sollte, entschloss man sich zum Verkauf.

Der Zuschlag ging 1856 für 550 000 Thaler Preußisch Courant und 200 Pferde eigener Wahl an Friedrich Fein, einen Nachfahren Johann Feins, der die Güter des Vaters durch viele Zukäufe von Land verschuldeter Großgrundbesitzer und Adliger bereits erheblich erweitert hatte. Friedrich Fein starb 1864 als der größte Grundbesitzer Südrusslands. Die Tochter Friedrich Feins heiratete den Schafzuchtmeister Johann-Gottlieb Pfalz aus Sachsen. Weil das „Pf“ in der russischen Sprache nicht vorkommt, wurde daraus der Nachnahme Falz und mit der Heirat der Doppelname Falz-Fein. Der Vater, der die russischen Truppen im Krimkrieg unterstützt hatte, hatte sich vom Zaren ausbedungen, dass die Familie künftig den Doppelnamen tragen durfte, damit der Name Fein nicht unterginge.

Mit diesem Verkauf endete die Existenz der anhaltischen Kolonie. Eine äußerst erfolgreiche Ära begann. Das heutige UNESCO-Biosphärenreservat Tschapli als ältestes Naturschutzgebiet der Ukraine beruht auf diesen Anfängen. Das alles ist nicht denkbar ohne die disziplinierte, fantasievolle, wagemutige und wissenschaftlich orientierte Arbeit der Familie Falz-Fein, insbesonders Friedrich Falz-Feins. Die Familie musste ihre Arbeit vor Ort 1919 unterbrechen. Trotz herber Verluste an Hab und Gut und obwohl die Mutter 1919 von Rotgardisten erschossen worden war, rissen weder ihre Liebe zu Russland noch ihr Engagement ab.

Eine Gruppe von vier russischen Lehrern besuchte im Rahmen des Projektes „Kopfbewegung – Bildungsservice auf neuen Wegen“ der Martin-Luther-Universität Halle-Wittenberg im Jahr 2006 den damals 93-jährigen Chef des Hauses Falz-Fein, Baron Eduard Aleksandrowitsch von Falz-Fein, in seiner Villa „Askania Nova“ in Liechtenstein. Er erzählte, dass sich am Vorabend des Ersten Weltkriegs Zar Nikolaus II. für eine Nacht im Haus der Falz-Feins aufgehalten habe, den zweijährigen Eduard auf seine Knie setzte und scherzte: „Wachse, mein Sohn, und werde ein Mann!“

Die Emigration lehrte Falz-Fein, der schon in der Namensgebung der Vaduzer Villa deutlich gemacht hatte, dass er seine Erinnerungen und seine Liebe zu Russland nicht aufgeben wollte, einen Unterschied zu machen zwischen dem Land Russland, dem seine Liebe gehört, und den jeweiligen politischen Machthabern. Er gab Russland einen Gobelin zurück, den er in Paris auf einer Auktion als Stück aus dem Falz-Fein'schen Weißen Haus am Schwarzen Meer erkannt hatte. Offenbar war er 1919 dort gestohlen worden. Sein wertvolles Archiv schenkte er einem russischen Museum in St. Petersburg. Der 1912 in Askania Nova Geborene versteht sich seit Langem als Mittler zwischen Ost und West.

1984 wurde Askania Nova in das internationale System der Naturschutzgebiete der UNESCO eingetragen. 1995 erhielt es den Namen seines Gründers Friedrich Falz-Fein. Es gehört zu den Denkmälern der Garten- und Parkgestaltung des 19. Jahrhunderts in der Ukraine. Auf dem Gebiet Askania Nova sind 50 seltene Tierarten beheimatet. Jedes Jahr zieht das Paradies in der Steppe 200 000 Besucher an. Was mit einer Pleite begonnen hatte, wurde eine großartige Erfolgsgeschichte.

KULTURREISEN IN SACHSEN-ANHALT
STRASSE DER
ROMANIK
VERLAG JANOS STEKOVICS

KULTURREISEN IN SACHSEN-ANHALT
Otto der Große
Reisen ins frühe Mittelalter
VERLAG JANOS STEKOVICS

KULTURREISEN IN SACHSEN-ANHALT
GARTEN TRÄUME
GARTENTRÄUME
HISTORISCHE PARKS IN SACHSEN-ANHALT
VERLAG JANOS STEKOVICS

KULTURREISEN IN SACHSEN-ANHALT
MUSIKLAND
SACHSEN-ANHALT
VERLAG JANOS STEKOVICS

KULTURREISEN IN SACHSEN-ANHALT
ERHARD HIRSCH
DESSAU-WÖRLITZ
AUFKLÄRUNG UND FRÜHKLASSIK
VERLAG JANOS STEKOVICS

KULTURREISEN IN SACHSEN-ANHALT
HANSE
16 STÄDTEBILDER AUS SACHSEN-ANHALT
VERLAG JANOS STEKOVICS

KULTURREISEN IN SACHSEN-ANHALT
SIEBEN DOME
ARCHITEKTUR UND KUNST
MITTELALTERLICHER KATHEDRALEN
VERLAG JANOS STEKOVICS

KULTURREISEN IN SACHSEN-ANHALT
AUF DEN SPUREN VON
HANS CHRISTIAN
ANDERSEN
VON BRAUNSCHWEIG BIS LEIPZIG
VERLAG JANOS STEKOVICS

KULTURREISEN IN SACHSEN-ANHALT
JAKOBSWEG
PILGERN DURCH SACHSEN-ANHALT
AUF DER
ERSTEN EUROPÄISCHEN KULTURSTRASSE
VERLAG JANOS STEKOVICS

VERLAG
JANOS
STEKOVICS

Telefon
(03 46 07) 2 10 88

Fax
(03 46 07) 2 12 03

www.steko.net

KULTURREISEN
MUSEEN IN SACHSEN-ANHALT
VERLAG JANOS STEKOVICS
Feuer
an allen Ecken
Der Dreißigjährige Krieg im Spiegel
sachsen-anhaltischer Museen
MUSEUM-SPEZIAL

KULTURREISEN
VERLAG JANOS STEKOVICS
PETER RAMM
KLOSTER JERICHOW
DAS BAUWERK

KULTURREISEN
Peter Ramm
DER DOM ZU
MERSEBURG
DAS BAUWERK

KULTURREISEN
MUSEUM SPEZIAL
VERLAG JANOS STEKOVICS
Bekenntnis zu
Kunst und Geschichte
Das Dommuseum Meißen
MUSEUM-SPEZIAL

Das **Reiseland Sachsen-Anhalt** beeindruckt seine Gäste mit zahlreichen Bauwerken an der „Straße der Romanik“, idyllischen Park- und Gartenanlagen in den „Gartenträumen“, Aktiverlebnissen am „Blauen Band“ sowie archäologischen Sensationsfunden auf den „Himmelswegen“.

STRASSE DER ROMANIK · GARTEN TRÄUME · BLAUES BAND · HIMMELS WEGE

Reiseland Sachsen-Anhalt. Ihre Angebote finden Sie hier.
Natürlich hat Sachsen-Anhalt noch weitere interessante Reiseziele zu bieten! Ein Besuch auf www.sachsen-anhalt-tourismus.de lohnt. Gern stehen wir Ihnen bei Fragen und individuellen Planungswünschen zur Verfügung. Anruf, Fax oder E-Mail genügt, wir sind für Sie da.

Tel. +49 (0) 3 91/5 62 – 8 38 20
Mo - Fr 8.00 –20.00 Uhr, Sa 9.00 – 19.00 Uhr,
So und feiertags 12.00 –19.00 Uhr

Fax +49 (0) 3 91/5 62 – 8 38 11
tourismus@img-sachsen-anhalt.de

www.sachsen-anhalt-tourismus.de
Investitions- und Marketinggesellschaft
Sachsen-Anhalt mbH

Auskunft zu Bahn und Bus:
INSA 0 18 05/33 10 10*
www.insa.de, www.bahn.de/sachsen-anhalt

* 0,14 EUR/Minute aus dem Festnetz,
Mobilfunk max. 0,42 EUR/Minute

SACHSEN-ANHALT
Wir stehen früher auf.

Autor und Verlag danken dem Land Sachsen-Anhalt
für die Förderung der Publikation.

Impressum

Bibliografische Information der Deutschen Bibliothek
Die Deutsche Bibliothek verzeichnet diese Publikation in der Deutschen Nationalbibliografie; detaillierte bibliografische Daten sind im Internet über http://dnb.ddb.de abrufbar.

Kulturreisen in Sachsen-Anhalt, Band 13
Herausgeber: Christian Antz

Satz: Hans-Jürgen Paasch
Layout, Gestaltung: Janos Stekovics
Lektorat: Dr. Ulrich Steinmetzger

Titelbild: Schloss Bernburg
Rückseite: Dessau, Luisium
Frontispiz: Grablege Albrechts des Bären in Ballenstedt

http://www.onlinebuch.com

ISBN 978-3-89923-294-3